国家社会科学基金项目（18BKS152）

"习近平总书记关于高校思想政治工作重要论述的总体性研究"成果

孙迎光　姚海静　著

儒家生命教育与当代德育传承

上海三联书店

前　言

在儒家生命教育中，身必求修、家必求齐、国必求治、天下必求太平，这是儒家的生命期待。生命教育的探讨是一种返回历史的活动，它传承历史、关注现实、期待未来，处于过去、现在、未来的相互影响的时间之中，这种时间不是从过去到现在再到未来均匀流逝的物理时间。历史之根、现实之基、未来之境构筑生生不息的生命之流。习近平总书记指出："要继承和弘扬我国人民在长期实践中培育和形成的传统美德，坚持马克思主义道德观、坚持社会主义道德观，在去粗取精、去伪存真的基础上，坚持古为今用、推陈出新，努力实现中华传统美德的创造性转化、创新性发展，引导人们向往和追求讲道德、尊道德、守道德的生活，让 13 亿人的每一分子都成为传播中华美德、中华文化的主体。"[1]让每一位大学生成为传播中华美德、中华文化的主体，这是当代德育继承儒家生命教育的主旨，所谓"富润屋，德润身"。今天，发展市场经济可以使财富进步，传承儒家生命教育可以使生命进步，两者相辅相成造就美好生活。

叶澜教授指出："教育是点化生命的人间大事。"[2] 就点化生命问题，

---

[1]　习近平谈治国理政（第 1 卷）[M]. 北京：外文出版社，2014：160 - 161.

[2]　叶澜、罗雯瑶、庞庆举. 中国文化传统与教育学中国话语体系的建设——叶澜教授专访 [J]. 苏州大学学报·教育科学版，2019，(3).

本书从儒家生命教育与当代德育传承的角度展开探讨。研究儒家生命教育是当代德育自我理解的一种方式，当代德育具有传统文化的 DNA。古今教育一气相通，一脉相承，都有修身、齐家、治国、平天下的大道存在。通过历史性镜鉴，可以丰富当代德育的内容和方法。返回到历史中不是对过去的简单报道，时代变则生命变，今天，虽然旧生命变成了新生命，但新旧之间有传承，变而不失其"常"。这一"常"就是治平大道。当代德育需要纳己于古人规矩之中，如朱熹所说"考圣贤之成法，识事理之当然。"[1] 若无规矩（无常）可循，则难以开新。

教育需要寻本，本立而道生。儒家生命教育有三个根本，当代德育传承着这三个根本。这三个根本在儒家生命教育中具有构成意义，缺少任何一个都不是完整的生命教育。一是以德为本。《大学》提出"德者本也"的思想。习近平总书记指出："要修德，加强道德修养，注重道德实践。'德者，本也。'"[2] 二是修身为本。治国是平天下的出发点，齐家是治国的出发点，修身是齐家的出发点。因此，最终的出发点即原点是修身。所以，《大学》说："自天子以至于庶人壹是皆以修身为本。"习近平总书记引用"修其心，治其身，而后可以为政于天下"，强调修身为本。三是孝悌为仁爱之本。人文大道由自然来，修身活动始于"天伦"，父子兄弟为天伦，具有血缘关系是"天合"，其余三伦（君臣、夫妇、朋友）为"人合"。"天合"与"人合"的五伦关系是家庭化的，君臣关系是父子关系的延伸，朋友关系是兄弟关系的延伸，道德在家庭生活经验中被培育起来。习近平总书记说："在家尽孝，为国尽忠是中华民族的优良传统。"[3] 这一思想体现了对孝悌为仁爱之本的肯定。孔子说："君子务本，本立而道生。"[4] 此"三本"立，生成了生命教育大道。

1　朱熹. 四书集注·论语［M］.

2　习近平. 青年要自觉践行社会主义核心价值观——在北京大学师生座谈会上的讲话［N］. 人民日报 2014 - 5 - 5.

3　习近平关于注重家庭家教家风建设论述摘编［M］. 中共中央党史和文献研究院. 2021：83.

4　论语·学而［M］.

目 录

第一章　儒家生命教育的内涵、特征、原则与功能

生命教育在什么意义上是"中国式"的？只有当它扎根于"性命教育"，具有"中和位育、安所遂生"的文化底蕴，它才真正成为华夏民族的生命教育，新时代的生命教育在此基础上返本开新。兹下通过分析儒家生命教育的内涵、特征、原则与功能，展示生命教育区别于其他民族的独特标识。

一、生命教育的内涵

孔子说："未知生，焉知死。"[1] 这反映出儒家的生命视角是关注现世而搁置对来世的探究。孔子从"十有五而志于学"，开始了自觉的、有目标的修道活动。修道是自觉的生命教育，曾子说："任重而道远。"[2] 生命教育是自行己道，自尽己任。

1. 生命教育的文化本义为性命教育

有学者指出："叶澜教授致力于从'教育学中国化'到'建立中国教育学'的事业，……在理论研究和实践双向互动的基础上，努力改变教育学缺乏中国特征、缺乏原创性的状况，并将中国哲学、文化传统融

1　论语·先进 [M].
2　论语·泰伯 [M].

入对'教育'这一教育学基本概念的内涵构建，提出'教天地人事，育生命自觉'的中国式表达。她认为，教育对于个体生命的最高价值，在于培育生命之自觉。"[1] "'教天地人事，育生命自觉'这个表达里面具有内核、智慧和境界三层结构。第一是内核：以自强修己为本，行治国达人之用。讲的是教育与政治、制度的关联，教育作为传递文化传统的重要保证，文字、典籍反映文化传统对教育本真价值的阐述与坚守。第二是智慧：以启蒙善导之慧，成仁人志士之德。儒家学派的教育思想承接和体现了中国文化传统的精神与核心价值，形成'天命之谓性，率性之谓道，修道之谓教'的教育命题。第三是境界：以'天地人事'之教，涵'生命自觉'之育。"[2] 内核、智慧和境界三层结构都贯穿着儒家生命教育思想。

　　培育生命之自觉的生命教育以人为学，学以成人，不仅重学而且重人。学于人，成于己。谈及生命教育，必将"性命"作为一专题论述。性命一词在儒家文化中是一重要范畴，今天人们不太注意性命与生命的分别，常常将其混同。然而，今天的生命教育应当接续儒家的性命教育。儒家文化谈性命不谈生命。

　　孟子的性命观延续着孔子关于人文生命重于自然生命的生命理念，孟子说："鱼，我所欲也；熊掌，亦我所欲也，二者不可得兼，舍鱼而取熊掌者也。生，亦我所欲也；义，亦我所欲也。二者不可得兼，舍生而取义者也。"[3] 这与孔子的思想相同。孟子所说的"生"是自然生命，它不同于人文性命。当生与义二者不可得兼，人处于本质性的决断中时，需要采取舍生取义的抉择，因为道德诉求比肉体存在更加重要。习近平总书记说："'熊掌和鱼，不可兼得'，不要既想当官，又想发财，要

1　叶澜、罗雯瑶、庞庆举. 中国文化传统与教育学中国话语体系的建设——叶澜教授专访 [J]. 苏州大学学报·教育科学版，2019（3）.

2　叶澜、罗雯瑶、庞庆举. 中国文化传统与教育学中国话语体系的建设——叶澜教授专访 [J]. 苏州大学学报·教育科学版，2019（3）.

3　孟子·告子上 [M].

当干部就不要想发财。"[1] 这反映了儒家生命观与共产党人的生命观有着传承关系,"熊掌和鱼,不可兼得"在今天的生命教育中仍然有其价值。

进行生命教育首先要回望中国传统文化,区分生命与性命。孟子最早将生命与性命区分开来,他的道德教育与修为是性命教育。可以说,中国历史上最早涉及生命教育问题的讨论源于孟子与告子之辩。这一争辩明确了中国生命教育的价值取向。可以毫不夸张地说,不知道孟子与告子之辩就无法理解具有中国文化底蕴的生命教育问题。习近平总书记指出:"对历史文化,要注重发掘和利用,溯到源、找到根、寻到魂。"[2] 探讨儒家生命教育对当代德育的启示,是一种溯源、找根、寻魂活动。亚里士多德说:"人的功能是什么?人的功能,决不仅是生命。因为甚至动植物也有生命。我们所求解的,乃是人特有的功能。"[3] 亚里士多德与孟子相同,他认为不能笼统地谈生命,将人与动物混同。然而,孟子谈性命,谈人性善,谈恻隐之心。亚里士多德谈理性,他说:"人的行为根据理性原理而具有理性生活。"[4] 儒家文化重情感,西方的逻各斯文化重理性,生命教育不能仅仅借鉴西方教育理论。没有"性命"传承,生命教育就是无根的浮萍。

"舍生取义"中的"生"为自然生命,但孟子不讲生命而讲性命。《孟子·告子上》记载,告子曰:"生之谓性。"孟子曰:"生之谓性也,犹白之谓白与?"曰:"然。""白羽之白也,犹白雪之白;白雪之白,犹白玉之白与?"曰:"然。""然则犬之性,犹牛之性,牛之性犹人之性与?"这是著名的"生"与"性"问题上的辩论。钱穆对此有一番解释,他说:"与孟子同时有告子,他曾说生之谓性。此一语,若用今通俗语翻译,即是说生命即性命。生命之外,更无所谓性命了。但孟子非之,

1 习近平. 在同中央办公厅各单位班子成员和干部职工代表座谈时的讲话 [N]. 人民日报,2014-05-08.
2 习近平. 2015年春节,习近平总书记回陕视察,对陕西经济社会文化发展作重要讲话 [N].
3 周辅成编. 西方伦理学名著选辑(上)[M]. 北京:商务印书馆,1964:287.
4 周辅成编. 西方伦理学名著选辑(上)[M]. 北京:商务印书馆,1964:287.

孟子质问告子说:'犬之性犹牛之性,牛之性犹人之性与?'此即说:若单讲生命,则犬的生命牛的生命和人的生命都一般,没有大区别。但犬牛和人,在其生命相同之外,还有各别的性。犬之性不同于牛之性,牛之性不同于人之性,因此,只有在性上,人和犬牛才见有大区别。若单说生命,则犬牛与人各有生命,人与禽兽的生命,便无法大分别。必须言性命,始见人之异于禽兽,始见人生之尊严处。"[1] 受孟子思想的影响,后儒重性命而轻生命。就生命而言,人与犬牛相同,都有自然生命。就性命言,人的性命不同于犬牛性命,这使人高于动物。"孟子曰:'人之异于禽兽者几希。'此性命的'性',即是人兽相别之几希。后代的中国人,大体都接受孟子此意见,故不肯言生命,而都改口说性命。"[2] 人之异于禽兽者之"几希"是人文性命上的"几希"。孟子说:"恻隐之心,仁之端也;羞恶之心,义之端也;辞让之心,礼之端也;是非之心,智之端也。"[3] 端即萌芽。人文性命源于仁义礼智的四端,若将四端扩而充之,就成全了性命,成为君子;若没有将四端保存下来,人的性命就沦为生命,仅有自然生命,成为小人。依据历史唯物主义观点,道德情感反应不是植根于"四端"而是教化的产物。但是,孟子对性命与生命的区分,具有重要的道德价值。

钱穆举例说:"诸葛亮《出师表》中:'苟全性命于乱世,不求闻达于诸侯。'当知此所谓苟全性命,决不是苟全生命之义。若求苟全生命,则北走魏,东奔吴,在曹操、孙权处求闻达,一样可以全生命。可见诸葛孔明高卧南阳,苟全性命,实有甚深意义,极大节操,此乃诸葛孔明高出一世之所在。他所用'性命'二字,乃是儒家传统思想所特别重视的性命,决不仅指几十年的生命言。"[4] 这样的"求性命"与"求闻达"的选择就同于孟子的舍生而取义的选择。如果求闻达就是苟全生命,这

1　钱穆. 中国思想通俗讲话 [M]. 北京:九州出版社,2011:25 - 26.
2　钱穆. 中国思想通俗讲话 [M]. 北京:九州出版社,2011:26.
3　孟子·公孙丑上 [M].
4　钱穆. 中国思想通俗讲话 [M]. 北京:九州出版社,2011:26.

一生命如同动物一样。今天，苟全性命与苟全生命之辨，依然有其意义。以电影《芳华》为例，作者为"英雄"行为撒了一把弗洛伊德精神分析的盐。刘峰表面上"向雷锋学习"，在食堂吃饭专挑饺子皮吃，把读军校机会让给战友。在与文工团女战士林丁丁独处交流时，刘峰告诉她，自己放弃读书机会是为了留在林丁丁身边，这让林丁丁感觉到刘峰从"活雷锋"的高位上摔落下来。刘峰因为林丁丁反映的一时冲动的"流氓行为"离开了文工团，到了老山前线。他表现得十分勇敢，失去了右臂。在他英勇战斗时，幻想着如果自己牺牲了，"英雄壮举"将编写成赞歌，在林丁丁口中传唱。就算刘峰牺牲了，也算不上"舍生取义"，因为他不过是受到性本能的支配，此谓"苟全生命"。在普通人的生活中，舍生取义的选择机会少，苟全生命还是苟全性命的选择机会多。

钱穆说："中国人'性'字，涵有两种意义，一是生之本质，一是生之可能。而古代人用性字，则'可能'义更重于'本质'义。今说犬之性异于牛之性，牛之性异于人之性，即是说：人有了这一条生命，他所能做的许多事，和犬和牛之所能做出者不同。"[1] 人具有选择性，孟子说："舜何人也，予何人也，有为者亦若是。"[2] 而犬和牛没有选择自由，没有成为舜的潜质，其生命不能升华到人文性命。尽管儒家认为人之性异于动物之性，但是，人不是生而为人的，而是学而为人的。

马克思指出："动物和它的生命活动是直接同一的。动物不把自己同自己的生命活动区别开来。它就是这种生命活动。人则使自己的生命活动本身变成自己意志的和意识的对象。他的生命活动是有意识的。这不是人与之直接融为一体的那种规定性。有意识的生命活动把人同动物的生命活动直接区别开来。"[3] 劳动使人与动物相区别，把自己同自己的生命活动区别开来，以生产劳动为基础的社会实践是广义的人类自我教育。依据马克思的思想可以说自我教育使"生命活动本身变成自己的意

1　钱穆. 中国思想通俗讲话 [M]. 北京：九州出版社，2011：26.

2　孟子·滕文公上 [M].

3　马克思恩格斯全集（第42卷）[M]. 北京：人民出版社，1972：535–536.

志和意识的对象"。[1] 没有自我意识和自我教育，人则不能成为人。由于人有自我意识，能进行自我教育，这是人接受教育的根据。犬和牛没有自我意识，其生命行为没有可塑造性，所以不能接受教育。马克思科学地解释了人与动物的区别，并明确指出人不同于动物。这为人为什么能够接受教育确立了科学根据。尽管孟子主张性善论，其人性观点是唯心主义的，但其强调人选择自由，与动物有着根本区分，在这一点上接近马克思的观点。

告子谈生命，孟子谈性命，只有后者才能彰显出人之为人的生命尊严。生命教育就是要使人（自然人）成为人（有德行的社会人），使生命上升为有着"极大节操"的性命。依照中国传统文化，生命教育应该改称性命教育，后者是生命教育的中国形态。由于现在流行的称谓是生命教育，为了便于沟通本书也称生命教育，但其内涵是性命教育。

孟子与告子的辩论反映出人有着自然生命与人文性命的二元存在方式。生命教育蕴含着生命与性命两个方面。生命教育不是一个手提包，装着性命与生命，两个东西像马铃薯一般互相独立。生命与性命紧密相联。人不同于动物，人有个性。在马克思看来，个性的起点是由社会实践所引发的自然限制的退却，这里的退却不等于消失。自然生命既是人发展的基础又是人发展的自然限制，人不可能脱离自然生命，人受生老病死的制约。但人又不止于自然生命，而是通过教育与实践不断培育着人文性命。自然生命与人文性命好像阴阳两极，自然生命是人文性命的物质基础，人文性命是自然生命的意义提升。没有自然生命，就不能有人文性命；没有人文性命，人就与动物无异。生命教育是兼具两者的"太极"，它依赖自然生命，不以人文性命超脱自然生命。人文生命超越自然生命却不违反自然生命。在生命教育中，生命与性命"分阴分阳，两仪立焉"。[2] 生命教育体现了"理一"，自然生命与人文性命是"分殊"。

1　马克思恩格斯文集（第1卷）[M]．北京：人民出版社，2009：162.
2　周敦颐．太极图说 [M]．扬州：广陵书社，2019.

2. 生命教育"中和位育、安所遂生"

生命教育寻求中国人的位育之道，以安所、守位成就生命。"中和位育、安所遂生"是位育的核心要义。有学者指出："中国的本体论即道论是一种生命本体论。一方面，正如荀子所论：'天地者，生之本'（《荀子·礼论》）；《礼记》亦曰：'万物本乎天'（《礼记·郊特牲》）。生命本源于天地。另一方面，'天地之大德曰生'（《周易·系辞下传》）。'一阴一阳之谓道'，这个道'显诸仁，藏诸用，鼓万物而不与圣人同忧'（《周易·系辞上传》）；天地虽无言，但'四时行焉，百物生焉'（《论语·阳货》）。天地运行的终极规律与最大恩德、功德是一切生命得以可能的根据，那便是为万物和人类提供生生不息的环境——'天地设位'，让各类生命各得其所。当然，'生'不仅是自然意义的生（自然生命），而且有社会意义的生（社会生命）和价值意义的生（价值生命）——老子曰：'死而不亡者寿'（《老子》第三十三章）；生命的欲望不仅在于'生'，而且在于在生的基础上追求好生活（good life，美好生活）。"[1]

由"天地设位"产生了位育。《中庸》提出"致中和，天地位焉，万物育焉"。朱熹在做注疏时说："位者，安其所也；育者，遂其生也。"现代著名社会学家潘光旦在一篇题为《"位育"?》的短义中提出了"位育"，也称"中和位育"。有学者指出："'位育论'是其核心洞见。……正是位育论赋予了中国现代化总体超越西方现代化的重要底蕴，它正是中国式现代化道路的传统文化根基所在。"[2] "位育"并非一个简单的概念，它源于《中庸》，具有深厚的文化底蕴。潘光旦以"位育"为中心，"力图把人类文明中中国的和西方的认识贯通起来"，致力于实现"个人与社会的对立，动态与静态的对立，社会性与生物性的对立，传统与西方的对立"。[3] 他指出："一切生命的目的在求位育……教育为生命的一

1　沈湘平. 中国式现代化道路的传统文化根基 [J]. 中国社会科学，2022 (8).
2　沈湘平. 中国式现代化道路的传统文化根基 [J]. 中国社会科学，2022 (8).
3　潘乃谷. 潘光旦释"位育" [J]. 西北民族研究，2000 (1).

部分，它的目的自然不能外是"；"我们更不妨进一步地说，教育的惟一目的是在教人得到位育，位的注解是'安其所'，育的注解是'遂其生'，安所遂生，是一切生命的大欲。"[1] 生命教育就是安所遂生的"位育"，让人"知止"，从而"安其所""遂其生"。"所以'安所遂生'，不妨叫做'位育'。"[2]

"生"不仅是自然意义的生（自然生命），而且有社会意义的生（社会生命）和价值意义的生（价值生命），生命教育让自然生命上升到人文性命。将自然生命上升到人文性命需要明确两层含义：

一是自然与文化的区别。李凯尔特指出："自然产物是自然而然地由土地里生长出来的东西。文化产物是人们播种之后从土地里生长出来的。根据这一点，自然是那些从自身中成长起来的、'诞生出来的'和任其自生自长的总和。与自然相对立，文化或者是人们按照预计目的直接生产出来的，或者是虽然已经是现成的，但至少是由于它所固有的价值而为人们特意地保存着的。"[3] 自然是自生自长的，文化是人为的。

二是在此区分的基础之上了解自然生命、人文性命。钱穆说："自生命之进展过程言，先有身生活、物质生活在前，此可谓之是'自然生命'。继有心生活、精神生活在后，此可谓之是'人文生命'。"[4] 自然生命是肉体物质生活——身生活（饮食维持肉体生命），人文性命是精神心灵生活——心生活。这里，自然生命与人文性命都属于文化范畴，后者比前者更加具有文化内涵。对于一个人来说，若仅有身生活则孤单为生；有了心生活才使小生命融为大生命。钱穆说："孔子十有五而志于学，至七十而从心所欲不逾矩。此即孔子之立德经过，即其七十年之真生命、真学问。"[5] 这里的生命即人文性命。孔子从"十有五而志于学"到七十"从心所欲，不逾矩"，是从自然生命中创造出人文性命。

1　潘光旦. 忘本的教育 [J]. 华年，1933（43）.
2　潘光旦文集（第8卷）[M]. 北京：北京大学出版社，2000：124.
3　李凯尔特. 文化科学和自然科学 [M]. 北京：商务印书馆，1986：20.
4　钱穆. 双溪独语 [M]. 北京：九州出版社，2011：441.
5　钱穆. 晚学盲言（下）[M]. 北京：九州出版社，2011：1046.

"中国古人之学，即在其生命上，非生命中一事；学之所得，亦即生命，非可谓于生命中别有所获。"[1]《孟子》一书就是孟子的性命所在，读此书能感受到孟子的浩然之气。孟子说："乃所愿，则学孔子也。"[2]从孟子的所学，可以看出其所得。《孟子》一书非生命中一事，不是外在于孟子生命的一种"著书"行为的产物。《孟子》一书的学问成就在性命上，不在文字上。道德与宗教不同，前者只可信，不可学；后者必须由可学（学孟子的为人）发展到可信（信孟子的言说）。这是生命教育的魅力所在。

生命教育由自然生命上升到人文性命，在"致中和，天地位焉，万物育焉"的状态下，让"万物并育而不相害，道并行而不相悖"，处理好人与自身的关系——修身，人与社会的关系——齐家、治国、平天下，人与自然的关系——赞天地之化育。

新时代的生命教育要与中国传统文化由表浅结合到深度融合，就要提倡性命教育和位育，前者为根，后者为魂，它们对生命教育起到濡化、加魅的作用。本书立于大历史观的背景，以性命为根基，以"中和位育、安所遂生"为理念，探索生命教育发展的"位育"新路径。

二、 生命教育特征

1. 生命教育基于人的为善的自由

生命通过"自然选择"展开了进化历程，人类通过"自我选择"展开了自我塑造过程。由"自然选择"到"自我选择"是自然生命进入到人文性命的产物。孟子说："舜何人也，予何人也，有为者亦若是。"[3]这说明人有为善的选择自由。孟子鼓励人认同自身的品质（人性善）并让人达到更高的像舜一样的道德自主性。这是人的性命区别于动物生命

1　钱穆. 晚学盲言（下）[M]. 北京：九州出版社，2011：1047.
2　孟子·公孙丑上 [M].
3　孟子·滕文公上 [M].

的地方。动物的活动基于本能，所以犬之性、牛之性不同于人之性。动物的行为是固化的，它没有进一步发展的可能性。而人的活动是有目的、有选择的。孟子这一思想与马克思的思想相通。马克思说："蜜蜂建筑蜂房的本领使人间的许多建筑师感到惭愧。但是，最蹩脚的建筑师从一开始就比最灵巧的蜜蜂高明的地方，是他在用蜂蜡建筑蜂房以前，已经在自己的头脑中把它建成了。"[1] 人与蜜蜂的不同在于人具有目的性与选择性，这是生命教育的逻辑起点。如果人处于必然性的支配之中，像犬、牛、蜜蜂那样受本能驱动，就没有自由可言，更不可能有生命教育。正是人作为"有为者"，才具有生命的可塑性，才有了为善的自由，人的性命才高于动物的生命并与动物有着根本区别。

孟子说："人之所以异于禽兽者几希，君子存之，庶民去之。"[2] 为善的自由就是将仁义礼智"四端"扩而充之。"四端"与生俱来，生命教育就是要让生命的"四端"不断成长。若不能守护"四端"，让本心丧失，就沦为禽兽。他举例说，旁边的山中树都被砍光了，就是因为没有被保护好。"四端"也如此，要细心呵护。而是否细心呵护，取决于人的选择。

人有选择为善的自由，也有选择为恶的自由。萨特认为人有选择自由，如果说人有什么不自由就是他不得不自由。人命定是自由的，放弃选择本身就是一种选择。人格就是由人的一系列选择行为构成的，人是自我铸造的。人必须为自己所选择的生存方式负责。这个责任专属于我，而不是其他人。尽管孟子的性善论是唯心主义的，但其看重自我选择。他认为人性善，但不由此注定始终为善，而是通过选择，可能为善、可能为不善。从这个意义上说，成为舜与跖也是由人的一系列选择行为构成的。在这一点上，孟子与萨特的思想相通，人具有选择自由，并因此是自我规定的。《孟子》说："鸡鸣而起，孳孳为善者，舜之徒

1　马克思恩格斯文集（第5卷）[M]. 北京：人民出版社，2009：208.
2　孟子·离娄下 [M].

也；鸡鸣而起，孳孳为利者，跖之徒也。欲知舜与跖之分，无他，利与善之间也。"[1] 这里展示了两种不同的人生道路，人在选择中实现自己的本质，成为舜与跖那样的人。人必须以选择的方式——孳孳为善或孳孳为利来不断地重新规定自己。所谓"昔孟母，择邻处。子不学，断机杼。"[2] 孟母的教育就是选择教育，这种选择教育影响了孟子。同时，孟子又将选择精神发扬光大。孟子道德人格涵养源于"天伦"中的家庭教育——孟母三迁，成于孟子"舍生取义"的道德选择，进而演化为浩然之气。道德人格涵养的每一阶段都始于选择，成于选择。这种道德选择成就了儒者良心——"富贵不能淫，贫贱不能移，威武不能屈"，[3] 产生了一代又一代的大丈夫人格，使仁爱的人文大性命得以延续。

"孟母三迁""舍生取义""浩然之气"成为当代德育宝贵的精神资源。习近平总书记曾引用"富贵不能淫，贫贱不能移，威武不能屈"等古语指出，中国传统文化博大精深，学习和掌握其中的各种思想精华，对树立正确的世界观、人生观、价值观很有益处。[4] 当然，它们能够成为宝贵的精神资源同样取决于当代德育的选择。

2. 小生命融入人类大生命的位育

由于人有自然生命，所以有血缘关系，即父母与子女、兄弟姐妹关系，有天伦之乐；由于人有人文性命，所以有社会关系之人伦，即君臣、父子、夫妇、兄弟、朋友的五伦。五伦中既有天伦（父子、兄弟）又有人伦（君臣、夫妇、朋友），仁爱是天伦基础上的扩充。《大学》说："君子不出家而成教于国；孝者，所以事君也；弟者，所以事长也；慈者，所以使众也。"家庭人伦秩序与君臣政治秩序相通，孝、悌、慈既是父子兄弟（天伦）之间的道德原则，又是君臣关系的伦理基础。"生有先后，所以为天序；小大、高下相并而相形焉，是谓天序。天之

1　孟子·尽心上 [M].

2　王应麟. 三字经 [M].

3　孟子·滕文公下 [M].

4　习近平. 在中央党校建校 80 周年庆祝大会暨 2013 年春季学期开学典礼上的讲话 [M]. 北京：人民出版社，2013：13.

生物也有序，物之既形也有秩，知序然后经正，知秩然后礼成。"[1] 政治与秩序的联结在于对"天序""天秩"的承认。"天序""天秩"是自然顺序，经与礼是社会顺序，前者为后者奠定基础，天道与人道相通。在宗法关系的同质性共同体中，政治秩序来自于家庭秩序。"在此'天伦'基础上的推扩，便衍生故乡、祖国、民族等自然的伦理实体意识。"[2] 儒家生命教育融通生命大道，个体为小生命，在"天伦"与"人伦"的互动中形成家、国、天下的大生命。在儒家生命教育中，有"天伦"与"人伦"的相互作用，自然血缘与人文教化相互渗透、融贯为一，形成修身、齐家、治国、平天下的生命教育追求。

"生"既是个体的生，又是家、国、天下整体的生，生命教育要求从每一个人的位育做起，而终于达到全人类的位育。生命教育以修身、齐家、治国、平天下为人生，并相信通过人文演进，全人类最终将归于平天下。

儒家的大生命有双重含义：一是道义大生命。钱穆说："'仁以为己任，死而后已。''仁'即其大生命，死乃其小生命。"[3] 道义的大生命能够维系群体的大生命。小生命有死，作为仁的道义的大生命永生。如舜的生命百年，孝道与世长存；孔子的生命百年，仁道与世长存。钱穆说："'若圣与仁，则吾岂敢？抑为之不厌，诲人不倦。'其不厌、不倦者，即其生命。何所学？何所教？乃其生命之所依附于事物者。所学即学此大生命，所教亦教此大生命，此即孔子之所谓'道'。"[4] 不厌、不倦是小生命表现，所学所教是道义大生命表现，儒家生命教育就是道义大生命教育。孔子之德，学之深而养之粹，积善成为万世师表。他与弟子七十余人"道一而风同"，教谕风化，形成儒家风气。后人善继其风，相习成风，日演日进，日扩日大。孔子人生同乎其世而超乎其世。在其

1　张载. 张载集 [M]. 北京：中华书局，1981：19.
2　樊浩. 道德教育的"精神形态"与"中国形态"[J]. 教育研究，2013，34 (02)：44-53.
3　钱穆. 晚学盲言（下）[M]. 北京：九州出版社，2011：1049.
4　钱穆. 晚学盲言（下）[M]. 北京：九州出版社，2011：1049.

世者，孔子之人生小生命；在其世外者，孔子之道义大生命。其身死即朽，其道义大生命达及天下后世，长存于后世的群体大生命中。后世尊孔子为圣，其德引领世代风气，使孔子小生命在民族群体大生命中不朽。当代德育继承儒家修己安人之风范，使古今一贯相承，浑成一气，让孔子道义大生命永存。

二是群体大生命。儒家认为个体为小生命，群体为大生命。小我之生，仅限一时；大我之生，延于万世。小生命从大生命中来，如川流中一水滴。大生命可以让小生命的道义精神（孔子的仁爱）永远存在，变成大生命，并维系、滋润群体大生命。修身、齐家、治国、平天下是从自然生命中创造出人文生命的过程。钱穆说："自中国观念言，身、家、国、天下，皆同一生命之一贯相承，层层包容，通为一体。"[1] 修身让小生命融入大生命，让众多小生命汇集成大生命，让大生命超越小生命的躯体而存在。钱穆说："当知'群'，不限在同一空间之会合团聚者为群，尤贵在经历了长时间绵延之为群。空间群如人有躯体，物质生命。时间群乃见人类之心灵生命。物质生命不过百年，心灵生命可亘万代。……空间群富时代性，时间群富历史性。固似时代积累成历史，然亦当知由历史始分别出时代。"[2] 群有空间性与时间性两个维度，时代积累成历史，有了时间群，才有民族性的空间群。民族群是时代性与历史性的统一。有着五千年文明史的中华民族是最富历史性的时间群。

生命教育让六尺之躯、百年之寿的小生命不断融入大生命，它有两个方向：从横向上说，有家、国、天下，这是横向拓展，此为"行道"——走上修身的康庄大道。程颐说："水自涓滴至于寻丈，至于江海。"[3] 生命如水流，因势就下，不舍昼夜：水滴（身）汇入涓涓细流（家），细流汇入江湖（国），江湖汇入大海（天下）。这是"在同一空间之会合团聚者为群"；从纵向上说，有往古来今的生命延续，有本有源，

1　钱穆. 晚学盲言（上）[M]. 北京：九州出版社，2011：635.
2　钱穆. 双溪独语 [M]. 北京：九州出版社，2011：439.
3　程颐. 周易程氏传 [M]. 王孝鱼点校. 北京：中华书局，2011：164.

川流不息。这是纵向深入，这是"经历了长时间绵延之为群"。它使自我小生命（上自父母、下及子孙）扩而充之，上承千古，下启后人，让小生命扩充绵延成为广大悠久的大生命，此为"传道"——在代际间传播中华美德。上下五千年，传统川流不息，小我也如水滴融入民族大我这同一水流，如今形成波涛澎湃的民族复兴浪潮。生命教育犹如大禹治水，导其流以归于海，让民族文化遵循融入的两个方向不断扩而充之。

生命教育具有辩证法：一方面，小生命从大生命中来，如川流中一水滴。大生命可以让小生命的道德精神（孔子的仁爱）永远存在。另一方面，人类大生命存在于无数个体小生命中。个体记忆丧失危及人的存在的同一性，无数个体记忆丧失危及民族存在的同一性。钱穆说："祖宗家族，社会人群，尽在我回顾中，亦尽在我生命中，我之渺小化为广大，短暂化为绵长。"[1] 回顾历史，使人生不限于小我，而投入到民族大我。民族历史与文化存在于无数个体的回顾中，若民族集体记忆丧失，人人仅知空间群，在空间群中生活，则民族性丧失、民族文化消亡。当民族失去了上通过去下通未来意义上的时间群，只剩下"空间群"时，这种"空间群"如动物一般地存在着，动物只有空间群，没有历史。生命教育通过所学所教的道义大生命，不仅让个体在空间群中生活，而且能在时间群中生活。它是回顾历史与展望未来的教育，它转向过去——回忆——不背叛历史；面向未来——坚守承诺——牢记民族复兴的使命。

生命教育如大禹治水，重在疏导，"如水流有堤，防其氾滥，而必导其流通。"[2] 不善疏导，如禹的父亲鲧使大水冲破堤岸横溃而出，不可遏制。重视修身就是重视小生命与大生命，由小生命疏导、通入大生命，并使自然生命与人文性命会通以为和。继承儒家生命教育就是让小

---

1   钱穆. 双溪独语 [M]. 北京：九州出版社，2011：346.

2   钱穆. 晚学盲言（下）[M]. 北京：九州出版社，2011：1477.

生命融入道义大生命、群体大生命，使大生命至广大、至悠久。

3. 亲亲而仁民，仁民而爱物的位育之道

在儒家看来，社会整体的情感联系是仁爱。"位育"遵循的路线是亲亲而仁民，仁民而爱物，仁爱是渐进和分层的情感。儒家生命教育始于家庭，优先承认关系是家庭关系。然而，天伦与人伦有着结构上的关联，《大学》说："孝者，所以事君也。""位育"要将仁爱由天伦扩充到人伦，打破血缘纽带的特殊限制，通向新的社会关系，产生移孝作忠和四海之内皆兄弟的情感迁移。进而，实现"亲亲而仁民，仁民而爱物"的理想。[1] 从天伦（亲亲）扩充到人伦（民众）再扩充到万物（自然），这一人文心的扩充反映了生命教育有三个境界。孟子所说"善推其所为"就是"善推此人文心"。"善推"产生了三种境界，它使仁爱情感益广益大、益深益厚，达到天下太平，人道大昌，进而与天地参，由人文界推进到自然界。让万物在仁心的化育中，实现人与天地会通。

孟子说："人之有道也；饱食、暖衣、逸居而无教，则近于禽兽。圣人有忧之，使契为司徒，教以人伦——父子有亲，君臣有义，夫妇有别，长幼有序，朋友有信。"[2] 孟子最早阐述了五伦关系，指出了道德规范的来源。每一个被规范性加以调节的领域（如父子活动领域）都具有成对的互动规则（慈与孝）。只有在五伦的道德框架中，主体的个休意志才能得到确认，人格的完整性沐浴在五伦之中。人际交往领域是伦理学习过程，使道德潜能得以实现。五伦关系是传统社会关系主体，这种"伦"同于"沦"：仿佛一颗石子，丢入水中产生一圈又一圈波纹。它以自我为中心，最近是父母、然后是兄弟姐妹、朋友，进而发展到万物。一个完整的人在一圈又一圈波纹中成长起来。

程明道说："仁者浑然与物同体。"程伊川说："仁者以天地万物为一体。"[3] 仁爱之心，上通天地，旁通万物。道德修养应当以万物一体的

1　孟子·尽心上 [M].

2　孟子·滕文公上 [M].

3　程颢、程颐. 河南程氏遗书（卷二上）[M]. 上海：上海古籍出版社，2000.

情感滋养仁。陆九渊说："宇宙内事乃己分内事，己分内事乃宇宙内事。"[1] 个体与宇宙万物休戚与共。王阳明云："是故见孺子之入井，而必有怵惕恻隐之心焉，是其仁之与孺子而为一体也。孺子犹同类者也。见鸟兽之哀鸣觳觫，而必有不忍之心，是其仁之与鸟兽而为一体也，鸟兽犹有知觉者也。见草木之摧折而必有悯恤之心焉，是其仁之与草木为一体也，草木犹有生意者也。见瓦石之毁坏而必有顾惜之心焉，是其仁之与瓦石而为一体也。"[2] 意即：人见到孺子入井有恻隐之心是人的仁德，人见到鸟兽哀鸣也有不忍之心，见到草木摧折有悯恤之心，见到毁坏有顾惜之心，这些都是人心仁德的表现。这种仁爱之"沦"由人（父子、兄弟、朋友、君臣）波及到鸟兽（动物）、草木（植物）、瓦石（无机物）。"圣人……以推其天地万物一体之仁以教天下。"[3] 在儒家生命教育中发展出天地万物一体之仁的思想影响着宗白华，他说："有天地万物一体之仁的人走到自然中间，看见一枝花，觉得花能解语，遇着一只鸟，觉得鸟亦知情，听见了泉水，以为是情调，会着了一丛小草，一片蝴蝶，觉得也能互相了解，悄悄地诉说他们的情，他们的梦，他们的想望。无论山水云树，月色星光，都是我们有知觉、有感情的姊妹同胞。这时候，我们拿社会同情的眼光，运用到全宇宙里，觉得全宇宙就是一个大同情的社会组织，什么星呀，月呀，云呀，水呀，禽兽呀，草木呀，都是一个同情社会中间的眷属。这时候，不发生极高的美感么？这个大同情的自然，不就是一个纯洁的高尚的美术世界么？"[4] 今天的社会不同于传统五伦社会，但父子、夫妇、兄弟、朋友的四伦还在，君臣关系被人格平等的上下级关系取代。当代德育"教以人伦"不仅要处理好人伦关系而且要处理好人与自然关系。"教以人伦"是让学生有万物一体之心，既有对人类的爱又有对自然的"一枝一叶总关情"的仁德的表

1　陆九渊著. 陆象山全集 [M]. 北京：中国书店出版社，1992：173.
2　王阳明. 传习录 [M]. 广州：广东人民出版社，2021：260.
3　王阳明. 大学问 [M]. 上海：上海古籍出版社，1992.
4　宗白华. 宗白华选集 [M]. 天津：天津人民出版社，1996：42－43.

现，克服人与人、人与自然的对立。

生命教育产生恻隐之心，产生推己及人、推己及物的情感，如方东美所说："就是要把自己的生命投到万物、人类广大的生命中，与之合流。"[1] 进入人我无间、物我交融的生存体验状态，达到无我之境。王国维说："无我之境，以物观物，故不知何者为我，何者为物。"[2] 如辛弃疾的"我见青山多妩媚，料青山见我应如是"；又如陶渊明的"山气日夕佳，飞鸟相与还。此中有真意，欲辨已忘言"。自我不在与对象的区分中领会自我，而是在与对象的合一中、在忘我状态中领会自我，实现天人合一，产生"民吾同胞，物吾与也"的博大情感，不再感受到物我区分，使人克服人与自然相对立的人类中心主义、人与人相对立的自我中心主义，这是德育的至高境界。

钱穆说："中国人对生命之最高理想，则为修身、齐家、治国、平天下，以至赞天地之化育，以一己之小生命，融入自然大生命中，而成其为无限。"[3] 生命教育让一己之小生命通过道义大生命的滋润，投入到两个大生命中：一是人类大生命，二是自然大生命，使小生命与大生命、人文与自然融洽浸润，俨成一体。前者为齐家、治国、平天下；后者为赞天地之化育，使天下与自然都归入个体的生命范围。

孟子说："从其大体为大人，从其小体为小人。"[4] 大体就是道义大生命，它让人投身到人类大生命、自然大生命之中，小体为自我小生命。养大体无疑要从养小体（饮食之养）开始。没有小生命，就无法养其道义大生命，无法融入齐家、治国、平天下的人类大生命和赞天地之化育的自然大生命中去。然而，仅仅养小体就是口腹之养。若人求于小而昧其大，无家、无国、无天下、无自然，小生命就不能健康发展。

1　方东美. 方东美新儒学论著辑要——生命理想与文化类型 [M]. 北京：中国广播电视出版社，1992：260.

2　王国维. 人间词话 [M]. 上海：上海古籍出版社，2011：1.

3　钱穆. 晚学盲言（下）[M]. 北京：九州出版社，2011：1058.

4　孟子·告子上 [M].

4. 人文性命美化自然生命

《易经》说："天地之大德曰生，生生之谓易。"[1] 生命从天地自然中演化出来，这是天地创化的大德——仁。宋儒将天地价值化，将其视为仁，认为阴阳矛盾运动化生出仁义。程颐说："生之性便是仁。"[2] 朱熹说："仁是天地之生气。"[3] 儒家以生解释仁，生就是仁。钱穆说："仁是天地生物心，有似四时之有春。所以宋儒说：'谷种是仁'。又说杏仁、枣仁、瓜子仁。此皆生机所藏，故皆得称仁。"[4] 儒家认为生命本于自然，从自然中酝酿出生命，这就是仁。"自然中可以流露出人文道德。"[5] 将此仁发扬光大依靠人文心。自然生命延续在于自然的生物性，人文生命延续在于社会的人文性，人既是生物性存在又是人文性存在，儒家生命教育是让生命从生物性的自然延续转变为社会性的人文延续。从进化论上说，自然演化出人文，人文本于自然；从生命教育上说，做人要从自然生命进到人文性命，通过人文心将仁发扬光大。

"人身乃一自然生命，其有群，则成为一'人文生命'。"[6] 生命教育使人由自然生命上升到人文性命。孔子说："志士仁人，无求生以害仁，有杀身以成仁。"[7] 在孔子看来，人文性命重于自然生命，修道是要以自然生命成就人文性命，以人文性命美化自然生命。从"理"与自然上说，人心有其自然规律，心理学研究人心的自然规律，此心为"自然心"。孔子与苏格拉底、耶稣的大脑结构相同，心理活动的自然规律相同，"自然心"相同；从"道"与人文上说，仁爱之心无法用心理学的自然规律来揭示，此心为"人文心"，弘道不由大脑的生理结构来控制，孔子与苏格拉底、耶稣的"人文心"不同，道亦不同。人文心主宰脑，

1   周易·系辞下传 [M].
2   程颢、程颐. 二程遗书 [M]. 上海：上海古籍出版社，2000：147.
3   黎靖德. 朱子语类 [M]. 北京：中华书局，1986：43.
4   钱穆. 双溪独语 [M]. 北京：九州出版社，2011：71.
5   钱穆. 双溪独语 [M]. 北京：九州出版社，2011：419.
6   钱穆. 晚学盲言（上）[M]. 北京：九州出版社，2011：667.
7   论语·卫灵公 [M].

而不是脑主宰人文心。人文大道在一己之内心。孔门教人，"为仁由己。"[1] 人虽然也是一物，其身为物，受理（规律）支配。但人文心——仁心却不是身中之物，它是弘道的发源地。因为有人义心，人由此一身成为一"我"。由人文心生发出人文性命，人文性命美化自然生命。

遗传与变异是自然生命过程，属于形而下；爱生、养生是人文性命过程，属于形而上。生命教育浸润在生命中，形而下与形而上相互作用。孟子说："存乎人者，莫良于眸子。眸子不能掩其恶。胸中正，则眸子瞭焉；胸中不正，则眸子眊焉。听其言，观其眸子，人焉廋哉？"[2] 心理过程（胸中正）决定生理过程，生理过程决定表情活动（眸子瞭焉），生命教育让人在人文性命上达到形而上的"胸中正"，在自然生命上达到形而下"眸子瞭"。

荀子说："君子之学也，入乎耳，箸乎心，布乎四体，形乎动静。一可以为法则。小人之学，入乎耳，出乎口。口、耳之间则四寸耳，曷足以美七尺之躯哉？"[3] "古之学者为己，今之学者为人。君子之学也，以美其身。小人之学也，以为禽犊。"[4] 君子之学是生命教育，它通过形而上的爱生、养生可以美形而下的七尺之躯。自然生命是人文性命的基础，人文性命可以润泽自然生命，这是自然生命与人文性命关系的辩证法。生命教育从自然生命上讲，可以让"学""布乎四体"，以美其身；从人文性命上讲，可以通过"学"产生充盈天地的浩然之气，孟子的浩然之气、文天祥的《正气歌》是由这种"学"造就的。生命教育在自然生命上是美其身的教育，在人文性命上是养浩然之气的教育。

生命教育是生命的一部分，它有安身、安心、安生三个层次。《中庸》开宗明义："天命之谓性，率性之谓道，修道之谓教。"这说出了生

1　论语·颜渊 [M].
2　孟子·离娄上 [M].
3　荀子·劝学 [M].
4　荀子·劝学 [M].

命教育思想主旨。三句话指出"性出于天，道因乎性，教以修道"。[1] 所谓"天命之谓性"，这里的天是自然演化意义上的天，不是上帝创造的天，意思是上天赋予人的特殊潜质是性。这一天赋人性使人之性不同于犬之性、牛之性，它一语道出了人接受教育的根据。其根据在于人具有选择自由，如孟子所说"舜何人也，予何人也，有为者亦若是。"[2] 舜是什么样的人，你就是什么样的人，只要积极作为，就能够达到舜的境界。然而，动物没有选择自由。认识到了"天命之谓性"，知道了人之性不同于犬之性、牛之性，在天的演化中人与动物的位置不同，就达到了安身层次。所谓"率性之谓道"，依据这一本性而行动就形成了"道"。"性"，人人具有，所以能受教育；"道"，人人可行，所以道路各有不同。它解释了每一个人的人生道路是怎样走过来的。人与人不同，在于每个人都率性而为，每个人的路都是自己走的，都应该为自己的人生道路负责。率性包含着要统率人性，不使其丢失，沦为兽性，即要"苟全性命"。"率性之谓道"中有"性"与"道"的关系："性"为天命（即自然之天演化出人之性），"道"为人为（人所行走出来的道），"率性之谓道"包含着天人合一的思想，由天道（自然、天生）发展到人道，由自然发展到人文。实现"率性之谓道"，就达到了安心层次。所谓"修道之谓教"，修好人生的道路就是教。由于他人的道比我们走得好，所以要向他人学习；由于古人的道（大学之道、中庸之道、孝悌之道等等）比我们走得好，所以就要向古人学习。修道是要让每个人的道路越走越宽广、越走越光明。实现"修道之谓教"，就可以安所、守位、遂生，就达到了安生层次。只有达到了安身、安心、安生三个层次，才能真正实现人文性命美化自然生命。

　　人文一词出现于《周易》的"观乎人文，以化成天下"。人生在自然中，不能脱离自然而独立，自然人文无法截然分界。卢梭指出："由

1　周飞舟. 人伦与位育：潘光旦先生的社会学思想及其儒学基础 [J]. 社会学评论，2019（4）.

2　孟子·滕文公上 [M].

自然状态进入社会状态，人类便产生了一场最堪瞩目的变化；在他们的行为中正义就取代了本能，而他们的行动也就被赋予了的前此所未有的道德性。"[1] 生命之为生命，必须由自然进到人文，由自然状态进入社会状态，"以作为全体一部分的有道德的生命来代替我们人人得之于自然界的生理上的独立生命"，[2] "以化成天下"，以正义取代本能，让人文卓然出于自然。马克思指出："整个所谓世界历史不外是人通过人的劳动而诞生的过程，是自然界对人来说的生成过程。所以，关于他通过自身而诞生、关于他的产生过程，他有直观的、无可辩驳的证明。因为人和自然界的实在性，即人对人来说作为自然界的存在以及自然界对人来说作为人的存在，已经变成实践的、可以通过感觉直观的，所以，关于某种异己的存在物、关于凌驾于自然界和人之上的存在物的问题，即包含着对自然界和人的非实在性的承认问题，在实践上已经成为不可能的了。"[3] 人通过劳动形成世界历史并使自然人化，"人对人来说作为自然界的存在"反映了人文本于自然，"自然界对人来说作为人的存在"反映了自然人文化，人文与自然在实践中和合融通。儒家倡导天人合一思想与马克思的人化自然的精神相会通，它提倡天人不相胜，使人文大道与自然大道融合为一。当代德育的主旨是从自然生命中创造出道义昭然的人文性命，让时代新人像儒家生命教育那样，参与从自然到人文的演进过程，从而致中和而参赞化育，求与天地参。

三、　生命教育原则——忠恕守位

《周易》说："何以守位？曰仁。"[4] 忠恕之道是行仁的方法，是守位的方法。潘光旦指出："文明人类之生活要不外两大方面，曰己，曰群，

1　卢梭. 社会契约论 [M]. 北京：商务印书馆，1980：25.
2　卢梭. 社会契约论 [M]. 北京：商务印书馆，1980：50-51.
3　马克思. 1844 年经济学—哲学手稿 [M]. 北京：人民出版社，1985：88.
4　周易·系辞下传 [M].

或曰个人，曰社会；而教育之最大目的，要不外使群中之己与众己所构成之群各得其安所遂生之道，与夫共得其相位相育之道，或相方相苞之道；此则地无中外，时无古今，无往而不可通也。"[1] 忠恕之道让己与群安所遂生。

忠恕之道是爱者的生命表现。关于"仁"，存在着"何为仁"和"什么是仁"的两种类型的知识。钱穆说："孔子提倡'仁'，郑玄言：'仁者，相人偶'。人与人相处成偶，其道即为仁。"[2]《说文解字》解释仁为"亲也，从人从二。"这是"何为仁"的知识，它是关于仁的概念的知识。有了"何为仁"的知识才有"什么是仁"的知识，由仁的概念发展到仁的判断。孔子说："刚、毅、木、讷，近仁。"[3] "巧言令色，鲜矣仁"等等都是对仁的判断，[4] 是"什么是仁"的知识。忠恕之道就是"什么是仁"的知识。

生命教育之道，贵在"通"，通是生命教育的至德要道之所在。一是由 A 到 B 这一条道是通道；二是由我到你的交流要能沟通；三是日与日、月与月、年与年相通。生命教育之道不仅行得通，而且要于人相通，通达于人；于世相通，通达世世。脚下路相通、心灵相通、世世相通才是大道。大道使儒家生命教育传统可大可久。相反，若只有少数人能通，多数人不能通，就不是大道。

五伦之道，人人能通，所以是大道。父慈子孝，人人能为，极普通与平常，在普通与平常之中生出高明。舜将孝发挥到极致，是其独特个性在主体间的表现，这产生了"极高明而道中庸"的榜样力量。孝就是一个普通而平常的人所应当为、所能为的东西。然而，舜的孝其伟大出于平凡而不外在于平凡。舜的孝人人可为，所以"人皆可以为尧舜"。忠恕之道体现了这种"通"，它在空间上，人际相通，通之人人；在时

1　潘乃穆、潘乃和编. 潘光旦文集（第九卷）[M]. 北京：北京大学出版社，2000：528.

2　钱穆. 晚学盲言（下）[M]. 北京：九州出版社，2011：896.

3　论语·子路 [M].

4　论语·阳货 [M].

间上，古今相通，通达世世。忠恕之道是人人、世世通行的大道。钱穆说："人生必贯彻前后，故有先生，有后生，上有古，下有后，乃使此小我短暂之人生，绵延而成悠久无穷之人生。人生亦必破除彼我，融会人己。"[1] 忠恕之道使人生贯彻前后，融会人己。使小我之人生投入到无限之人生中。忠恕之道使小可以喻大（个体交往的恕的原则通行于国与国的交往原则）、近（自己的心）可以喻远（遥想二千五百年前孔颜之乐），立于己而达于人。在生命教育中，如网在纲，如水得源，忠恕之道以一驭万，身、家、国、天下都被忠恕之道一以贯之，它是生命教育的原则。儒家通过仁爱关系而彼此联系，忠恕之道是家、国、天下共同体形成的心理机制，共同体的凝聚力在于主体间的仁爱的承认关系。

韦伯指出：作为儒家君子"他们没有事先确定下来的超验的伦理，没有超世的上帝的律令与现世之间的对峙；他们没有对彼岸目标的追求，也没有极恶的观念。……根据我们的回忆，在中国从未出现过与'现世'的紧张对峙，因为从来没有一个超世的、提出伦理要求的上帝作过伦理的预言"。[2] 儒家生命教育培养积极入世的君子，所谓"君子求诸己，小人求诸人"。[3] 君子修身来自自我的需求，道德感源于忠恕之道，所谓"操五寸之矩，尽天下之方也"。[4] 因此，自我为道德原则的储藏之所，没有外在的超自然的律令规定着该如何去做。

儒家仁爱思想扎根于社会生活方式的结构之中，孟子说："仁也者，人也。"[5] 儒家的仁道即人道，成仁即成人。孟子说："仁，人心也。"[6] 有人心即成仁。心与身相偶成"我"，人与人相偶成仁。"人之相和，贵相知心。"[7] 和谐社会建立在"人心"之上而非"物力"之上。忠恕之道

1　钱穆. 双溪独语［M］. 北京：九州出版社，2011：216.
2　韦伯. 儒教与道教［M］. 南京：江苏人民出版社，1995：195 – 196.
3　论语·卫灵公［M］.
4　荀子·不苟［M］.
5　孟子·尽心章句下［M］.
6　孟子·告子章句上［M］.
7　李陵. 答苏武书［M］.

即成人之道，它以仁爱相亲相感，发挥着共通和合的功能。

1. 忠道与恕道

孔子提倡仁，主张通过仁爱而彼此建立关系，这是儒家仁爱思想的源头。儒家的仁爱领域在五伦关系之中，仁爱形式是仁、敬、慈、孝、信等等，仁爱原则是忠恕之道。黑格尔说："法的命令是：'成为一个人，并尊敬他人为人'。"[1] 忠恕之道就体现了这种精神。唯成为人才能尊敬他人为人，唯尊敬他人为人才能成为人。社会的伦理凝聚力量在于仁爱。仁爱在相互承认的互动中得到表达与呈现，主体间在互相尊重中获得这种道德感。仁爱是主体间承认活动的基础。孔子提出了仁爱的具体模式：忠道与恕道，前者为"己欲立而立人，己欲达而达人"，[2] 后者为"己所不欲，勿施于人"。[3] 这使儒家的仁爱方式有积极的爱人方式（主动助人）与消极的爱人方式（自我约束）。仁爱是沿着忠道与恕道这样两条主体间的路径获得的，主体间通过这种规范性共识调节着互动关系。将忠道与恕道的不同的仁爱形式结合起来，就是孔子所说的"君子成人之美，不成人之恶"。[4] 它是人与人之间成功交往的主体间条件。个体无法仅凭自己就获得仁爱，仁爱的发展需要主体间相互承认，它在交往实践中被塑造出来。

忠恕之道从这种分别出发，回答了如何爱人的问题。前者为积极的爱人，后者为消极的爱人；前者表现为自我限制，后者表现为自我扩展。"仁者，亲也，从人从二。"[5] 仁爱发生于两个有意识的主体间性之中，彼此之间有着情感期待，主体间关系通过仁爱情感建立起来。忠恕之道具有经验事实（日常交往中可感知的他人的幸福与痛苦的事实）、理性判断（设身处地地想象）和道德情感（同情心），从而让个体感受到他人的幸福与痛苦，并对他者的幸福与痛苦抱有同情。他人通过与我

1　黑格尔. 法哲学原理 [M]. 北京：商务印书馆，1961：46.
2　论语·雍也 [M].
3　论语·颜渊 [M].
4　论语·颜渊 [M].
5　说文解字 [M].

的交往行为而出场，通过互动行为对我展现。但是，他人是对谁而出场的？是作为随我心境、愿望、看法的偶然变化的那个我？还是把主观性搁置一边的那个我？为了克服自我偏见，个体受规范引导，观察的出发点是理想的"君子"，而非怀有主观偏好的那个我。这是一个道德人格化的观察者，每个有德者都是这个观察者的代表。儒家道德情感具有不偏不倚的性质，《中庸》首章说："喜怒哀乐之未发，谓之中，发而皆中节，谓之和；中也者，天下之大本也；和也者，天下之达道也。致中和，天地位焉，万物育焉。"这使忠恕之道的道德情感有一定的客观尺度，它处于道德规范之中。忠恕之道的道德规范内化为良心之声，产生仁爱情感。只有这种情感才利于实现己与群的安所遂生。仁的基础是同情心，我们对于家人比对于国人更容易产生同情心，所以"老吾老，以及人之老；幼吾幼，以及人之幼"[1]。通过对家人的同情，进而将此心放大及国人。同情式的情感共振并不等于仁，但是，它是实现仁爱的必要前提。若停止于情感共振，就没有仁爱的同情心，至多只是"可怜心"。只有实施忠恕之道才能实现仁，将仁爱的同情心付诸行动。以上是忠恕之道的形成过程。

忠恕之道意蕴深广。刘述先指出："《论语》并不只是给我们一些关于德目的零碎乃至互相矛盾的讨论，正如孔子本人所谓'吾道一以贯之'可知。"[2] 忠恕之道是实现仁爱的原则，它贯穿于孔子的整个思想中，成为仁爱的动力。《论语·里仁》记载："子曰：'参乎，吾道一以贯之。'曾子曰：'唯。'子出，门人问曰：'何谓也？'曾子曰：'夫子之道，忠恕而已矣'。"孔子提示曾子自己的道"一以贯之"。曾子心有灵犀，当下顿悟，直透仁爱真髓：这一以贯之的道就是忠恕。然而，明明忠恕是两个东西，为什么是"一"呢？这里的"一"是一以贯之的意思，不是数字表达。仁爱的互惠意识要求以己度人、将心比心的忠恕之

1　孟子·梁惠王上 [M].
2　刘述先. 儒家思想与现代化 [M]. 北京：中国广播电视出版社，1992：42-43.

道，它通行于个体与其他主体的一切交往实践之中。每一种仁爱的关系都包含着忠与恕的维度，没有了忠恕之道，就没有了仁爱。

忠恕之道必须在社会化互动过程中得以贯彻，它有着区分（我与他人不同，我不是他）和融合（我与他人有着相同的心理，所以能以己度人）的平衡。它不同于"己所欲而施于人"，后者歪曲了主体间的仁爱关系，打破了区分与融合的平衡，将他人完全等同于自我，将自己的观念强加给对方。"己所欲"未必是"人所欲"，别人未必接受。"子绝四——毋意，毋必，毋固，毋我"。[1] 为了获得成功的交往关系，个体必须做到四个"毋"，要去除交往中的自我中心主义心态。违背忠恕之道会导致失败的交往实践，引发交往的道德危机。人都需要被社会承认，否则，就伤害了主体的自我价值感。忠恕之道使他人作为具有道德判断能力的主体而得到承认，它在交往中发挥着肯定他人而不是否定他人的独立主体的作用。忠恕之道揭示了仁爱互动关系的内在结构，这一仁爱模式引发正向情感互动，避免负向情感互动，能够"维持融合和自我标界之间的主体间性平衡"。[2] 忠恕之道涵义广大深远，它既成其己又和于人；既成己又成人。

首先，恕道的内涵

第一，"恕"的方法是以己度人。"恕"是如心的会意词，它主张彼我相通，既非有己无人，又非有人无己；既不舍己从人，又不自我中心，以己凌人。它反对仅知有己而不知有人、有群。贾谊说："以己量人谓之恕。"[3] 恕是"善推"此人文心，自我克制。它是消极地爱人，即道德上有自我约束。在社会中，人人都有被他人承认、认可的心理需要。恕的自我约束是防止他人的承认要求被蔑视从而引发一种消极的情感反应。"恕道"是为他人而进行的道德上的自我限制，主体间都应当

1　论语·子罕 [M].
2　阿克塞尔·霍耐特. 为承认而斗争——论社会冲突的道德语法 [M]. 上海：上海人民出版社，2021：224.
3　贾谊. 新书·道术 [M].

各自为对方而限制自己的行为。

"己所不欲，勿施于人"不同于"己所欲而施于人"。"己所欲"未必是"人所欲"。若将前者当成后者，他人的被承认为独立的人的要求就会受到蔑视，在交往中不满情感就会充塞心间。从"己所不欲"出发，"恕"道能有效避免情感冲突，使主体不再按照自我中心主义的方式行动。这与霍耐特的承认思想相似，他说："承认指的是道德性的自我约束行为，如果我们要达到一种对我们自己的意识，就必须能够在面对他人时做到自我约束。"[1] 通过自我约束使一个主体进入另一个主体的仁爱承认关系之中，恕道使彼此作为相互依赖又相互独立的个体而互相承认，从而促进仁爱的实现。

第二，恕的依据是体验。体验有两种：一种是亲身体验。"己所不欲，勿施于人"意思是自己不愿意做的事情不要强加到别人身上，如子贡所说："我不欲人之加诸我也，吾亦欲无加诸人。"[2]《大学》则将此称为"絜矩之道"，它说："所恶于上，毋以使下；所恶于下，毋以事上；所恶于前，毋以先后；所恶于后，毋以从前；所恶于右，毋以交于左；所恶于左，毋以交于右。此之谓絜矩之道。"《大学》将恕道推而广之，扩而大之，投射进上下、左右、前后关系。"所恶"不是一种单纯的否定性情感，而是一种应当的否定性情感，它不仅合乎道德而且本于道德。

恕道通过同情纽带建立起仁爱的情感联系和承认关系，形成同情之上的道德价值判断，以确定自己的行为方式是否具有道德上的正当性。在《论语》中称为"恕道"，在《大学》中变成"絜矩之道"，两者实质相同。恕道与絜矩之道之间是源与流的仁爱与承认关系，它们在意义上具有等值性，体现了儒家仁爱伦理思想的发展。恕道以己心通他心，使人心会通合一。它以自我为中心将仁爱承认关系扩展到前后、左右、上

1　阿克塞尔·霍耐特. 我们中的我——承认理论研究 [M]. 南京：译林出版社，2021：2.
2　论语·公冶长 [M].

下的关系之中，其相继发展的过程通过将心比心的亲身体验显现出来。儒家主张通过仁爱协调人们的行动目标，从而形成良好的社会秩序，产生这种协调行为的共识来自恕道。主体间的仁爱关系通过共通经验的能力建立起来，这种能力使彼此相互领会对方的幸福与痛苦并抱有同情，产生心理共鸣。

另一种是类比体验。《大学》说："故君子不出家，而成教于国。孝者，所以事君也。弟者，所以事长也。慈者，所以使众也。"移孝作忠、移悌作尊就是以之前的体验关系来理解之后的相似关系，去认识一个新的互动领域，从而"亲其所亲"，"尊其所尊"。个体通过家庭成员主体间关系获得积极的道德情感，并以类比体验的方式进入治国、平天下的实践活动之中。"恕"的要义是"我不欲人之加诸我，吾亦欲无加诸人"。[1]通过对他人的需要和利益给予肯定，建立起彼此的仁爱承认关系。

其次，忠道的内涵

第一，忠的基本方法与恕相同。"己欲立而立人，己欲达而达人，能近取譬，可谓仁之方也已。"[2] 仁爱需要教育，教育需要方法，这里的"能近取譬"，就是实行仁爱教育的方法。这一方法就是以己度人。孟子说："舜，人也；我，亦人也。"[3] "彼，人也；予，人也。"[4] 彼我相通，犹如伊尹视人饥人溺犹如己饥己溺。钱穆说："己饥己溺，欲立欲达，亦是由人心乃始见道心。故道心人心实只一心，非外于人心而别有道心之存在。"[5] 忠道将道心建立在人心上，以己度人而立人达人，这就是仁爱之心——道心。钱穆说："'人心'只是功利之私，'道心'乃是道义之公。道心中已包含了人心，道义中已包含了功利。"[6] 所谓"人心惟

1　论语·公冶长 [M].

2　论语·雍也 [M].

3　孟子·离娄下 [M].

4　韩愈. 原毁 [M].

5　钱穆. 双溪独语 [M]. 北京：九州出版社，2011：337.

6　钱穆. 双溪独语 [M]. 北京：九州出版社，2011：340.

危，道心惟微"，[1] 没有忠道的人受欲望支配，以私损公，只有人心与功利，此心危险难以控制。有忠道的人由私（己饥己溺）转公（人饥人溺犹如己饥己溺，从而立人达人），从人欲之私中生发出道义之公，从人心中生发出道心，让道心中有人心，道义中有功利。道心精微难明，践行忠道就能让道心由微转显，让人心由危转安。《乐记》说："人化物也者，灭天理而穷人欲者也。"钱穆解释说："人化物者，即是只知有人欲，不知有天理。此心则全是人心，更无道心。"[2] 忘天理穷人欲，不践行忠道，就只是人心，全无道心。忠道的教育力量本于人心，从人心中唤起道心，而不是在人心外通过外力强加一种教育规训的力量。成德之要在于忠道，忠道本于人心，至易至简、易知易行，所谓"仁远乎哉，我欲仁，斯仁至矣"。[3]

第二，忠是积极的爱人。忠字从中从心，尽己为忠，即所谓"内尽于心也"。[4] 忠就是全心全意地为人服务。忠道将自我视为有能力满足互动成员要求的人。所谓"己欲立而立人，己欲达而达人"，"立"是立起身，"达"是迈开步。意思是自己有目标、理想，也要帮助别人确立目标、理想；自己实现目标、理想，也要帮助别人实现目标、理想。"自我意识需要其他自我的承认"。[5] 忠就是承认他人有设想、建立目标、理想的能力并帮助他人自我实现。所立所达皆为人道，通过人人求立求达，在社会上建立起自我同一性与他人同一性的伦理关系。孔子三十而立，开始招收学生，己立立人，成为立人达人的楷模。忠是爱人以德，无原则的爱是一种病态的承认关系。

第三，忠还包含反省方法，曾子说："吾日三省吾身，为人谋而不忠乎?"[6] "忠"包含着自我反省，将得到他人仁爱的期望转化为对自我

1　尚书·大禹谟［M］.
2　钱穆. 双溪独语［M］. 北京：九州出版社，2011：339.
3　论语·述而［M］.
4　礼记·礼器·中庸·疏［M］.
5　阿克塞尔·霍耐特. 我们中的我——承认理论研究［M］. 南京：译林出版社，2021：4.
6　论语·学而［M］.

规训的要求，它有着对主体而言的自身关系（具有忠的品格）和对他人而言的主体间关系（积极的爱人）。"忠"在外部的社会仁爱关系与内部的自我反省之间建立起了有益的联系。孟子说："爱人不亲，反其仁；治人不治，反其智；礼人不答，反其敬。行有不得者，皆反求诸己。"[1]如果在实行爱、治和礼时，并没有引起对方积极的情感回应，就需要反省自己的行为是否符合仁、智、敬的道德原则。具有仁爱的人，善于反躬自责。尊己必尊人，求于人，必先求于己。欲求佳弟子，先为贤父兄。得己心——相人偶之仁心，方能得人心。苏联心理学家安德列耶娃对反省作过这样的解释："反省表示行动的个体认识到他被交往的伙伴怎样知觉。这已经不是简单地认识别人，或者理解别人，而是认识别人怎样理解我。这是一个相互的镜子般反应的特殊重叠过程。是深刻的、彻底的相互反映。"[2] 反省是认识别人怎样认识我，这是一个相互的镜像反应的特殊重叠过程，它具体表现为以己度人和以人度己的交往反复。

忠恕之道既是生命教育原则又是一种德育境界。忠恕之道对中华民族道德心理产生重大影响。儒家仁爱的主体间承认关系（以己度人，将心比心，承认他人与自我是一样的人）可以根据忠恕之道来理解。中国人的人道有五伦，五伦关系不是平等关系，行五伦之道在于仁爱之心。五伦关系（如父与子）彼此和合，融成一体，它决定了人在社会关系中的地位及被承认的状态。忠恕之道从自我与他人的关系的不对称性中产生交互性仁爱。今天，尽管人与人之间相互承认的社会条件发生了变化，还是不可能对传统的仁爱关系完全颠覆，继承忠恕之道的仁爱方式有助于今天建立充分的仁爱的交往关系。

皮亚杰认为自律出现在伙伴间协作关系上，他说："自律只与互惠有关，当相互尊重的情感强到足以使个体从内心感到要像自己希望受到别人对待自己那样去对待别人时，才会出现自律。"[3] 忠恕之道与慎独密

---

1   孟子·离娄上 [M].
2   安德列耶娃. 社会心理学 [M]. 上海：上海翻译出版公司，1984：133.
3   皮亚杰. 儿童的道德判断 [M]. 济南：山东教育出版社，1984：233.

切相联，自律具有与仁爱承认关系相联系的道德要求，即以己度人。通过忠恕之道可以实现道德自律，达到慎独境界。

2. 忠恕之道的当代德育启示

霍耐特指出："仅当全体社会成员互相尊重他们的合法的诉求，他们才能以合作完成团体使命所必须的方式相互建立非冲突的社会关系。"[1] 仁爱关系不可能为这种关系提供一个充分的基础，但可以提供必要条件。

第一，将忠恕之道作为新时代的道德共识

己所不欲、勿施于人等为人处事原则经代代相传，已经扎根于民族心理。忠恕之道主张自修其身、通于他人，使道德主体在以己度人的能力的作用下，实现自律。它在主体间相互的仁爱承认关系中，使 A 在 B 中认出自己，把 B 当成另一个自己，使 B 也这样看待 A，达到 A 与 B 的融合与相通。它不仅是处理人与人关系的原则，而且是处理国与国关系的原则。习近平总书记指出："己所不欲，勿施于人。中国需要和平、爱好和平，也愿意尽最大努力维护世界和平，真诚帮助仍然遭受战争和贫困煎熬的人们。"[2] 我国和平共处五项原则就包含着忠恕精神，将仁爱思想运用于国际关系，将人际交往原则运用于国际交往原则。当代德育要让忠恕之道通行于齐家、治国、平天下的交往实践中，使大学生不仅能够处理人与人的关系而且将来能够处理国与国的关系，理解全球治理的中国方案。以忠恕之道培育大学生参与国际治理能力，"用欣赏、互鉴、共享的观点看待世界，推动不同文明交流互鉴、和谐共生，积极为构建人类命运共同体添砖加瓦"。[3] 新时代的平天下需要忠恕精神。

费尔巴哈称"己所不欲，勿施于人"的格言为人类所能找到的最

1　阿克塞尔·霍耐特. 为承认而斗争——论社会冲突的道德语法 [M]. 上海：上海人民出版社，2021：68.

2　习近平. 在纪念孔子诞辰 2565 周年国际学术研讨会暨国际儒学联合会第五届会员大会开幕会上的讲话 [N]. 人民日报，2014 - 09 - 25（02）.

3　习近平主席在联合国教科文组织第九届青年论坛开幕式上的贺词 [N]. 人民日报，2015 - 10 - 27（01）.

好、最善良的道德训诫。马克思恩格斯主张把"德育只限于这样一条原则：己所不欲，勿施于人，也就是只实行完全平等和兄弟友爱"。[1] 忠恕之道应当成为社会主义共同体内的规范共识。邹诗鹏指出："社会主义与共产主义，不能仅仅看成是马克思主义从外部输入的观念，这些价值观在中国文化传统中有其根源，诸如大同社会、和谐观念、平等意识，都与社会主义与共产主义有某种联系。通过一定的价值观实现对一定族群的整合，必须考虑一个民族本身的价值观传统。"[2] 忠恕之道的精神与社会主义和共产主义的关联性，为马克思恩格斯所肯定。

第二，将居上者、居下者与居中者的道德修为结合起来

"絜矩之道"将以己度人与讲规矩结合起来。朱熹解释"絜矩之道"："言能絜矩而以民心为己心，则是爱民如子，而民爱之如父母矣。"[3] 这是将心比心，达到上下同心。这种设身处地的能力源自于"君子"人格，而不是自我主观偏好。朱熹说："絜，度也，矩，所以为方也。"[4] 絜矩象征道德上的规矩，个体活动于伦理框架之中。孔子的"七十而从心所欲，不逾矩"，反映出其生命全在规矩之中。规矩不是自由的限制，是个体实现自由的平台，伦理规范是个体自由的社会媒介。"不逾矩"是社会化（规矩内化）和个体化（主体性发展）的互动过程，这一状态既能导致共同体联系的加强，又带来个体自由的增长。朱熹说："随其心之所欲而自不过于法度，安而行之，不勉而中也。"[5] 这规矩是自律、自由的，而非来自外部的强迫性他律。在儒家修身文化中，絜与矩为根词，准绳与规矩为派生词。习近平说："古人说：'欲知平直，则必准绳；欲知方圆，则必规矩。'"[6] 这就是絜矩之道的补充意义，并使絜矩之道产生了准绳与规矩的派生意义。习近平将絜矩之道

1　马克思恩格斯全集（第 42 卷）[M]. 北京：人民出版社，1972：235.
2　邹诗鹏. 马克思主义哲学中国化的生存论阐释 [J]. 吉林大学社会科学学报，2009（1）.
3　朱熹撰. 李申译. 四书章句集注今译 [M]. 北京：中华书局，2020：30.
4　朱熹撰. 李申译. 四书章句集注今译 [M]. 北京：中华书局，2020：29.
5　朱熹撰. 李申译. 四书章句集注今译 [M]. 北京：中华书局，2020：72.
6　习近平谈治国理政（第 2 卷）[M]. 北京：外文出版社，2017：151.

的隐喻纳入党内生活，指出"规矩是党的各级组织和全体党员必须遵守的行为规范和规则。"[1] 当代德育必须将絜矩之道的基本意义（"恕道"）与补充意义（"欲知方圆，则必规矩"）结合起来，让学生成规成矩，有模样样，有节有止，有廉有度，做一个像模像样的人，一个不失规矩的人。做一个合格的建设者和接班人，不做"过格与不及格"的人。

通过"絜矩之道"，形成居上者、居中者与居下者的道德修为。居上者与居下者相互呼应：《大学》说："所谓平天下在治其国者，上老老而民兴孝，上长长而民兴悌，上恤孤而民不倍，是以君子有絜矩之道。"由善行（上老老等等德行）实现善政（民兴悌），从中形成"上……而……"的互动模式，由此获得统治的合法性与正当性。钱穆说："君者，群也。王者往也。大群人心所归往，斯则为君王矣。"[2] 居上者的道德修为是《大学》所说的"君子有诸己而后求人，无诸己而后非诸人"。在中国传统中治民与正民相联系，政教并言，不离教而为政，由此产生道德感召力，治国化民。居下者道德修为是"民兴孝、民兴悌、民不倍"。与此同时，有着居中者道德修为："所恶于上，毋以使下；所恶于下，毋以事上；所恶于前，毋以先后；所恶于后，毋以从前；所恶于右，毋以交于左；所恶于左，毋以交于右。此之谓絜矩之道。"形成居中者处理前后、左右、上下关系的准则。

"絜矩之道"谈论道德即在谈论政治、谈论政治即在谈论道德，它是道德性地理解政治，政治性地理解道德。"絜矩之道"是由政治伦理化与伦理政治化所构成的。表率作用具有整合功能，使伦理道德与政治道德融合，产生上下和谐的社会图景。这里，伦理与政治不是相互并置、彼此独立的领域、板块化的结构关系，而是相互渗透、相互补益关系。习近平说："必须领导带头、以上率下。正人必先正己，正己才能

1　习近平. 深化改革巩固成果积极拓展，不断把反腐败斗争引向深入 [N]. 中国纪检监察报，2015 - 01 - 14.

2　钱穆. 晚学盲言（下）[M]. 北京：九州出版社，2011：1301.

正人。中央怎么做，上层怎么做，领导干部怎么做，全党都在看。首先从中央做起，各级主要领导亲自抓、作表率。"[1] 以上率下，这是新时代居上者与居下者道德修为，是新时代的絜矩之道。这种上下呼应通行于当代德育的教育者与受教育者之间。絜矩之道是以德治国的伦理性支点，伦理与政治不是相互分开并外在地拼合在一起的。

习近平指出："集中教育活动要搞好，必须批批接续、层层压紧、环环相扣。上面的问题需要下面配合解决的就上题下答，下面的问题根子在上面的就下题上答，需要地方和地方、地方和部门、部门和部门联合会诊的就同题共答，前后照应、左右衔接，使查摆和解决问题做到纵向到底、横向到边。实践证明，只有坚持问题导向，从细处入手，向实处着力，一环紧着一环拧，一锤接着一锤敲，才能积小胜为大胜。"[2] 这里前后照应、左右衔接、纵向到底、横向到边需要"絜矩之道"处理好上下、前后、左右的关系。当代德育的顶层设计是"培养什么样的人"、"如何培养人"、"为谁培养人"；中层设计是高校的三全育人方略；底层设计是每位学生的人生规划。将"絜矩之道"贯穿于这三层设计之中，有助于居上者、居中者与居下者形成积极影响，产生凝聚力，推动民族复兴向前发展。

第三，爱者的生命表现：善于自我反省

孟子说："爱人不亲，反其仁；治人不治，反其智；礼人不答，反其敬。行有不得者皆反求诸己。"[3] 仁爱的承认关系受到误解会走向反仁爱的不承认关系，主体要通过自我反思清除误解，调整人与人的关系，改善仁爱承认的条件，通过"反其仁""反其智""反其敬"来实现仁爱承认关系，使冲突结构转型。"反"的根本是"诚"。道在迩而求诸远，不知反求己心，就不能化解冲突与矛盾。刘蕺山说："曾子言诚意也，

1　习近平. 在党的群众路线教育实践活动总结大会上的讲话 ［N］. 人民日报，2014 - 10 - 09 (01).

2　习近平. 在党的群众路线教育实践活动总结大会上的讲话 ［N］. 人民日报，2014 - 10 - 09 (01).

3　孟子·离娄上 ［M］.

其修身为本之极则乎！故子思子曰'诚身'，孟子亦曰'诚身'又曰'反身而诚'。万古宗传，其在斯乎！"[1] "反其仁""反其智""反其敬"都要达到"反身而诚"。

马克思说："如果你的爱没有引起对方的反应，也就是说，如果你的爱没有引起对方对你的爱，如果你作为爱者用自己的生命表现没有使自己成为被爱者，那么你的爱就是无力的，而这种爱就是不幸。"[2] 改变这种不幸需要以己度人、推己及人地设身处地为他人着想。

第四，通过忠恕之道将人的成长与自我同一性的观念、集体同一性的观念联系在一起

忠恕之道将自我同一性的观念与集体同一性的观念联系在一起，形成由仁爱联系在一起的行动链条。德育让忠恕之道成为新时代的双重同一性建构过程：使人生修养从个体主体向交互主体过渡，在个体反思与主体间理解之间建立联系。在内省中建立自我同一性；在立人、达人中建立集体同一性，使道德同一性在社会层面上得以实现。在仁爱承认中使个体意志与公众意志相一致。个体层面的同一性是集体层面的同一性的延伸，然而，后者的同一性并非是对前者同一性的简单重复、叠加。前者奠定了后者，后者提升了前者。保罗·利科指出："同一性形式是建立社会联系的关键。"[3] 今天，创造历史（实现中国梦）与同一性之间有着内在联系，这种联系不是机械联系。

时代新人需要个体同一性，民族复兴需要集体同一性，忠恕之道使个体的时代新人的同一性凝聚成民族复兴的同一性，实现当代德育同一性的两种重要形式的有机统一，形成个体小生命与人文大生命的积极互动。它使集体同一性包含着个体同一性，个体同一性集合为集体同一性，形成两种同一性的良性互动，使主体怀着被承认的期待凝聚在一起，通过孝老慈幼，以己度人，"老吾老，以及人之老，幼吾幼，以及

1　吴光主编. 刘宗周全集（第二册）[M]. 杭州：浙江古籍出版社，2007：150.

2　马克思恩格斯文集（第1卷）[M]. 北京：人民出版社，2009：247-248.

3　保罗·利科. 承认的过程 [M]. 北京：中国人民大学出版社，2011：118.

人之幼",实现一个理想的大同社会。在"老吾老""幼吾幼"中产生普遍化的对待他人的仁爱立场,形成这样的氛围有助于"积极为青年创造人人努力成才、人人皆可成才、人人尽展其才的发展条件"。[1] 古文中仁是"忎",千心会通合一为仁,民族复兴中的集体同一性就体现为这种仁,这是新时代实践忠恕之道的大仁大义所在。

四、 生命教育的功能:弘道明理

做人要讲道理,当代德育的本质在于讲道理,把道理讲深、讲透、讲活就要将当代德育扎根于传统文化之中,继承儒家生命教育的弘道与明理。道理是中国思想中的重要范畴,儒家弘道,就是向往于道理而前进的历史。离经叛道为"大逆不道",执意妄为则"岂有此理",离开了道与理就悖于人伦大道。今天道与理已经连接为一词,百姓日用而不知。道与理二字本来具有两种不同的意义,深入理解"道理"的内涵,需要将它们分别阐述。当代德育应当弘道而明理,有道可走,有理可据。

1. 道与理

钱穆说:"儒家精旨,又必于宇宙中增进人道。"[2] 儒家生命教育在于弘道,在人伦生命之间建立内在联系。儒家弘道既陈义高远又力戒虚语浮文。《论语》《孟子》是孔子、孟子一生弘道的魂气精神之所在,其道德人生与文字作品合一无间。中华民族"其大群之能寿""寿达五千年",[3] 其群至悠久(5000)、至广大(14亿人口),有着举世无双的大群生命,有赖孔子立教之功与民族的弘道与明理。钱穆将道理作为中国文化的重要范畴,钱穆说:"中国思想之主要论题,即在探讨道理。我们也可以说,中国文化,乃是一个特别尊重道理的文化。中国历史,乃

---

1   习近平. 在纪念五四运动 100 周年大会上的讲话 [M]. 北京:人民出版社,2019:15.
2   钱穆. 双溪独语 [M]. 北京:九州出版社,2011:312.
3   钱穆. 晚学盲言 [M]. 北京:九州出版社,2011:195.

是一部向往于道理而前进的历史。中国社会，乃是一极端重视道理的社会。中国民族，乃一极端重视道理的民族。"[1] 道与理是两个不同的东西，高卜轻重有所分别，不能笼统地将其归一词——道理。将道理混为一谈会使生命教育迷失方向。道理观要分开来讲：明白什么是道？什么是理？中国人讲物理，不讲物道；讲人道，不讲人理；讲传道说理，不讲传理说道。例如，有大学之道，无大学之理。

何谓道？钱穆说："道究竟指的是什么呢？庄子说：'道行之而成。'这犹如说，道路是由人走出来的。道有人的理想、情感、意志参与其中。唐代韩愈在《原道》篇里说：'由是而之焉之谓道。'这是说，道指的由这里往那里的一条路。可见道应有一个向往的理想与目标，并加上人类的行为与活动，来到达完成此项理想与目标者始谓之道。"[2] 道是由人创生的，它有目的（有前进的目标）、有选择（选择行走的路线）、有境界（而立、不惑、知天命、耳顺、不逾矩就是孔子人生之路的境界）有行动（从 A 出发，行走到 B）。这如人在山路上攀登，达到不同的阶段，产生不同的境界。鲁迅说过，世间本来没有路，人走的多了就成为路。《中庸》说，"率性之谓道"，每个人率性而为，走出了自己的道。"道行之而成"之道是人走出来的，它是动词不是名词，是生成的不是现成的。这个道不是固定的、预先存在着的轨道和路程。道是人走出来的，所以每个人的路不同，所谓"道不同，不相为谋"。[3] 有彼此不相干的道，有相反的道，有志同道合意义上的道。君子之道与小人之道有大分别，君子志于此（君子之道）而耻于彼（小人之道）。《易经》指出，"君子道长，小人道消。小人道长，君子道消。"这里有着正能量与负能量的较量，积善使道德风气诚而厚——君子道长；反之，不积善使道德风气伪而薄——小人道长。这里就存在着"有道"与"无道"的问题，前者为"有道"，后者为"无道"。"无道"也是有"道"，只是这个道违

1　钱穆. 中国思想通俗讲话 [M]. 北京：九州出版社，2011：5.
2　钱穆. 中国思想通俗讲话 [M]. 北京：九州出版社，2011：6-7.
3　论语·卫灵公 [M].

反人道，所以不是人道，它最终是走不通的道，会进入死胡同，这就等于"无道"。

儒家的道为尧舜之道、文武之道、孔孟之道、大学之道、中庸之道等等，所有这些道都是人伦大道、治平大道，让人地地道道做一中国人。虽然每一个儒家君子随时、随地、随事、随人所走的路各不相同，但都"统之有宗，会之有元"，[1] 都归结到人伦大道、治平大道上。

孔子说："人能弘道，非道弘人。"[2] 弘道具有"回忆能力和承诺能力"，[3] 当下的我正在回忆过去的我，回顾以往整个历程及沿途风景（而立、不惑、知天命、耳顺、不逾矩）就是回顾自己的道。弘道承诺打造一个未来的我，它具有目标与方向。它呈现为反思——回忆——承诺三个环节。率性行道在回忆与承诺中建立自我的同一性，使过去之我、现在之我与未来之我在仁爱价值观指导下保持人格统一。例如，曾子"士不可以不弘毅，任重而道远。仁以为己任，不亦重乎。死而后已。不亦远乎"。[4] 曾子达到了《大学》所说的"知止"，其志向始终不变，负有人文大道重任，终身弘道，任重而道远，保持着人格统一。人生修养正是在这种同一性中进行的。失去自我修养能力的人"为记忆而遗忘，为承诺而背叛"，[5] 有道德修养能力的人：转向过去——回忆——不背叛自己的初心；面向未来——坚守承诺——牢记自己的使命。回忆与承诺始终伴随着人生修养。

儒家生命教育不能只言道不言理，理得是安身、安心、安生的必要条件。《周易》说："天下之理得，而成位乎其中矣。"[6] 掌握了天下事物的规律，就能在天地之间找到合适的位置。其中，天下理得是掌握规律的明理，成位其中是实现位育的弘道。就位育来说，从事实层面上看，

1　朱子语类（卷六·性理三）[M].

2　论语·卫灵公 [M].

3　保罗·利科. 承认的过程 [M]. 北京：中国人民大学出版社，2011：93.

4　论语·泰伯 [M].

5　保罗·利科. 承认的过程 [M]. 北京：中国人民大学出版社，2011：93.

6　周易·系辞上传 [M].

理在道前。没有掌握理，逆天而行、越位，就会到处碰壁；从价值层面上说，理在道下。此道特指合乎规律的道，包含了理的道。

钱穆说："理字的地位显然在道字之上。"[1] 何谓埋？钱穆说："开始特别提出一个理字，成为中国思想史上一个突出观念，成为中国思想史上一重要讨论的题目者，其事始于三国的王弼。王弼注《易经》，说：'物无妄然，必有其理。'这是说宇宙间一切万物，决不是随便而成其为这样的，宇宙万物，必有其一个所以然之理。天地间任何一事物，必有其所以然，而决不是妄然的。妄然即是没有其所必然之理，而随便的成为这样了。"[2] 理是必然性规律。儒家讲率性行道，不讲率性行理。钱穆说："唯理的世界，其实只是一唯物的世界。不仅没有上帝，而且也没有人。此宇宙则仅是一理在主宰而支配着，而此理又只有在物上去求，所以说'格物穷理'。所以此唯理的世界，其实仍是人类所不能忍受的世界。"[3] 有理存在，所以才说格物穷理。然而，如果人处于唯理的世界之中，一切都是既定的、不能改变的，人生就失去了弘道的意义，不会再有"朝闻道，夕死可矣"的孔子、"任重而道远"的曾子，也不会再有五千年中华文明大道。《大学》格物致知的目标不在穷理本身而在"止于至善"，格物穷理扎根在道上，人文大道是格物的终极目标。

钱穆说："因理是早存在那里了，道则有待人行出。物只依理存在，不能自行成道，故只称物理，不称'物道'。人虽亦依理存在，但能自行出道，在物的存在外，别有一人的存在，故称人道，不称'人理'。"[4] 虽然理与道有分别，道与理必须结合在一起。没有道可以创造出道来，没有理却不能创造出理来。创造出道来必然依靠理、遵循理。理在前，道在后；道在上，理在下。"理在先，一成不变。道创生，变动不居。"[5]

1　钱穆. 中国思想通俗讲话 [M]. 北京：九州出版社，2011：8.
2　钱穆. 中国思想通俗讲话 [M]. 北京：九州出版社，2011：9.
3　钱穆. 中国思想通俗讲话 [M]. 北京：九州出版社，2011：20.
4　钱穆. 双溪独语 [M]. 北京：九州出版社，2011：312.
5　钱穆. 中国思想通俗讲话 [M]. 北京：九州出版社，2011：14.

因此，道与理必须合起来讲。钱穆说："若我们向外面看世界，可有两种不同的看法，一是看成为一个'道的世界'，一是看成为一个'理的世界'。道的世界是正在创造的，理的世界是早有规定的。实际世界则只是一个，我们可称之为'道理合一相成'的世界。"[1] 生命教育将道与理结合起来，弘道与明理相互渗透，不能"离人而空论夫理"。[2]

讲好道理要学习《论语》，讲道理"能言之深入浅出，孔子《论语》乃为其最高准则"。[3] 讲道理要掌握好节奏，"子曰：'侍于君子有三愆：言未及之而言谓之躁，言及之而不言谓之隐，未见颜色而言谓之瞽'。"[4] 孔子指出在讲道理中要避免三种错误：没有触及主题时，不能急躁触及；已经触及主题时，不能一拖再拖不言明主题；在交流过程中不能不观察对方的反应。德育讲道理要"不躁""不隐""不瞽"。

2. 天下理得，成位其中

天下理得是掌握事物规律，成位其中是通过弘道实现位育，使人安其位、遂其生。德育的本质是循理——天下理得与弘道——成位其中，两者相辅相成。

马克思说："在我个人的生命表现中，我直接创造了你的生命表现，因而在我个人的活动中，我直接证实和实现了我的真正的本质，即我的人的本质、我的社会本质。"[5] 教育关系是用"生命表现创造生命表现"的活动，是建立师生生命内在联系的活动。"四有"好老师的生命表现创造出学生的时代新人的生命表现。马克思认为生命的生产包括"自己生命的生产"和"他人生命的生产"。据此而论，教师为"自己生命的生产"——成为一个好教师，就是为"他人生命的生产"——培养时代新人。教师在教育事业中直接证实和实现了作为教育者的社会本质，他

1　钱穆. 中国思想通俗讲话 [M]. 北京：九州出版社，2011：49.

2　戴震. 孟子字义疏证. 戴震集 [M]. 上海：上海古籍出版社，1980：302.

3　钱穆. 晚学盲言 [M]. 北京：九州出版社，2011：166.

4　论语·季氏 [M].

5　马克思. 1844 年经济学—哲学手稿 [M]. 北京：人民出版社，1985：18.

的"自己生命的生产"和"他人生命的生产"具有直接同一性。这种同一性体现于天下理得，成位其中的"讲道理"之中。

首先，教育者要明道、信道。习近平提出"传道者自己首先要明道、信道"。[1] 教师的角色有着"事实——价值"关系：在事实层面上，A 是一个教师，基于职业；在价值层面上，A 应该是一个教师，基于明道、信道的事业。当说"这个教师不像教师"时，反映出在事实层面上（职业）的教师在价值层面上（事业）不是教师。在对教师的判断中前者是事实概念，后者是价值概念。然而，对于教师来说：事实与价值不是分别存在的东西，价值概念规定着事实概念，事业规定着职业。杨国荣说："如某人从事教师工作，这是一种事实，但这一事实中同时又渗入了特定教育体制的相关内容，包括教师应当具备的素质及应当承担的职责等。"[2] 在这个意义上事实与价值是一致的，达到一致即"止于至善"。作为一个教师（职业）就要成为一个教师（事业）。这样，教师"是什么"的追问就已经超越了事实之域，"'是什么'的追问也意味着确认事物具有某种或某些规定。"[3] 教师包含的"是什么"的问题所指向的规定与性质，就是"应当是什么"所追问的规定与性质，教师"是什么"包含着"应当是什么"，职业包含着事业。"应当是什么"要当作"是什么"来对待，事业要当作职业来对待。"是什么"要以"应当是什么"来解释，职业以事业来解释。

列宁说："必须把人的全部实践——作为真理的标准，也作为事物同人所需要它的那一点联系的实际确定者——包括到事物的完满的'定义'中去。"[4] 杨国荣解释说："'事物同人所需要它的那一点联系'则表征着事物与人的价值关系；将这些内容包括到事物的完满定义，意味着价值关系及价值规定是具体存在的题中之义。"[5] 明道、信道的价值规定

1　习近平谈治国理政（第 2 卷）[M]. 北京：外文出版社，2017：379.
2　杨国荣. 道论 [M]. 北京：北京大学出版社，2020：68.
3　杨国荣. 道论 [M]. 北京：北京大学出版社，2020：64.
4　列宁选集（第 4 卷）[M]. 北京：人民出版社，1995：419.
5　杨国荣. 道论 [M]. 北京：北京大学出版社，2020：67.

是教师之为教师的题中之义。

　　教育者明道、信道就要知晓道理分别与道理合一的义理。教育者弘道与循理的场合不同，做法也不同，然而"道并行而不相悖"，统宗会元，都汇集到中国特色社会主义的大道上。教育者要知其所以然和将然。钱穆说："大道是常然的，又可以说是当然。"[1] 德育的道既是常然——合规律的，又是当然——合道义的。习近平指出："中华文化中，很核心重要的一条是爱国。人、家、国、天下，一层层递进。"[2] 当代德育可以借鉴大学之道，使大学生的修身一层层递进。当代德育沿着《大学》的八条目的路线：格物、致知——明道；诚意、正心、修身——信道；齐家、治国、平天下——体道，将明道、信道与体道结合起来，自修为，自觉醒。

　　其次，将道与理结合起来，兼顾并及。习近平曾以"玉不琢，不成器；人不学，不知道"来说明做人的道理，这里就体现了道与理的统一。习近平指出："思政课的本质是讲道理，要注重方式方法，把道理讲深、讲透、讲活，老师要用心教，学生要用心悟，达到沟通心灵、启智润心、激扬斗志。"[3] 德育的本质就是讲道理。把道理讲深、讲透、讲活，使学生心领神悟，需要将道理理解得透彻。结合中国传统文化，将道与理既分开来讲，又结合起来讲。在德育中要将道与理结合起来，只讲道不讲理，难以实现教育目标；只讲理不讲道，教育就失去了方向。"'道理'这一概念更多地蕴含和确认了必然和当然、存在的法则与社会的规范的统一。"[4] 道涉及当然的理想追求和行为规范，涉及善；理涉及必然规律和事物存在的法则，涉及真。"'道理'一方面包含着与事实的一致，并隐含着对实然和必然的把握；但另一方面，……它又涉及'当

1　钱穆. 中国思想通俗讲话 [M]. 北京：九州出版社，2011：12.
2　习近平澳门谈中华文化：一书在手，其乐无穷 [N]. 人民日报（海外版），2014-12-21.
3　习近平在中国人民大学考察时强调：坚持党的领导传承红色基因扎根中国大地走出一条建设中国特色世界一流大学新路 [N]. 人民日报，2022-04-26.
4　杨国荣. 认识与价值 [M]. 上海：华东师范大学出版社，2009：19.

然'，后者（'当然'）总是包含着人的目的、理想和要求。"[1]

当代德育弘道在依于道而顺于理，道揭示的是应当怎样，理揭示的是必然这样。当然之谓道，必然之谓理。"'道理'包含了'真'和'善'的统一：价值要求所实际体现的是普遍意义上的'善'，与事实的一致则表现为广义上的'真'，而在'道理'中，两者融合为一。"[2] 教育既存在着有道与无道问题，又存在着合理与不合理问题。当代德育不能重物理而轻人道，更不能但求物理，不关人道，只着眼于理世界，忘记了道世界。如果理高过道、遮蔽道，德育就成为唯理的德育——只是探索规律的科学，失去了人文价值。明物理当通于人道。有理而无道，教育没有了"文以载道"，违道以为文，则为大逆不道。有道而无理，随心所欲，一意孤行则岂有此理。所谓"盲人骑瞎马，夜半临深池"，不知"道"，人生如"盲生"。若师道衰落，教育舍道而求理，仅仅追求揭示科学规律，学习仅仅是科学知识的不断积累，完全忘记了人道的存在，任科学这匹"瞎马"奔驰，就如夜半临深池。经师逊于人师，在于人师以师道自任。钱穆说："信心大，学大道；信心小，学小道。"[3] 儒家弘道是学大道，传承文武之道，传道处于"道理合一相成"的世界。孔子既从心所欲（志于道）又不逾矩（依循于理）。在教育中，当然之道要合必然之理。"许叔重《说文解字》曰：理，治玉也。又谓：知分理之可相别异也。玉不琢不成器，玉之本身，自有分理，故需依其分理加以琢工。"[4] 以"玉不琢，不成器"隐喻育人道理，蕴含着遵循规律的意思（玉之本身，自有分理）。

第三，将尊德性与道问学，致广大与尽精微，极高明与道中庸结合。习近平总书记庄严宣告：我们实现了第一个百年奋斗目标，在中华大地上全面建成了小康社会，正在向着第二个百年奋斗目标、向着中华

1　杨国荣. 认识与价值 [M]. 上海：华东师范大学出版社，2009：20.
2　杨国荣. 认识与价值 [M]. 上海：华东师范大学出版社，2009：20.
3　钱穆. 双溪独语（篇九）[M]. 北京：九州出版社，2011：319.
4　钱穆. 中国思想通俗讲话 [M]. 北京：九州出版社，2011：8.

民族伟大复兴的中国梦奋勇前进。习近平在庆祝中国共产党成立 100 周年大会上讲话指出，身处日益走向世界历史舞台中央的新时代，站在"两个一百年"奋斗目标的历史交汇点，当代德育教师要以新时代的风貌践行《中庸》的三句话："尊德性而道问学，致广大而尽精微，极高明而道中庸。"今天，德育教师"尊德性"就是要以马克思主义理论、习近平新时代中国特色社会主义思想为尊，坚持真理、坚守理想。"道问学"就是要深刻领悟马克思主义及其中国化创新理论的真理性，增强自觉贯彻落实党的创新理论的坚定性，使理论教育和研究与中国特色社会主义道路在深度和广度上产生更加密切的关系。"致广大"就是要立足两个大局：一个是中华民族伟大复兴的战略全局，一个是世界百年未有之大变局，精准定位中国所处的历史坐标与世界坐标。心怀"国之大者"，有战略眼光，看得远、想得深。"尽精微"就是要弄通弄懂马克思主义理论的每一个基本概念，使马克思主义这一极高明的学问在新征程的道路上得其环中，以应无穷。从而增强做中国人的志气、骨气、底气，为培养德智体美劳全面发展的社会主义建设者和接班人，为实现中华民族伟大复兴提供坚强政治保障和有力人才支撑。"极高明"就是将马克思主义理论阐述成高明学问，"道中庸"是让教育既超俗（达到极高明）又通俗（庸有日常、普通之意），使教育于普通中见高明，不于普通之外寻高明。在当代德育中，尊德性与道问学，致广大与尽精微，极高明与道中庸，彼此两端融而为一，执两用中，使教育同一道（人道），同一德（仁德）。

孔子教育颜渊是"博我以文，约我以礼"，当代德育也要以文化人、以礼（规矩）约人，在讲道理中让学生博于文而约以礼，展示马克思主义理论的博大精深，让学生产生出对马克思主义"如有所立卓尔"的高峰体验。当代德育要明得此理（规律），守得此道（人道），追求从心所欲（志于道）又不逾距（依循于理）的境界。钱穆说："孔、孟、庄、老固尊德性、致广大、极高明于前，后之学者，则惟求道问学、尽精微、道中庸。"[1] 在历史上，孔子、孟子、老子、庄子显示了其值得尊重的德性、广大的气度、高明的学问，后世学者——今天的德育教师要学习他们的精神，践行他们的精神而道问学、尽精微、道中庸。

1 钱穆. 晚学盲言 [M]. 北京：九州出版社，2011：192.

第二章 儒家生命教育的"树人"目标与
　　　　　当代德育启示

儒家生命教育的"树人"目标体现在君子的生命树隐喻、培植生命树活动和《大学》目标树建构之中。狄尔泰说:"在我们成为历史的观察者之前,我们首先是历史生物,并且正因为我们是后者,我们才能成为前者。"[1] 我们首先是在传统"生命树"上生长出来的"历史果实",正因如此,我们才能得到了儒家生命教育的启示。当代德育要从历史出发理解自身,非历史的观察方法无法继承儒家生命教育。儒家生命教育的培养目标通过"岁寒三友"的君子形象、生命树的培养、《大学》目标树的设置形象生动地反映出来。

一、 树人的生命树隐喻

唐代柳宗元的《种树郭橐驼传》中说"不亦善夫!吾问养树,得养人术。"养树与养人道理相通,养人就是教育。儒家生命教育创造了生命树隐喻的文明,当代德育要继续拓展和走好这一道路。文化如水、如木,水有水源,木有木本,弄清儒家生命教育需要知道"大本大源"的精义,生命教育本末源流一以贯之。当代德育若不知返而忘其本,则源

1　倪梁康. 自识与反思 [M]. 北京:商务印书馆,2002:323.

不深，本不固，无立脚的基础。正本清源，寻找大本大源，返本归根，需要继承儒家生命教育，使当代德育扎根于民族文化之中。

习近平说，中国有句古语叫"落其实思其树，饮其流怀其源"。这一隐喻启示我们：儒家生命教育与当代德育有着"源"与"流"的关系，要想让大学生"树苗"健康成长，就要稳固其根部。使儒家生命教育与当代德育相互渗透，这对于大学生的成长有着固本强基作用。在习近平的讲话中有许多树隐喻。习近平说："'求木之长者，必固其根本；欲流之远者，必浚其泉源'。中华优秀传统文化是中华民族的精神命脉，是涵养社会主义核心价值观的重要源泉，也是我们在世界文化激荡中站稳脚跟的坚实根基。"[1] 这里就有着中华文化的树隐喻。习近平在谈治国时说："治国犹如栽树，本根不摇则枝叶茂荣。"[2] 这是治国的树隐喻，这一道理同样适合"树人"。治国之"树"要种好，首先要"树人"。习近平说："把爱我中华的种子埋入每个孩子的心灵深处。"[3] 这是育人的树隐喻。习近平的树隐喻包含着三个层次：文化之树、国之树、人之树。钱穆说："草木有'本'，能生能长，本之可贵在此。"[4] 本是树枝花果的生成基础。"本"的本义指树根。习近平的三个树隐喻都本于中国传统文化，反映出儒家生命教育中的生命树隐喻已经植根于民族文化心理之中。

1. 自然化入人文，人文自然合一

隐喻不同于在"概念中规定事物"的认识活动，后者将事物区分为现象与本质两个方面，只有当人与对象处于理性认识关系中时，才有这种区分，由此产生的理性的道德原理没有形象意义。在隐喻中，不存在

1　习近平在文艺工作座谈会上的讲话［N］. 人民日报，2014 - 10 - 16.

2　习近平在省部级主要领导干部学习贯彻十八届三中全会精神全面深化改革专题研讨班开班式上发表重要讲话强调：完善和发展中国特色社会主义制度推进国家治理体系和治理能力现代化［N］. 人民日报，2014 - 02 - 18.

3　习近平在参加内蒙古代表团审议时强调：扎实推动经济高质量发展　扎实推进脱贫攻坚［N］. 人民日报，2018 - 03 - 06 (1).

4　钱穆. 晚学盲言（上）［M］. 北京：九州出版社，2011：516.

现象与本质关系，事物并非作为"现象"而浮现，事物不落脚于现象界，由此产生的德育思想具有形象意义。

生命树隐喻使自然化入人文，人文与自然合一。它以形象化表达使不可见的道德意义变得可见，使之易见易知，易效易习。在儒家的生命树隐喻中，原有领域是松、竹、梅这些树，借用领域是道德人格。借用让话语中的意义（青松）与所指的事物（人格）发生关系，形象的轮廓（松）与潜在的意义（人格）相互呼应。这里发明（以物比德的德育方法）与发现（松的品格与人的品格）相通，创造（创造出"岁寒三友"形象）与揭示（揭示出做人的道理）同时发生。隐喻将一个东西认作另一个东西，它有着成双成对的关系项：本义与转义、物与人、隐喻词与非隐喻词、表达手段与表达内容。儒家诗性隐喻为道德人格的理解提供形象与色彩，在让人从感到惊奇的效果中迅速发生启迪作用。隐喻需要灵感，恰当与贴切是隐喻艺术的根本要求，运用隐喻意味着从一层东西中见出两层东西。《礼记·学记》指出："能博喻然后能为师"。善于隐喻的人就是善于发现相似性的人，这是做教师一个条件。在隐喻中，相似性发挥着作用。在这种作用中，同一性（如坚强品格）与差异性（人道与物理）之间保持着张力。隐喻的张力在教育中的引入产生奇特的育人效果。隐喻有着本义与转义的互动，从前一极转移到后一极，后一极又回应着前一极。儒家生命教育在不断进行词义转换活动，在转换活动中生命教育之树结出累累硕果。儒家使用隐喻的动力是"树人"，隐喻以不言之义教给人做人的道理。在比德的隐喻中，尽管激起敬佩感的东西是赏心悦目的，但是，隐喻不是语词"美容术"，不是取悦于人的装饰品，不是美言的艺术。隐喻让德育升华，生命树隐喻可以让学生达到"情飞扬、志高昂、人灵秀"的境界。[1]

保罗·利科指出："隐喻被归类于由单词构成的话语修辞格并被定

1　习近平. 在中央党校建校 80 周年庆祝大会暨 2013 年春季学期开学典礼上的讲话 [N]. 人民日报，2013 - 03 - 03.

义为依靠相似性的比喻。"[1] 它的作用在于"赋予色彩，通过出乎意料的新组合而激起惊异感、惊奇感，给话语注入力量和活力。"[2] 在儒家生命教育的隐喻中，语词不表达唯一的事物，它表达两种观念与事物，以一种形象化观念（隐喻词）表达另一种抽象道德观念（非隐喻词），以一种事物表达另一种事物。它是儒家道德修养中常用的一种方式，涉及词义的转移与引申，这种"转换活动"的兴趣对修身有着激励作用。"岁寒三友"的隐喻就在人与物的不相似中发现相似性——共同的品格。

在儒家文化中，道德精神与自然形态融为一体，在物质观赏中获得精神陶冶，使道德生活既在自然界中又在人文界中。这里以"岁寒三友"为例，中国诗性文化论及花卉草木，必尚松、竹、梅。德性融入花卉之中，花卉成为人文化成之自然。以物比德是比兴的发展。所谓"关关雎鸠，在河之洲。窈窕淑女，君子好逑"，古人于雎鸠兴起婚恋观念，进而发展出比德，人比德于"岁寒三友"，兴起了君子人格，由自然境界升华到人文境界，艺术情感与道德情感交流合一。人文启发最先是观于自然，以自然为师，产生了比兴、比德，它们将自然人文化，让人文与自然合一、天人合一。

马克思指出："动物只是按照它属的那个种的尺度和需要来建造，而人却懂得按照任何一个种的尺度来进行生产，并且懂得怎样处处把内在的尺度运用到对象上去。因此，人也按照美的规律来构造。"[3] 区别于动物，人懂得按照任何一个种的尺度来进行生产，按照美的规律来构造。比德按照美的规律来进行，达到了道德与艺术合一的境界。"道德乃艺术之至高，而艺术乃道德之至精。"[4] 在比德中，无道德则不成其艺术，无艺术则不成其道德。道德与艺术融凝合一，不可分离。比德使道德人生内涵有极高的艺术人生。儒家君子形象通过诗与画将松、竹、梅

1　保罗·利科. 活的隐喻［M］. 上海：上海译文出版社，2004：1.
2　保罗·利科. 活的隐喻［M］. 上海：上海译文出版社，2004：86.
3　马克思恩格斯全集（第42卷）［M］. 北京：人民出版社，1979：97.
4　钱穆. 晚学盲言（下）［M］. 北京：九州出版社，2011：939.

的形象结合在一起，道义昭然，深入人心，形成了"岁寒三友"，它们是"益者三友"，产生了"隐喻簇"。虽然它们形态各异，然而，众异乃是一同，它们服务于相同的目的——人生修养，有治国、平天下之大用。

钱穆说："'诚者，天之道'，此是一自然之真。'诚之者，人之道，则是一人文之善。'"[1] 儒家在以物比德中，于自然中创造人文，人文不违离自然。自然之真与人文之善相互渗透，两者合和，乃见其美。若是彼此分离，就无此真、无此善，也无此美。松、竹、梅各自的自然气象，由人文而化成，各异其象。没有自然，就没有人文；没有人文，就没有属人的自然，人文在自然之中，自然与人文和合无间。"岁寒三友"由数千年中国人的许多精神魂气所缔造，因此成为君子形象。

在历史上这些有限的自然形象获得了无限的人文表达能力，成为德育通过对话得以滋养人格的朋友，为民族留下了许多动人的诗篇。费尔巴哈说："只有回到自然，才是幸福的源泉。……自然不仅建立了平凡的肠胃工场，也建立了头脑的庙宇；它不仅给予我们一条舌头，上面长着一些乳头，与小肠的绒毛相应，而且给予我们两只耳朵，专门欣赏声音的和谐，给予我们两只眼睛，专门欣赏那无私的、发光的天体。"[2] 他只说了自然给予人类五官，没有认识到五官也是人类实践的产物。马克思指出："五官感觉的形成是以往全部世界史的产物。"[3] 人是历史的产物，霍克海默指出："人不仅仅在衣服和外貌、外在形式和情感方面是历史的产物，甚至人的视听方式也是与几千年来社会生活的发展过程分不开的。我们的感官向我们提供的事实在两个方面由社会预先决定：通过被感知的对象的历史特征和通过感觉器官的历史特征。"[4] 这一段话与马克思的话语相通。当代人不会经历全部历史，却可以传承历史。通过

1　钱穆. 晚学盲言（上）[M]. 北京：九州出版社，2011：215.

2　费尔巴哈哲学著作选集（上卷）[M]. 北京：商务印书馆，1984：213.

3　马克思. 1844 年经济学—哲学手稿 [M]. 刘丕坤译. 北京：人民出版社，1979：79.

4　阿克塞尔·霍耐特. 权利的批判 [M]. 上海：上海人民出版社，2020：6.

传承文化去培养民族性的"五官感觉"。朱光潜说："深人所见物者亦深，浅人所见物者亦浅。"事物呈现的美感并非取决于物性实在，而取决于审美能力。中华民族的历史发展赋予了松、竹、梅特有的文化内涵，在文化传承中提升了民族的审美能力。审美主体和审美对象都是历史的产物。有学者指出，松竹梅等许多国家都有，然而中国人看到松，便想到"岁寒后凋"；看到竹，便想到"直节中虚"；看到梅，便想到"傲雪迎春"；看到兰，便想到"幽谷传香"。这独独表明中国传统文化的魅力。[1]中国传统文化造成了对"岁寒三友"特有的感知方式，这种感知方式是文化的感知方式，它反映了比德思想对民族的感觉能力的塑造力，使感性的知觉世界打下了人文修养的烙印。马克思说："只是由于人的本质的客观地展开的丰富性，主体的、人的感性的丰富性，如有音乐感的耳朵，能感受形式美的眼睛，总之，那些能成为人的享受的感觉，即确证自己是人的本质力量的感觉，才一部分发展起来，一部分产生出来。"[2]比德展开了中国人的主体的、人的感性的丰富性，成为人的道德上"享受的感觉"。比德是培养"深人"的教育，它的感知模式（将情感寄托于物）闪烁着民族文化的审美光芒。这种审美不是感性认识活动的对象性意义上的审美，而是物我合一的生存体验。"岁寒三友"对于中国人来说是"艺术存在"。所谓"一花一世界，一沙一天国"，"青青翠竹，尽是法身；郁郁黄花，无非般若"，由比德开启了修身的世界。孔子说："岁寒，然后知松柏之后凋也。"[3]在这一物我合一的境界中，分不出谁是青松、谁是孔子。这一艺术形象与人共同存在，合和为一。称其为"艺术存在"，在于它打开了一个我们存在于其中的世界。若无此文化传统，"岁寒三友"对人来说就是"艺术对象"，我与对象彼此二分，对象外在于我，我仅仅欣赏对象，但对象不能触动我的生活世界。

1　张开诚. 君子人格与"比德"[J]. 学术月刊，1995（12）.

2　马克思. 1844 年经济学—哲学手稿 [M]. 北京：人民出版社，2000：87.

3　论语·子罕 [M].

王阳明说："充天塞地中间，只有这个灵明。……我的灵明，便是天地万物的主宰。天没有我的灵明，谁去仰他高；地没有我的灵明，谁去俯他深；鬼神没有我的灵明，谁去辨他吉凶灾祥?"[1] 世界不是自在的存在领域，而是被灵明点亮的存在领域。王夫之说："人者，天地之心"。[2] 人心即是天地之心，是为万物存在的意义奠基的根据。心之灵明充天塞地，使心与山水为一。人生化入天地之中，天地由人文化成，这就是中国"文化"。这使天地有一人文的天地，自然有一人文的自然，使中华民族的天地不同于异族的天地，山水不同于异族的山水。

2. 松的君子形象

松隐喻存在于孔子的格言中、刘桢与毛泽东等等的诗篇中、陶铸的散文中、朱光潜的美学论文中，在这些不同的特殊表达方式中虚拟地表达了人与松的关系。今天的"立德树人"之"树人"出于种树的隐喻。在儒家生命教育中，树人就是立德。孔子说："岁寒，然后知松柏之后凋也。"他开启了儒家以物比德的诗意德育传统，他的树隐喻开启了儒家"树人"思想。"立德树人"可以追溯到孔子的"岁寒"，经历磨练方可造就人才。孔子诗性隐喻的"树人"思想使人生成为道德与艺术相结合的人生。这里有着事实性对象（青松）、规范性对象（道德原则）、物我合一的生存体验三个层次。比德是一个由外在青松——感性直观中的显现联想到抽象的道德规范再向物我合一的生存体验的不断升华的过程。以物比德在物性实在的基础上建立超越物性实在的道德意义空间，它涉及"实在对象的领域、交往活动的领域和内在体验的领域"，[3] 是事实性、规范性、体验性三者合一，认识、道德、审美三者合一。在人的在世结构中存在着三种关系：人与物的对象性关系、人与人的对象性关系、非对象性的天人合一关系。比德从事实性层次进到规范性层次再进

1　王阳明. 传习录 [M]. 北京：台海出版社，2020：149.
2　王夫之. 船山全集（第 1 册）·周易外传（卷二）[M]. 长沙：岳麓书社，1996：905.
3　罗骞. 超越与自由——能在论的社会历史现象学 [M]. 北京：北京师范大学出版社，2019：65.

到体验性审美层次。

孔子慕松柏，后世人慕孔子。孔子就是儒家历史上第一棵巍然屹立于中华民族文化土壤中的松柏，不断激励着后人的道德修养，创造出光辉灿烂的伦理文明。曲阜孔林神道的古松柏象征着孔子刚正不阿的人格。在孔子看来，人格如松，儒家生命教育就是生命树的培植活动。在生命树培植的历史编年次序中，出现了许多培植经验，使最初的意义被不断丰富。

孔子以"兴于诗"新的方式赋予隐喻功能以人格涵养的内涵。在以松比德中，虽然君子没有出现，它被"悬置"了，却造成了"隐遁即是出场"的奇效。[1] "悬置"是发挥隐喻作用的条件，从中看到君子刚正不阿的形象。隐喻具有两项性，在一个词项代替另一个词项中，意义超出了句子范畴进入了道德人格场域，它产生的教育意义是由感染引发模仿。这一修辞学的手段将虚构（活化了的松）与现实（人格）联系起来。保罗·利科说："隐喻的'是'既表示'不是'又表示'像'。"[2] 在以松比德的"不是"与"像"中产生了引人敬仰的崇高感。以松比德的思想被荀子所丰富，他说："君子隘穷而不失，劳倦而不苟，临患难而不忘细席之言。岁不寒无以知松柏，事不难无以知君子无日不在是。"[3]拓展了"岁寒"的意义。建安七子之一的刘桢的《赠从弟三首》之二云："亭亭山上松，瑟瑟谷中风。风声一何盛，松枝一何劲。风霜正惨凄，终岁常端正。岂不罹凝寒，松柏有本性。"诗人以借用词（松）取代了未出现的本义词（人），从人与松中发现了相似性，以虚构的方法表达真实的道德人格。

历史变迁使松隐喻的语义不断更新。毛泽东在《杂言诗·八连颂》中称赞好八连："不怕压，不怕迫。不怕刀，不怕戟。不怕鬼，不怕魅。

1　雷蒙·阿隆. 想象的马克思主义：从一个神圣家庭到另一个神圣家庭 [M]. 上海：上海译文出版社，2007：104.

2　保罗·利科. 活的隐喻 [M]. 上海：上海译文出版社，2004：6.

3　荀子·大略 [M].

不怕帝，不怕贼。奇儿女，如松柏。上参天，傲霜雪。"诗中以松隐喻革命战士的人格，赋予松与人以同一性品格，这与孔子"岁寒"一脉相承，并使青松隐喻出现了语义上的创新（隐喻革命战士）。这首诗既有语言的创造力又有教育的启发力。陶铸专门写了一篇散文《松树的风格》，他在文中说："每一个具有共产主义风格的人，都应该像松树一样，不管在怎样恶劣的环境下，都能茁壮成长，顽强地生长，顽强地工作，永不被困难吓倒，永不屈服于恶劣的环境。每一个具有共产主义风格的人，都应该具有松树那样的崇高品质，人民需要我们做什么，我们就去做什么，只要是为人民的利益，粉身碎骨，赴汤蹈火，也在所不惜；而且毫无怨言，永远浑身洋溢着革命的乐观主义的精神。……具有这样的人是越来越多了。这样的人越多，我们的革命和建设也就越快。我希望每个人都能像松树一样具有坚强的意志和崇高的品质；我希望每个人都成为共产主义风格的人。"[1] 他以具体事物特征描述抽象性质，通过创造性的想象，将共产主义人格比喻为青松，形成了陶冶人格的松文化。

朱光潜说："比如我在观赏一棵古松，我的心境是什么样的状态呢？我的注意力完全集中在古松的形象上，我的意识之中除了古松的意象之外，一无所有。在这个时候，我的实用的意志和科学的思考都完全失去作用，我没有心思去分别我是我而古松是古松。古松的形象引起清风亮节的类似联想，我心中便隐约觉到清风亮节所常伴的情感。因为我忘记古松和我是两件事，我就于无意之中把这种清风亮节的气概移置到古松上面去，仿佛古松原来就有这种性格。同时我又不知不觉地受古松的这种性格影响，自己也振作起来，模仿它那一副苍老劲拔的姿态。所以古松俨然变成一个人，人也俨然变成一棵古松。真正的美感经验都是如此，都要达到物我同一的境界，在物我同一的境界中，移情作用最容易

1　张胜友、蒋和欣. 励志修身 [M]. 北京：作家出版社，2004：221.

发生，因为我们根本就不分辨所生的情感到底是属于我还是属于物的。"[1] 以松比德达到了物我合一的境界，使松人格化。松隐喻并不满足于传达一种道德人格的观念，而是要给道德人格涂上丰富的色彩，让其生动起来，具有了轮廓、外形，产生新的美感。比德使自然化入人文，由自然推出人文，并使人文深于自然。

3. 竹的君子形象

好竹之风，起于东晋王献之。竹刚直有节，深通于情怀。性情相通则生命相通，可为我师我友。隐喻的词语表达层面暗示道德情操这一词语未涉及的隐性层面。"以竹比德"用可见的东西呈现不可见的东西，让人根据类比关系从竹走向人。尽管竹与德两种观念涉及的对象根本不同，但通过竹的形象化隐喻可以表达宁折不弯的道德情操。苏轼有诗："可使食无肉，不可居无竹；无肉令人瘦，无竹令人俗。人瘦尚可肥，士俗不可医。"苏轼以竹为友，崇尚竹的宁折不弯的高雅气质。与朋友交，不可无竹。其对竹的热爱已经达到物我一体的境界。他的《书晁补之所藏文与可画竹》中说："与可画竹时，见竹不见人。岂独不见人，嗒然遗其身。其身与竹化，无穷出清新。庄周世无有，谁知此凝神。"作者进入化境，物我一体，展示了自然人文合一的境界。

郑板桥毕生情趣寄于竹，他的《竹石》："咬定青山不放松，立根本在破岩中。千磨万击还坚劲，任尔东西南北风。"抒情写意，辞简义丰，深入人心。诗中有比兴，画中有寄托。诗中有画，画中有诗，人、诗、画三者合一，达到了出神入化之妙境。在诗的背后，有作者其人，诗品本于人格。人格高低决定诗品高低。通过读此诗，作者心胸情怀，宛然如在目前。君子的人格与价值，尽包含于此诗中。读者通过其所咏所绘仿佛可以"投入"其人生境界，陶情冶性，滋润情志。这里有着人格的"转义"，它将两个原本不同的东西（竹与人格）奇妙地联系在一起，使字面意义与精神意义结合，产生了启迪作用，将人生哲理"置于眼前"。

1　朱光潜. 无言之美［M］. 北京：北京大学出版社，2005：71.

人格通过巧妙语言幻化成竹的风骨，以可见的东西——竹，显示出不可见的东西——坚定的意志品格，最终使人格显现。道德情感因素与形象的感性因素融合会通。隐喻将双重意义联系在一起需要心灵的富有道德的想象活动，隐喻的双重意义促进人格修养。在郑板桥看来"种竹似培佳子弟"，这种诗性隐喻是一种借喻，将种竹与育人的道理联系起来。郑板桥说："养成数竿新生竹，直似儿孙。"这里有着诗歌——模仿——净化三部曲：通过诗歌以竹喻人，使人模仿竹的品格，达到净化人的心灵的目的。

　　明代思想家王阳明曾与钱姓朋友讨论如何"格天下之物"。钱姓朋友早晚都到庭院去格竹子，以体会其中的道理，但竭尽心思，至于三日，便积劳成疾。于是王阳明觉得他精力不足，自己又去庭院格竹子，到七日也病倒了，两人相互叹曰："这圣贤是做不得的。"[1] 胡适认为王阳明在格物上的失败，在于他"不动手动脚"。胡适说："今天工学院植物系的学生格竹子，是要把竹子劈开，用显微镜来细细的看，再加上颜色的水，作各种的试验，然后就可以判定竹子在工业上的地位。为什么王阳明格不出来，今天的工程师可以格出来？因王阳明没有动手动脚作器具的习惯，今天的工程师有动手动脚的习惯。"[2] 真实情况则是：当时王阳明格竹子与人文界孝悌仁义无关，所以失败。儒家格竹子不是基于工具理性，生命教育的格竹子是从竹中感悟家、国、天下的道理，产生"一枝一叶总关情"的仁爱情怀。郑板桥的"衙斋卧听萧萧竹，疑是民间疾苦声。些小吾曹州县吏，一枝一味总关情。"这种格物是从物中格出伦理，而不是科学知识。钱穆说："朱子言格物穷理，主要还是在人文界。'物，事也'之事，亦可谓更注重在'人事'。……朱子论格物有一最大缺点，乃在其未将'自然理'与'人文理'之分殊处，详细指出。"[3] 儒家格物的重点不在穷格物理而在穷格人事，实质上是即事而

1　韩强. 竭尽心性——重读王阳明 [M]. 成都：四川人民出版社，1997：4.
2　胡适. 人生大策略 [M]. 长沙：湖南文艺出版社，1989：69.
3　钱穆. 双溪独语 [M]. 北京：九州出版社，2011：319.

穷，不是即物而穷。穷格物理是植物系的学生格竹子，其理智胜过情感；穷格人事是从竹中产生"一枝一叶总关情"的仁爱情怀，情感胜过理智。"至如仁人孝子，应付人事，固不能说不要运用理智，但仁孝，即由情意发动，非由理智产生。"[1] 仁人孝子以仁爱为出发点和归宿，格家、国、天下之物，比德的精妙处是由情意发动，它穷格人文之理而非自然之理。以工具理性去格物，使《大学》的"八条目"走偏，它的目标就不再是止于至善。

4. 梅的君子形象

比德通过想象（拟人法）以可感觉的梅形象来表达隐匿的道德人格，使人格变得更易感知。陆游的《卜算子·咏梅》："驿外断桥边，寂寞开无主。已是黄昏独自愁，更著风和雨。无意苦争春，一任群芳妒。零落成泥碾作尘，只有香如故。"作品通过梅的形象与场景将诗人的遭遇联系在一起。这里有着"看"（到梅花）与"看作"（诗人）的奇妙区别。毛泽东的《卜算子·咏梅》借助咏梅抒发了无产阶级革命家的博大胸怀："风雨送春归，飞雪迎春到。已是悬崖百丈冰，犹有花枝俏。俏也不争春，只把春来报。待到山花烂漫时，她在丛中笑。"毛泽东的这首词是对陆游的《卜算子·咏梅》"反其意而用之"，把过去的标志与意义（陆游的梅）与现在的标志与意义联系起来。诗从一个东西（梅的隐喻）看出两个东西（梅与人），诗使隐喻的原有领域（梅花）与派生领域（人格）相互映射。比德以令人愉快的方式激起对"梅友"的敬佩感，足以怡情悦性。

有学者指出："千百年来，前人画梅多是枯枝疏影、孤独寂寞、冷香瘦骨……生气不足。毛泽东的咏梅诗词却别开生面，给人带来生机，带来热烈，带来希望。岭南画家关山月在与傅抱石合作为北京人民大会堂绘制的巨幅山水《江山如此多娇》（是毛泽东一生惟一的为画家作品题词）后，深受毛泽东诗词感染，于 80 年代中期创作了大幅国画《俏

---

1 钱穆. 双溪独语 [M]. 北京：九州出版社，2011：319.

不争春》，抒写《咏梅》词意，……满树绽放的红梅，如燃烧的火焰，如漫卷的旗帜，铺天盖地而来，观后使人心境高远，热血沸腾。……使千百年来中国画的画境大开，进入了一个崭新的时代。"[1] 毛泽东开启了赏梅的新的意境。

在历史上，傲霜斗雪的梅花寄托着人生理想，它是一种道德人格的象征。诗意地欣赏梅花陶冶了中国人的性情，培养了中国人坚忍不拔、节气高坚、洁身自好的优秀品格。这些优雅的诗篇，成为中国人重气节、守善道的高贵历史印记。"前水复后水，古今相续流"，这是一段前后相继并不断演进的历史。宗白华说："我愿多有同心人起来多作乐观的，光明的，颂爱的诗歌，替我们的民族性里造一种深厚的情感底基础。"[2] 历史上的赏梅有"光明"和"颂爱"，但"乐观"不足。毛泽东将梅的精神推向了新的历史高度。诗意德育应该继承传统文化和毛泽东的诗性精神，培养"光明""颂爱"和"乐观"的精神，使我们民族养成"向前的勇气和建设的能力"（宗白华语）。

君子志于天下之风教，所谓"君子所过者化，所存者神，上下与天地同流。"[3] 松、竹、梅被历代君子所点化、所传神，后世人格受其化育，它们在道德修养上有巨大同化力。所谓言教不如身教，自然的榜样影响力（气象）存在于（岁寒三友）身教中。孔子说："学而时习之，不亦说（悦）乎？"[4] 从以物比德的模仿中得到的快乐就是从学习中得到的快乐。荀子说："君子之学也，以美其身。"[5] 君子的学问在于"美其身"。这种文化传承使德育人格既善且美，让德育成为美的德育。在当代德育中，校园文化建设不仅有物质之建设，而且有德性之团聚。

保罗·利科说："亚里士多德把论文定义为发明和寻找证据的艺术，

1　王希文主编. 毛泽东诗词研究［M］. 哈尔滨：黑龙江人民出版社，2003：309—310。

2　宗白华. 艺境［M］. 北京：北京大学出版社，第3版，1999：28。

3　孟子·尽心上［M］.

4　论语·学而［M］.

5　荀子·劝学［M］.

但诗歌丝毫不打算进行论证，它的目的是模仿。"[1] 亚里士多德将理性话语与诗性隐喻进行了区分，它们属于两个不同的话语世界。德育生命树（隐喻大学生）依靠这两个世界的话语浇灌。当代德育需要传承儒家诗性隐喻，使教育既有逻辑的力量又有隐喻的力量。

古今的比德，有所变（赋予的内容发生变化）而终不变（岁寒三友始终为友），有所异（不同时代人格不同）而终不异（以物比德的方法不异）。当代德育的生命树应该用古诗文经典浇灌。

二、 树人的过程——培植生命树

儒家生命教育不仅有松、竹、梅的君子形象的隐喻，而且有培育的方法隐喻。党的十八大首次将"立德树人"写入党代会报告，"守好一段渠、种好责任田"是今天树人的过程，它与儒家培植生命树相通。习近平提出"灌输性和启发性相统一"，就是需要传承儒家文化"养"的工夫。

1. 培养生命树的工夫——"养"

中国文化传统以农业为本，钱穆说："农村人又好言一'养'字。耕稼工作之本身便是一养，因此农村人看人生，一切需赖养。农村人所重视的工夫，亦可说只是一'养'字工夫。如曰培养、曰育养、曰滋养、曰修养、曰涵养、曰保养、曰容养、曰调养、曰绥养、曰抚养，对一切物，如植物动物，乃至对人对己，尤其是对人心内在之德性，无不求能养。"[2] 人生修养之养就从耕稼之养迁移而来。孟子说："苟得其养，无物不长。苟失其养，无物不消。"[3] 荀子说："万物各得其和以生，各得其养以成。"[4] 万物都需要养。人生修养就如耕稼工作之养，"南宋诗

1　保罗·利科. 活的隐喻 [M]. 上海：上海译文出版社，2004：7.

2　钱穆. 双溪独语 [M]. 北京：九州出版社，2011：367.

3　孟子·告子上 [M].

4　荀子·天论 [M].

人陆放翁诗有云：'致一工夫在存养。'亦可说中国的人生哲学乃至文化精神，主要精义，亦尽在此'养'字上。"[1] 就人生修养来说，则在修养生命树上。

钱穆指出"养"与"造"不同："养乃养其所本有，造则造其所本无。养必顺应其所养者本有之自然，造则必改变或损毁其物本有之自然。养之主要对象是生命，造的主要对象是器物。此两者间大有区别。今日自然科学之突飞猛进，制造创造，日新月异，若无止境，但一切制造创造有其大限制。一不能制造自然，创造自然；二不能制造心灵，创造心灵。自然与心灵结合而为生命。一切创制，乃由生命主持发动，断不能在创制中创制出新生命来代替旧生命。"[2] 生命教育是一"养"字工夫而非"造"字工夫，需要顺应其所养者本有之自然。若将教育对象当物、将学生心灵当接受知识的容器，对其进行强行灌注，教育世界就成为器物世界，生命陷入器物化，教育则失其所"养"。

孟子举例说明修养："宋人有闵其苗之不长而揠之者，芒芒然归，谓其人曰：'今日病矣！予助苗长矣！'其子趋而往视之，苗则槁矣。天下之不助苗长者寡矣。以为无益而舍之者，不耘苗者也；助之长者，揠苗者也。非徒无益，而又害之。"[3] 揠苗助长，反而使苗丧失生命。孟子谈及教育时以植物培育为隐喻，开启了植物培育隐喻的历史新篇章。孟子的比喻告诉我们一个道理，用今天的德育语言来说，期其长进，就是要遵循教育规律，适应教育对象的接受心理，有针对性的、分层次的进行教育。孔子说："欲速则不达。"一味地求快，违反教育规律，结果适得其反。

生命树在儒家文化中不断传承，被后人发扬光大。朱熹说："天地之心只是个生。凡物有是生，方有此物，如草木之萌芽，枝叶条干，皆

1　钱穆. 双溪独语 [M]. 北京：九州出版社，2011：367.

2　钱穆. 双溪独语 [M]. 北京：九州出版社，2011：368.

3　孟子·公孙丑上 [M].

是生方有之。"[1] 朱熹将宇宙万物的生长比作草木的生长，以此隐喻道德生命的生长。他还说："谓如一树，春荣夏敷，至秋乃实，至冬乃成。虽曰成实，若未经冬，便种不成。……到冬时，疑若树无生意矣，不知却自收敛在下，每实各具生理，更见生生不穷之意。这个道理直是自然，全不是安排得。只是圣人便窥见机缄，发明出来。"[2] 圣人通过对树的观察发现了生命教育的勃勃生机。

王阳明提到扩充良知，需要循序渐进："今日知见在如此，只随今日所知扩充到底；明日良知又开始悟，便从明日所知扩充到底。如此方是精一功夫。"[3] 由这种修养方法产生了灌溉的说法。这种灌溉与今天的灌输教育有异曲同工之妙。他说："与人论学，亦须随人分限所及。如树有这些萌芽，只把这些水去灌溉。萌芽再长，便又加水。自拱把以至合抱，灌溉之功皆是随其分限所及。若些小萌芽，有一桶水在，尽要倾上，便浸坏他了。"[4] 教育的灌输就如这种"灌溉"，根据树苗生长状况加水，使其易成易伸展，欲速则不达。王阳明说："大抵童子之情，乐嬉游而惮拘检，如草木之始萌芽，舒畅之则条达，摧挠之则衰痿。今教童子，必使其趋向鼓舞，中心喜悦，则其进自不能已。譬之时雨春风，沾被卉木，莫不萌动发越，自然日长月化；若冰霜剥落，则生意萧索，日就枯槁矣。"[5] 教育要符合学生的性情，如春风化雨，使学生"趋向鼓舞，中心喜悦"。所谓十年树木，百年树人，二千多年，历史上的儒者不断谱写着浇灌生命树的篇章，培育出许多修己安人的栋梁之才。

王阳明将为善之志形容成树之种，他使修身过程成为生命树的生长过程。他指出："学者一念为善之志，如树之种，但勿助勿忘，只管培植将去，自然日夜滋长，生气日完，枝叶日茂。"[6] 生命树的生长要有为

1 朱熹. 朱子语类（第7册）[M]. 黎靖德编. 武汉：崇文书局，2018：1995.
2 朱熹. 朱子语类（第5册）[M]. 黎靖德编. 武汉：崇文书局，2018：1729.
3 王阳明全集（卷三）[M]. 上海：上海古籍出版社，1992：96.
4 王阳明全集（卷三）[M]. 上海：上海古籍出版社，1992：96.
5 王阳明. 传习录·训蒙大意示教读刘伯颂等 [M]. 上海：上海古籍出版社，2021.
6 王守仁. 王阳明全集（卷一）[M]. 上海：上海古籍出版社，2006：32.

善之志，这样，生命树与立志炼志联系在一起。"此念如树之根芽，立志者长立此善念而已。'从心所欲，不逾矩'，只是志到熟处。"[1] 孔子的"十有五而志于学"开始的"进德之序"就好比"植树活动"，此后优游涵泳，日夜滋长，枝叶日茂，循序渐进，不断生出"而立"、"不惑"、"知天命"、"耳顺"、"不逾矩"各种境界，达到了率性而为，从心所欲不逾矩时，就达到了自由生存，树之种就成熟了，长成参天大树，成为万世师表，人生楷模。

2. 防于未萌之先，克于方萌之际

善与恶都具有萌芽的性质，仿佛具有植物生长规律。培植生命树的活动与抑止恶念萌芽的生长同时进行。朱熹说："凡万事皆未萌芽，自家便先恁地戒慎恐惧，常要提起此心。"[2] 培植生命树需要防止出现恶念的"萌芽"，若出现后要及时清除。"君子既常戒惧，而于此尤加谨焉，所以遏人欲于将萌，而不使其滋长于隐微之中，以至离道之远也"。[3] 培植活动要与清理心中滋生的"杂草"活动相结合。不让恶念的"萌芽"在隐蔽处偷偷滋长。否则，人就会离道，走上邪道。

王阳明说："防于未萌之先，而克于方萌之际，此正《中庸》'戒慎恐惧'、《大学》'致知格物'之功。"[4] 培植生命树要将恶念防于未萌之时，将恶行克于方萌之际。致知格物之功有两个用力方向：培植生命树与消除恶的萌芽。善与恶的萌芽生自同一个心，此消彼长，不可共生。孟子说："恻隐之心，仁之端也；羞恶之心，义之端也；辞让之心，礼之端也；是非之心，智之端也。"[5] 端即萌芽。修身就是让善的萌芽济之以学，维持发皇此善心，使之日滋月长，益进不已，充塞于天地之间。孟子说"君子存之"就是让善的生命树成长，"庶民去之"就是让恶的萌芽生长。善的萌芽与恶的萌芽的隐喻具有两种示范能力，大学生的生

1　王守仁. 王阳明全集（卷一）[M]. 上海：上海古籍出版社，2006：19.

2　朱子语类（卷六十二）[M]. 黎靖德编. 北京：中华书局，1986：1499.

3　朱熹撰. 李申译. 四书章句集注今译[M]. 北京：中华书局，2020：931.

4　王守仁. 王阳明全集（卷二）[M]. 上海：上海古籍出版社，2006：66.

5　孟子·公孙丑上[M].

命树培植活动就是"存之"与"去之"的选择活动。习近平强调"一念收敛，则万善来同；一念放恣，则百邪乘衅。"[1] 这是新时代德育中的"植树"活动，它与"守初心"活动相会通。

《大学》说："物有本末，事有终始。知所先后，则近道矣。"《大学》区分了好坏（即善恶）、先后，"最简化的层级，就是好与坏。而要解释这种区分，最简单易用的逻辑关系就是先与后。"[2] 当代大学生的自我提高活动本于修身，习近平讲了如何引导学生修身，他说："青年要顺利成长成才，就像幼苗需要精心培育，该培土时就要培土，该浇水时就要浇水，该施肥时就要施肥，该打药时就要打药，该整枝时就要整枝。"[3] 这里就有好坏之分：针对好的树苗，该浇水时就要浇水，该施肥时就要施肥；针对坏的树苗，该打药时就要打药，该整枝时就要整枝；先后之别：培土、浇水、施肥、打药、整枝。古今生命教育隐喻一脉相承。当代德育需要具有新时代的格物、致知、诚意、正心的道德意识修养和齐家治国平天下的道德实践锻炼。

《管子·权修》记载："一年之计，莫如树谷；十年之计，莫如树木；终身之计，莫如树人。"当代德育的使命是立德树人，习近平指出：要"做到以树人为核心，以立德为根本"。[4] 这一"树"字形象地说明了教育就像培育树苗那样"育"，园丁的隐喻与"树"隐喻相合。围绕着生命树这一隐喻，习近平形象地提出"小麦的灌浆期"，并指出：如果"这时候阳光水分跟不上，就会耽误一季的庄稼"。习近平指出："世界上最难的事情，就是怎样做人、怎样做一个好人。要做一个好人，就要有品德、有知识、有责任，要坚持品德为先。你们现在都是小树苗，品德的养成需要丰富的营养、肥沃的土壤，这样才能茁壮成长。现在把自

1　习近平. 2018 年 1 月 5 日在学习贯彻党的十九大精神研讨班上的重要讲话 [N]. 人民日报，2018 - 01 - 06.

2　雅克·朗西埃. 无知的教师：智力解放五讲 [M]. 西安：西北大学出版社，2020：151.

3　习近平. 在纪念五四运动 100 周年大会上的讲话 [N]. 党建，2015：5.

4　习近平关于教育论述摘编 [M]. 北京：人民教育出版社，2022：142.

己的品德培育得越好，将来人就能做得越好。"[1] 这是现代德育的树隐喻。

当代社会为树苗的生长提供丰厚的土壤，小树苗既需要时代精神的熏陶，又需要传统文化的滋养，小树苗的培育传承着《大学》的思想。在生命树的培育上，高校德育和《大学》思想有共识，当代德育蕴含着传统文化的基因。

三、《大学》修身目标树

霍耐特指出："填满我们今天的教科书的政治学方面的学者，几乎都是来自欧洲的法语地区、英语地区或德语地区。"[2] 这种现象被霍耐特称为"理论上的帝国主义"。国内学术研究要摆脱在理论上的学徒状态，需要寻找学术思想的民族文化之根。孙中山说："中国有一段最有系统的政治哲学，在外国的大政治家还没有见到，还没有说到那样清楚的，就是《大学》中所说的'格物、致知、诚意、正心、修身、齐家、治国、平天下'那一段话。把一个人从内发扬到外，由一个人的内部做起，推到平天下为止。像这样精微开展的理论，无论外国什么政治哲学家都没有见到，都没有说出，这是我们政治哲学的知识中独有的宝贝，是应该要保存的。"[3]《大学》作为政治哲学蕴含着丰富的德育思想，这种德育与思想政治教育相互融合，政治与德育一而二、二而一，它是民族德育话语的生成"起点"。

在中国传统文化中有儒道释三大思想流派，儒家是入世哲学，出圣贤；道家是避世哲学，出神仙；释家是出世哲学，出菩萨。陆九渊说：

---

1 中共中央文献研究室. 习近平关于青少年和共青团工作论述摘编 [M]. 北京：中央文献出版社，2017：101.

2 阿克塞尔·霍耐特. 为承认而斗争——论社会冲突的道德语法 [M]. 上海：上海人民出版社，2021：10.

3 孙中山选集（下）[M]. 上海：上海人民出版社，1956：653。

"人生天地间，为人自当尽人道。"[1] 只有儒家主张尽人道，主张培养社会人才。儒家创始人孔子一生致力于"尽人道"，"出于其类，拔乎其萃，自生民以来，未有盛于孔子也。"[2] 孔子被称为"素王"，虽然没有被封的土地和管辖的人民，但却是文化之王，而且是万世王。儒家创始人的弘道精神（追求修己安人的目标）决定了中国历史上教育的主流形态是培养社会人才。儒家认为人生有四环（修身、齐家、治国、平天下）和五伦（君臣、父子、夫妇、兄弟、朋友），尽人道就在四环五伦之中。社会发展受四环五伦价值观的引导，美好社会理想是仁、敬、慈、孝、信的和谐社会。

卢梭说："从我门下出来的学生，既不是文官，又不是武士，也不是僧侣，他就是个人。"[3] 杜威提出教育无目的，教育即生长。生长没有其他目的，生长就是为了更好地生长。这些不顾社会发展只追求自我完善的教育思想不合中国弘道的教育传统。党的二十大报告提出培养德智体美劳全面发展的社会主义建设者和接班人，这一教育目标与孔子的君子人格在价值取向上相同。孔子的君子思想及在此基础上发展起来的《大学》深刻影响着中华民族的修身文化。

1.《大学》修身间架

《大学》的三纲领与八条目展示了修身纲领与条目的一系列关系，它可以让人了解大学"间架"是什么样的，它如何起作用。孔子以松柏的形象隐喻君子人格，同时，孔子赋予君子人格以道德内涵。岁寒三友都具有孔子所说的君子内涵，有着令人敬重的历史久远性。《论语·宪问》记载："子路问君子。子曰：修己以敬。曰：如斯而已乎？曰：修己以安人。曰：如斯而已乎？曰：修己以安百姓。修己以安百姓，尧舜其犹病诸。"这是历史上第一次出现的君子形象，作为"治人者"的君

1　陆九渊. 陆九渊集［M］. 钟哲点校. 北京：中华书局，1980：470.
2　孟子·公孙丑上［M］.
3　让·雅克·卢梭. 爱弥儿［M］. 彭正梅译. 上海：人民出版社，2011：5.

子"政以正民"[1]。这对民族道德文化有着深远影响，给予人生以目的价值，是孔子"为天地立心，为生民立命"。孔子立大德大言，由此，《大学》构建了修身的目标树。

导致人的一切善行中的至善是什么？就是修己安人。《大学》据此设置了"三纲领"、"八条目"的目标树，它与君子"修己以敬"、"修己以安人"、"修己以安百姓"具有同构性，并形成了儒家修身的统一图景，决定着整个民族的修身态度。从此，修身、齐家、治国、平天下构成儒家自我发展的典型路径，人在此路径中对自身的局部性、片面性进行超越。在家、国、天下中个体的地位与角色不同，需要根据社会的不同道德要求进行自我修养。目标树使个体的自我实现与社会的伦理完善协调一致。五伦社会的主体间互动模式与修己安人的君子人格结构之间有着十分紧密的关联，《大学》通过"知止"将个体行为集合成社会系统的秩序。

"子程子曰：'大学，孔氏之遗书，而初学入德之门也'。"[2]《大学》是初学者入学的门径。朱熹重"述"甚于重"作"，有《论孟集注》《学庸章句》。他说："某人要先读《大学》，以定其规模。次读《论语》，以立其根本。次读《孟子》，以观其发越，次读《中庸》，以求古人之微妙处。"[3] 朱熹认为《大学》为修身者提供了一个"间架"。学习《大学》就像先搭了一个房子的"间架"，以便将来"却以他书填补去"。朱熹指出《论语》《孟子》《中庸》都需要《大学》"贯通浃洽"。在《大学》的"规模"中，《论语》的"根本"、《孟子》的"发越"、《中庸》的"微妙处"得以充分地显现出来。虽然《大学》是初学者的文本，然而，朱熹认为它"义理无穷，心力有限，奈何奈何！唯需毕力钻研，死而后已耳"。[4] 这样看来，研读与实践《大学》义理，需要初学者的一生努力。它不是入学的一个单纯阶梯。

1　杨伯峻. 春秋左传注 [M]. 北京：中华书局，1990：91‑92.
2　朱熹撰. 李申译. 四书章句集注今译 [M]. 北京：中华书局，2020：8.
3　朱子语类（卷十四）[M].
4　朱熹. 晦庵文集（卷五九）. 答余正叔（四书备要）[M]. 北京：中华书局，1936：177.

2014 年 5 月 4 日习近平总书记到北京大学考察与师生座谈时，说了这样一段话："青年的价值取向决定了未来整个社会的价值取向，而青年正处在价值观形成和确立的时期，抓好这一时期的价值观养成十分重要。这就像穿衣服扣扣子一样，如果第一粒扣子扣错了，剩余的扣子都会扣错。人生的扣子从一开始就要扣好。"[1] 这里："初学入德之门""间架""第一粒扣子"隐喻着上好人生第一课。扣好第一粒扣子要继承《大学》思想，让大学生人生格局具有明明德与亲民两个方面。

从孔子的"修己安人"到《大学》的三纲领、八条目是规范性的模式发展，《大学》说："大学之道，在明明德，在亲民，在止于至善。"这是"三纲领"。《大学》又说："古之欲明明德于天下者，先治其国。欲治其国者，先齐其家。欲齐其家者，先修其身。欲修其身者，先正其心。欲正其心者，先诚其意。欲诚其意者，先致其知。致知在格物。"这是"八条目"。《大学》在一开始向人们呈现出了"三纲领"与"八条目"，产生了最高善行目标下的分层次的善行结构，出现了最早的儒家善行结构的设置。这是一个整体，任何一纲一目脱离了《大学》"间架"，就失去了道德意义。从"三纲领"与"八条目"中可以看出"修己安人"的范式性特征。孔子的君子有"修己以敬""修己以安人""修己以安百姓"三个层次，《大学》有止于至善、明明德与亲民、八条目三个目标层次。

这个最高的善有个名称——"止于至善"，如同树根，它是总目标，为修身确定方向。"明明德"（修己）与"亲民"（安人）是分目标，是生命之树的两个不同的分枝，"明明德"是修己的工夫，"亲民"是安人的工夫。为了实现"明明德"，《大学》设置了"格物""致知""诚意""正心"子目标；为了实现亲民，《大学》设置了"齐家""治国""平天下"子目标。这些所有的特殊任务都是为了过一种最完善的道德生活。于是，《大学》由上到下形成了生命教育目标树，将孔子的"修己安人"的君子思想具体化。它有着朝内使劲（明明德）和朝外使劲（亲民）两

1　习近平谈治国理政（第 1 卷）[M]. 北京：外文出版社，2018：172.

个维度。

　　冯友兰指出:"'明明德'和'亲民'并不是两回事,内、外是不能分开的,主观和客观是不能对立起来的。'止于至善'就是把这一件事做到最完全的地步。所以'三纲领'只是一纲领,表面上看起来是三件事,其实是一回事。"[1]《大学》的三纲领只是一纲领,说明朝内使劲(明明德)和朝外使劲(亲民)两个维度之间彼此渗透、彼此融合,不能分离。对于初学者来说,修身先有一个了解明明德与亲民的过程,即他必须先了解八条目内涵,然后进行修身实践。一旦按照大学之道进行修身活动,就有着明明德与亲民的相互作用,这里没有一个纯粹的属于明明德的内修与亲民的外修。不存在一个由封闭的"内"向"外"转化的过程。不能以空间上的内外关系理解明明德与亲民,似乎一个仅仅活动于头脑之中的意识领域,在身体内部;一个活动于家、国、天下的外在的伦理关系之中,在身体外部。《大学》提出"富润屋,德润身",《大学》的目标树是幸福的生命目标树,它来自于积善行为的滋润。

《大学》修身"生命树"

---

[1] 冯友兰. 中国哲学简史 [M]. 南京:江苏文艺出版社,2010:171.

海德格尔认为："人的存在不同于物的存在。椅子在教室之中，教室在学校之中，学校在城市之中，直至于椅子在'宇宙空间'之中。"[1]这是小的物在大的物之中存在。尽管朱熹有着建筑学的隐喻，《大学》间架却不具有空间性，间架中的三纲领、八条目的关系不是空间关系。不能把《大学》间架空间化，修身者在《大学》间架中不同于项链在盒子里，修身者不是作为现成物存在于一个既定的空间性的间架之中。修身者与间架相融合，而不是一物与另一物的结合。

《大学》间架使个体修身如生命树的成长，它在时间上生长——苟日新，日日新，又日新，它使个体具有持续地重新构建自我的机会；在空间上伸展——齐家、治国、平天下。《大学》蕴含着培养什么样的人——君子，如何培养人——通过三纲领、八条目，为谁培养人——服务于齐家、治国、平天下的线索。《大学》与当代德育都聚焦于如何处理个体与社会关系。程子把《大学》的亲民解释为"新民"，他说："亲，当作新。"[2] 儒家要求个体把三纲领、八条目当作自己的目标，并在止于至善的总目标中认识自己的人生目标。

2. 从个体位育到全人类的位育

潘光旦指出："教育的目的不止一个，而最概括没有的一个是促成此种位育的功能，从每一个人的位育做起，而终于达到全人类的位育。其实这最后所达到的境界，教育也大可以不管，因为如果因教育的努力而人人各得其位育，人类全部的位育是不求而自致的。"[3]《大学》以修身为本，实现齐家、治国、平天下，就是从个体位育到全人类的位育。这包括宏观位育表达的治国、平天下，中观位育表达的齐家，微观位育表达的修身。

个体发展过程乃至人类历史发展过程都是相互承认关系不断扩展的过程。杜维明说："修身必然地要导致到齐家，因为在儒家学说的范围

1 海德格尔. 存在与时间 [M]. 北京：生活·读书·新知三联书店，1987：67.
2 朱熹撰. 李申译. 四书章句集注今译 [M]. 北京：中华书局，2020：8.
3 潘乃谷. 潘光旦释"位育"[J]. 西北民族研究，2000（1）.

内，认为自我修养可以离开人际关系而独立进行是不可思议的，家庭关系作为人际关系的基本的方面是自我修养的一个本质的部分。从最终发展的观点来看，齐家也必然地要导致平天下。除非自我修养最终导致平天下，那么它就不可能说是充分地表现了自身。因此，从实用的观点来看，自我修养是一个持续的逐渐的包容过程。"[1]《大学》以修身为本，个体修身活动如一个石子投入水中，产生了一圈又一圈的波纹——家、国、天下的波纹，形成以身为中心，家、国、天下层层推进的同心圆。这一圈又一圈的波纹的推进是一个必然过程。这有两重意义：一是个体的情怀与实践所及达到了齐家、治国、平天下的人生境界，这是个体性层面的修养；二是无数个体努力去实现齐家、治国、平天下的美好社会局面，这是主体间性层面的修养。若分不清两个层次，往往会认为实现平天下是空想。从美好社会上看，仅靠个体修养难以实现平天下的社会局面。从个体修身上看，思想境界可以达到平天下。孔子的"修己以安百姓"的抱负、孟子的"乐以天下、忧以天下"的情怀都达到了平天下的境界。平天下有境界与局面之分，两者不能混淆。齐家、治国、平天下既有主体性层面的境界又有主体间性层面的社会局面，既是个体存在状态又是类存在状态。主体性与主体间性、个体与类相互影响，无数个体的平天下境界有助于实现平天下局面，即所谓"人人各得其位育，人类全部的位育是不求而自致的"。《中庸》指出："诚者，非自成己而已也，所以成物也。"[2] 个体修身既有主体性上的成己，又有主体间性上的成物（实现家齐、国治、天下平）。修身并非仅仅是成己的活动，成己目的在于成物。成己是改造自身，成物是改造世界。

习近平指出："《论语》中说要'修己以敬'、'修己以安人'、'修己以安百姓'，对我们共产党人来说，修己最重要是修政治道德。"[3] 这既

1　杜维明. 人性与自我修养［M］. 北京：中国和平出版社，1988：26.

2　中庸·二十五［M］.

3　中共中央文献研究室. 习近平关于全面从严治党论述摘编［M］. 北京：中央文献出版社，2016：181.

是政治理想又是道德理想。孔子的修己安人仿佛是足球赛开场的发球点，从此开始了民族性的修己活动。同声相应、同气相求，当代德育与之有历史性的因果关系。修身、齐家是人事，治国、平天下是政治，政治在人事之中。异于为人，何以为政？人事与政治相互作用，使个体道德与政治道德相互渗透。大学生的修身活动要与齐家、治国、平天下联系在一起，这必然也要讲政治道德。习近平的这段话对于大学生同样适用。

习近平说："儒家思想……最核心的内容已经成为中华民族最基本的文化基因，是中华民族和中国人民在修齐治平、尊时守位、知常达变、开物成务、建功立业过程中逐渐形成的有别于其他民族的独特标识。"[1] 大学之道至今仍然在我们的道德生活中发生影响。通过新时代德育的创造性转化，让大学之道与中国梦融合，使当代德育超于儒林之上，持续地塑造着时代新人。时代新人在过去（传统文化）与未来（民族复兴）中领会自身，所谓天降大任于斯也，时代新人担负着民族复兴的重任。

习近平指出："正确认识时代责任和历史使命，用中国梦激扬青春梦，为学生点亮理想的灯、照亮前行的路，激励学生自觉把个人的理想追求融入国家和民族的事业中。"[2] 中国梦同样具有两个层次，就主体性上说，用中国梦激扬青春梦，是人生境界；从主体间性上说，最终实现民族复兴，是中国梦的局面。当代德育要处理好青春梦（主体性修身境界）与中国梦（主体间性社会局面）的关系，用中国梦激扬青春梦，使青春梦扩展到中国梦的境界。习近平所说的"青春梦""家庭梦""民族梦""世界梦"与《大学》的修身、齐家、治国、平天下有着传承关系。儒家文化中人生修养的规范性演进模式与当代德育修养相互融合。大学生放飞梦想就要走上大学之道，传承大学之道。"道如大路，人人得

1　习近平. 在纪念孔子诞辰 2565 周年国际学术研讨会暨国际儒学联合会第五届会员大会开幕会上的讲话［N］. 人民日报，2014-09-25（02）.
2　习近平谈治国理政（第 2 卷）［M］. 北京：外文出版社，2017：377.

行"，[1] 大学生要人人同行此道。时代新人应像《大学》那样形成修身的波纹，无数的波纹汇集成民族复兴的巨浪。

海德格尔指出："预期一种可能性，我便从该可能性走向了我自身之所是。此在以预期其存在能力的方式走向了自己。在这个（以预期可能性的方式）'走—向—自己'当中，此在便在一种本源的意义上就是将来的。"[2] 止于至善是修身的预期可能性，个体沿着八条目由"所是"走向"所当是"，这种筹划就是走向了自己，实现了孟子的"求其放心"。在这个意义上，人就属于将来。

海德格尔说，"解释是此在的一种存在方式"。[3] 对《大学》的解释依据于当代人的生存方式（民族复兴）。解释是将大学之道融入到大学文化中，开启学生弘道的生存模式。习近平指出："培育和弘扬社会主义核心价值观必须立足中华优秀传统文化。牢固的核心价值观，都有其固有的根本。抛弃传统、丢掉根本，就等于割断了自己的精神命脉。"[4] 将价值观教育与大学之道相连接，有着强基固本的作用。

虽然《大学》对八条目的展示是以线性的前后相继方式叙述的，但是，八条目相互渗透、相互作用。从一个条目到另一个条目不是线性进展。修身方式既不是走一条直线，仿佛与格物渐行渐远；又不是攀登一个梯子，仿佛从一个条目不断跨越到另一个条目。朱熹说："知行常相须，如目无足不行，足无目不见。"[5] 明明德与亲民关系就是目与足的关系，因此，八条目彼此不可或缺。像习近平所说："知是基础、是前提；行是重点、是关键；必须以知促行，以行促知，做到知行合一。"[6] "以

1　钱穆. 晚学盲言（上）[M]. 北京：九州出版社，2011：405.
2　海德格尔. 现象学之基本问题 [M]. 上海：上海译文出版社，2008：363.
3　海德格尔. 时间概念史导论 [M]. 北京：商务印书馆，2019：417.
4　习近平：把培育和弘扬社会主义核心价值观作为凝魂聚气强基固本的基础工程 [N]. 人民日报，2014-02-26.
5　朱子语类（卷九）[M].
6　习近平. 在党的群众路线教育实践活动第一批总结暨第二批部署会议上的讲话 [J]. 党建研究，2014（2）.

新的思想认识推动实践，又以新的实践深化思想认识。"[1] 这里，传承着儒家生命教育知行合一的思想。

不能将《大学》方法与手段理解为彼此外在的目的——手段关系。黑格尔指出："方法也就是工具，是主观方面的某个手段，主观方面通过这个手段和客体发生关系……"[2] 黑格尔从主客二分角度理解方法与手段，方法是主体运用工具达到目标的手段。这种方法是达到目的的中介，方法如登山车，车与山体始终是外在关系。《大学》方法（八条目）与目标（止于至善）不是车与山体的关系，三纲领、八条目内在于止于至善。止于至善浓缩了八条目，八条目展开了止于至善，它们是一而二、二而一的关系。当代德育的最高境界是要将目的与手段合一，像《大学》那样，将修身方法既当成理解义理的手段，又当成人生目的，培养出先天下之忧而忧，后天下之乐而乐的君子，达到平天下的境界。

胡塞尔举了一个 $(5^3)^4$ 的定义链条，这个概念可以回溯到 $5^3 \cdot 5^3 \cdot 5^3 \cdot 5^3$。而 5^3 又可以回溯到 $5 \cdot 5 \cdot 5$ 上。再进一步 5 可以通过 $5 = 4 + 1$，$4 = 3 + 1$，$3 = 2 + 1$，$2 = 1 + 1$ 来澄清。这像一个定义链的自身展开，最后可以充分阐明 $(5^3)^4$。[3] 止于至善相当于 $(5^3)^4$，明明德与亲民相当于 $5^3 \cdot 5^3 \cdot 5^3 \cdot 5^3$，明明德与亲民是止于至善的分析，止于至善是明明德与亲民的综合。格物、致知、诚意、正心、修身、齐家、治国、平天下是明明德与亲民的分析，明明德与亲民是它们的综合。进而，八条目中每一条目都需要进一步再分析。由此，达到对止于至善的理解。《大学》的总体性谋划与演绎法和归纳法相类似，它是"自上而下与自下而上相贯通"的设计。它是一套修身治人的范本，是由中国传统社会形成的修身顶层设计，这种设计不是源于政治等级制度中的顶层，而是出于普通民间，相传为曾子所著。它不仅有一种自上而下的分解：止于至善分解出明明德与亲民，明明德分解出格致诚正，亲民分解出齐治平，而

1　习近平在党的群众路线教育实践活动总结大会上的讲话 [N]. 人民日报，2014-10-09.

2　列宁. 黑格尔《逻辑学》一书摘要 [M]. 北京：人民出版社，1965：156.

3　胡塞尔. 逻辑研究（第2卷第2部分）[M]. 上海：上海译文出版社，1999：68.

且有自下而上综合建构：由格致诚正而明明德，由齐治平而亲民，由明明德与亲民上达止于至善。同时它有一种自上而下（沿着分解的路线）和自下而上（沿着综合的路线）的践行活动，它使修身实践既有顺向序列（向下沉潜）又有逆向序列（向上升腾）。

《大学》的三纲领、八条目是树状的等级结构，它给修身者一种定位感。当以《大学》的方式修身，开始格物时，就打开了一个新境界：明明德与亲民，这使人不断自我超越，使人"一直大于它的实际存在"。[1]《大学》有着修身的实践意义——成就君子人格和开阔的实践空间——治国、平天下。

马克思说："时间和文明用芬芳的神秘云雾掩盖着历史学派的多节的系统树；浪漫性已用幻想的雕刻装饰了这棵树，思辨哲学已用自己的特性给它接过枝；无数博学的果实都从这棵树上打落下来。"[2] 可以将马克思的话语转义，以说明《大学》目标树。朱熹把《大学》分为十一章，以首章为经，"盖孔子之言，而曾子述之"。余十章为传，"曾子之意而门人记之"。目标树扎根于民族文化传统之中。孔子栽种，曾子浇灌了这多节的（三纲领、八条目）系统树，孟子、朱熹、王阳明用自己的特性给它接过枝。无数博学的果实都从这棵树上打落下来，这棵大树硕果累累：有文天祥的《正气歌》、岳飞的《满江红·怒发冲冠》、于谦的《石灰吟》等等，它们精神一贯，气节相似。它们如伦理天空的璀璨明星，引领着民族修身的方向。《大学》提出修身为本，修身则扎根于此目标树之中。基因——种子——萌芽——参天大树，是一个逐步生长过程。习近平说："青少年阶段是人生的'拔节孕穗期'，最需要精心引导和栽培。"[3] 对于大学生的引导和栽培可以"接枝于"《大学》这棵生命芳香树。

1　迈克尔·英伍德. 海德格尔 [M]. 南京：凤凰出版传媒股份有限公司、译林出版社，2013：47.

2　马克思恩格斯全集（第1卷）[M]. 北京：人民出版社，1956：105.

3　习近平主持召开学校思想政治理论课教师座谈会强调用新时代中国特色社会主义思想铸魂育人贯彻党的教育方针落实立德树人根本任务 [N]. 人民日报，2019-03-19.

对于修身文化来说，孔子的君子形象是源，由它引出大学之道；止于至善是根，由它引申出明明德、亲民，再引申出八条目；"道"就是魂，孔子提出"人能弘道"，儒家所弘之道构成民族文化之魂。今天的大学文化就贯穿着止于至善的大学之道。《中庸》说："道也者，不可须臾离也，可离非道也。"大学精神不可离开大学之道，离开了大学之道就不再是有民族性的大学精神。《中庸》说："修道之谓教。"德育就是修道，它要依据大学之道来修学生之道，让彼道与此道"一脉相引"，使学生的道越走越宽广、越走越光明。

习近平说："中国古代历来讲格物致知、诚意正心、修身齐家、治国平天下。"[1] 中国人的人生观：身之上有家，家之上有国，国之上有天下，层累而上。在修齐治平之上必有诚意、正心，在诚意、正心之上必有格物、致知，这使"中国人看待世界、看待社会、看待人生，有自己独特的价值体系。"[2]《大学》目标树是中国文化独特的修身树，它有着自身的价值体系。《大学》将修身、齐家、治国、平天下融为一体，赋予道德与政治同一性，培养道德与政治相融合的同一性的人格，当代德育继承这一思想，实施道德教育与政治教育相融合的教育。

习近平在广东省暨南大学考察时提出"把中华优秀传统文化传播到五湖四海"[3]。弘扬大学之道，传中华文化的香火于天下是当代德育的责任。对于中华传统美德，习近平说："这些都是中华文化的重要组成部分，关键是我们怎么样去把握它，赋予新的时代内涵和精神，去很好地理解和运用。我们叫格物、致知、诚意、正心、修身、齐家、治国、平天下。"[4] 他以《大学》经典讲"中国经验"，以大学之道谈大学生修养与大学办学方针，通过大学之道，诠释社会主义核心价值观。当代德育倡导大学之道，以习近平新时代中国特色社会主义思想为指导，赋予大

1　习近平：青年要自觉践行社会主义核心价值观——在北京大学师生座谈会上的讲话 [M].北京：人民出版社，2014：5.

2　习近平. 在布鲁日欧学院的演讲 [N]. 人民日报，2014 - 04 - 02 (02).

3　习近平. 澳门谈中华文化：一书在手，其乐无穷 [N]. 人民日报（海外版），2014 - 12 - 21.

4　习近平. 澳门谈中华文化：一书在手，其乐无穷 [N]. 人民日报（海外版），2014 - 12 - 21.

学之道新时代的修身内涵。

习近平说："什么是同心圆？就是在党的领导下，动员全国各族人民，调动各方面积极性，共同为实现中华民族伟大复兴的中国梦而奋斗。"[1] 德育要使在这个同心圆与大学之道的同心圆相融合，以"在党的领导下"为圆心，使大学生展开修身的同心圆：齐家、治国、平天下。在德育中，要"找到最大公约数，画出最大同心圆"。[2] 由此，产生聚民心的作用。

当然，以树隐喻并非将人视为树。荀子说："水火有气而无生；草木有生而无知；禽兽有知而无义；人有气有生有知亦且有义，故最为天下贵也。"[3] 人的价值在于行义，进行道德提升。海德格尔说："物体决不生存，而是现成存在。相反，此在，我们自身，决不现成存在，而是生存。"[4] 不能以理解物的方式来理解人。因此，人的存在有别于现成事物（"水火""草木""禽兽"）的事实性存在，人向来以能在的方式（作为一种可能性存在）处于这种、那种可能性之中——成为君子、贤人、圣人。例如，人的"尚未"与作为草木的果实的"尚未"虽然有相似之处却有本质不同。它们都有从小到大、从不成熟到成熟的过程，人与果实都有"尚未（成熟状态）"，"尚未"包含在它们的本己存在之中，是它们的组建因素。然而，成为橡树是橡树果成熟的标志，在成长中，橡树果的"尚未"是的那种东西——橡树已经前定了，它内含在橡树果中。"不成熟"的这种"尚未"标明果实的存在特征是现成存在。人的"尚未"是不确定的，他的未来状态取决于自我选择。海德格尔说："此在的存在还有待于在它的可能的去成为它自身的存在方式中加以寻求。"[5] 德育呵护生命树是引导学生做出正确的选择，帮助他们成

1　习近平. 在网络安全和信息化工作座谈会上的讲话［N］. 人民日报，2016-4-26（002）.

2　习近平. 决胜全面建成小康社会　夺取新时代中国特色社会主义伟大胜利——在中国共产党第十九次全国代表大会上的报告［N］. 人民日报，2017-10-28（001）.

3　荀子·王制［M］.

4　海德格尔. 现象学之问题［M］. 上海：上海译文出版社，2008：33.

5　海德格尔. 时间概念史导论［M］. 北京：商务印书馆，2009：344.

长、成才，具有"岁寒，然后知松柏之后凋也"那样的高尚人格。

习近平指出："中国古代历来讲格物致知、诚意正心、修身齐家、治国平天下。从某种角度看，格物致知、诚意正心、修身是个人层面的要求，齐家是社会层面的要求，治国平天下是国家层面的要求。我们提出的社会主义核心价值观，把涉及国家、社会、公民的价值要求融为一体，既体现了社会主义本质要求，继承了中华优秀传统文化，也吸收了世界文明有益成果，体现了时代精神。"[1] 社会主义核心价值观继承了大学之道，大学之道成为弘扬核心价值观的心理基础。

1 习近平. 青年要自觉践行社会主义核心价值观——在北京大学师生座谈会上的讲话 [N]. 人民日报，2014 - 05 - 05.

第三章 儒家生命教育的价值观内容及当代德育启示

习近平说:"一个民族、一个国家的核心价值观必须同这个民族、这个国家的历史文化相契合,同这个民族、这个国家的人民正在进行的奋斗相结合,同这个民族、这个国家需要解决的时代问题相适应。"[1] 本章分析儒家生命教育的价值观内容与当代德育的契合之处,并使这种契合与解决的时代问题相适应。习近平指出:"不能一股脑儿都拿到今天来照套照用。要坚持古为今用、以古鉴今,坚持有鉴别的对待、有扬弃的继承,而不能搞厚古薄今、以古非今,努力实现传统文化的创造性转化、创新性发展,使之与现实文化相融相通,共同服务以文化人的时代任务。"[2] 继承儒家生命教育的价值观内容不能全盘照抄照搬,而是要经创造性地转化后吸收运用。

孟子说:"求则得之,舍则失之;是求有益于得也,求在我者也。求之有道,得之有命,是求无益于得也,求在外者也。"[3] 朱熹注解:"'在我者',谓仁义礼智,凡性之所有者。'有道',言不可妄求。'有命',则不可必得。'在外者',谓富贵利达,凡外物皆是。赵氏曰:'言

---

1 习近平谈治国理政(第1卷)[M]. 北京:外文出版社,2014:171.
2 习近平. 在纪念孔子诞辰2565周年国际学术研讨会暨国际儒学联合会第五届会员大会开幕会上的讲话[N]. 人民日报,2014-09-25(02).
3 孟子·尽心上[M].

为仁由己，富贵在天，如不可求，从吾所好'。"[1] 这里存在着一种区分：仁义礼智——"求在我者也"，在我不在物，在内不在外，求在我者使内在充实；富贵利达——"求在外者也"，在物不在我，在外不在内，仅求在外者，使内在空虚。人生不能有内无外，没有物质生活，只有文化人生，人难以生存；更不能有外无内，仅有物质人生，没有文化人生，人则不复为人。儒家与道家思想有相通之处。陈鼓应说："'生而不有，为而不恃，长而不宰'，套用罗素的说法，就是人生有两种意志，分别是创造的意志和占有的意志，老子赞成的，则是提倡创造的意志，收敛占有的冲动。"[2] 求在我者是创造的意志，儒家同样主张以创造的意志，收敛占有的冲动，这表现为从其大体为大人，这种人可以"赞天地之化育"，让生命能量与天地同流。

陈鼓应说："'至人无己，神人无功，圣人无名'，说明用功、名所包装的自我，都是外在所给予的：'无己'的那个'己'，是用很多外在包装、装饰出来的那个我。"[3] 热衷于"求在外者"，人就受占有的意志所支配，因此道的这种意义上的"无己"适用于儒家。陷入功名利禄之中，外在包装、装饰获得的越多，真实的自我显现的就越少。海德格尔说："这个存在者可以在它的存在中'选择'自己本身、获得自己本身；它也可以失去自身，或则说绝非获得自身而只是'貌似'获得自身。"[4] 人在功名利禄中失去自身。孟子感叹"放其心而不知求，哀哉！"[5] 丧失了自我而不知道寻找，这是人生的悲剧。人具有"放其心"和"求其放心"两种生存态度，前者获得自身，后者失去自身。

儒家生命教育的价值观以舍生取义为取向，以义利为统领，以经与权为变通，以辨荣与辱为明志，以"艰难困苦，玉汝于成"以励志，以

1　朱熹撰．李申译．四书章句集注今译 [M]．北京：中华书局，2020：845.
2　陈鼓应．庄子浅说 [M]．北京：中华书局，2017：78.
3　陈鼓应．庄子浅说 [M]．北京：中华书局，2017：81.
4　海德格尔．存在与时间 [M]．北京：生活·读书·新知三联书店，1987：53.
5　孟子·告子上 [M]．

苦中寻乐为助力。舍生而取义可以视为生命观教育的"元选择"，其他都是派生选择。儒家生命教育的价值观不是由一个人决定的，而是集体性的精神产物，以下所举的人物思想只是价值观的典型代表。在这一集体之中，有着共同的道德信念，影响着民族心理。

一、义利观

君子的行动原则与善的观念一致，小人的行动原则与善的观念相悖，所以儒家才能将义利问题作为一个君子与小人的判别标准，并认为义利之辨是人生与禽生的最大分别。

1. 义利之辨——安所守位的根据

《周易》说："天地之大德曰生，圣人之大宝曰位。"[1] 儒家德法天地是让人安其所、守其位。儒家安所守位的根据在于义利之辨。儒家预先确定了引导个体生活的伦理方式，孔子说："君子喻于义，小人喻于利。"[2] 立己首在立大义，小人唯利是图。己不立而无以立人。对人来说，义与利是一个自由选择问题，个体有决定自己行动目的（为善与为利）的能力，具有将自由意志与善的观念联系在一起的能力，这是一种道德自由。

孔子说"君子义以为上"。[3] 他提出"见利思义"，"义然后取"。[4] 其中义然后取这一道德原则渗透进一切道德规范之中。君子尚义，有志于天下之大公；小人唯利，顾及一身一家之小私。孔子主张道义人生，其纳功利于道义，不毁功利而为道义。孔子说："富而可求也，虽执鞭之士，吾亦为之。如不可求，从吾所好。"[5] 立大义之人，在利上有所为、有所不为。孔子说："富与贵，是人之所欲也；不以其道得之，不

1　周易·系辞下传 [M].
2　论语·里仁 [M].
3　论语·季氏 [M].
4　论语·宪问 [M].
5　论语·述而 [M].

处也。"[1] 不义的富贵如浮云。孟子说："义，人之正路也。"[2] 《中庸》指出："义者，宜也。"韩愈在《原道》篇中说："行而宜之则为义。"宜有相宜、适宜的意思，引申出思想和行为要合道义规范的要求。义与利区分出大雅君子与流俗小人。孟子说："非其义也，非其道也，禄之以天下，弗顾也；系马千驷，弗视也。非其义也，非其道也，一介不以与人，一介不以取诸人。"[3] 不合道义，即便把天下交付给他，他都不看一下；即便有四千匹马系在那里，他都不望一眼。不合道义，一点东西也不能送人，一点东西也不能向别人索取。在儒家看来，尚义是天地之间至公至正之道。生命教育让人自守仁道、自负仁责，就要尚义。荀子说："义胜利者为治世，利克义者为乱世。"[4] 义利问题关系到国与天下的治与乱的大问题。儒家认为有私无公，有利无义，无以成德。

孟子说："仁，人心也；义，人路也。舍其路而弗由，放其心而不知求，哀哉！人有鸡犬放而知求之，有放心而不知求？学问之道无他，求其放心而已矣。"[5] 人若有鸡犬丢失，就会去寻找；人若有仁爱之心丢失，却不知道寻找。这种行为是求小利，失大义。这是令人悲哀的事情。为善是一种自由意志下的道德行为方式，修身就要使个体自由向道德自由迈进，家、国、天下是个体道德上自我实现场所。

孟子根据义与利的关系提出了一系列判断大人与小人的标准。孟子说："鸡鸣而起，孳孳为善者，舜之徒也；鸡鸣而起，孳孳为利者，跖之徒也。欲知舜与跖之分，无他，利与善也。"[6] 识别一个人是君子（舜之徒）还是小人（跖之徒），只要看其每天早上鸡叫起床后干什么就知道了，看其选择为善还是为利，从孳孳以求中辨别义利。舜之徒与跖之

1　论语·里仁篇 [M].
2　孟子·离娄上 [M].
3　孟子·万章上 [M].
4　荀子·大略 [M].
5　孟子·告子上 [M].
6　孟子·尽心上 [M].

徒的分别，在义与利之间。孟子说："从其大体为大人，从其小体为小人。"[1] 义与利统领着人生。人的自由就是从这种不同的给定状态（孳孳为善与孳孳为利、从其大体与从其小体）中选定一个并指导自己的生活，人要获得伦理立场就必须抑制孳孳为利、从其小体的冲动。

孟子说："道二，仁与不仁而已矣。"[2] 人只有二条路可走：仁道与不仁道。这里有正值的人生与负值的人生的区别。舜之徒与跖之徒的分别在于前者走仁道，扩充了"四端"，是正值的人生，是一种肯定性的自我实现；后者走不仁道，丢失了"四端"，是负值的人生，是一种否定性的自我丧失。舜之徒受仁义驱动，处于"求其放心"的状态；跖之徒受私利驱动，处于"放其心"的状态。孟子说："人之所以异于禽兽者几希，庶民去之，君子存之。"[3] 舜之徒将善心得以保存与扩充，最终可以成长为舜那样的人；跖之徒将善心丢失，接近于禽兽，人生变成无灵的禽生、兽生，最终沦为盗跖那样的人。诸葛亮的"苟全性命，不求闻达"就是一种道义上自为抉择，一种肯定性的自我实现。

《孟子·告子上》记载，公都子问曰："钧是人也，或为大人，或为小人，何也？"孟子曰："从其大体为大人，从其小体为小人。"曰："钧是人也，或从其大体，或从其小体，何也？"曰："耳目之官不思，而蔽于物，物交物，则引之而已矣。心之官则思，思则得之，不思则不得也。此天之所与我者。先立乎其大者，则其小者不能夺也。此为大人而已矣。"舜之徒可以发展为从其大体的大人，跖之徒可以发展为从其小体的小人。汉代董仲舒提出了"正其义不谋其利，明其道不计其功"的思想，[4] 这种义利观就含有大公无私的思想。心学派陆九渊认为人生在世，首先应该懂得做人的道理，分清公私、义利的界限。他说："凡欲学者，当先识义利公私之辨。今所学果为何事？人生天地间，为人自当

1　孟子·告子上 [M].
2　孟子·离娄上 [M].
3　孟子·离娄下 [M].
4　汉书·董仲舒传 [M].

尽人道。学者所以为学，学为人而矣，非有为也。"[1] 要尽人道首先要有辨别义利公私的能力。程颢说："大凡出义则入利，出利则入义。天下之事，唯义利而已。"[2] 天下之事非义即利，非利即义。中国文化讲"诗礼传家"、"孝悌传家"，不崇尚"财富传家"，这是义利观在家庭教育中的表现。

2. 国不以利为利，以义为利也

习近平引《大学》的话"国不以利为利，以义为利也"，强调儒家义利观在今天的价值。钱穆说："人欲日增，人情日减。欲日浓，情日薄。"[3] 市场经济激发人的功利心，欲望越多，仁爱之情越少。没有义利观的教育引导，会导致"欲日浓，情日薄"的社会现象。今天，义是符合社会主义核心价值观的道德规范，利是物质利益、精神利益。当学生遇到义利问题时应当"见利思义"，"义然后取"。[4] 良好的社会风气在于个体基于选择自由来孳孳为善。新时代构建良好家风，道德和财富可以两相全、兼相济，但应当以道义而不以财富为重，尚义不尚财，反对仅仅"财富传家"。

习近平说："全党全军全国各族人民要在中国共产党领导下，闻鸡起舞，登高望远，撸起袖子加油干，继续向着全面建成小康社会的奋斗目标进发，继续向着中华民族伟大复兴的中国梦进发，继续向着构建人类命运共同体的美好前景进发，在我们广袤的国土上，书写 13 亿多中国人民伟大奋斗的历史新篇章！"[5] 当今 14 亿中国人都应当是"鸡鸣而起，孳孳为善者"，当代德育培养时代新人，就要使学生成为闻鸡起舞、只争朝夕的追梦人，使人格塑造沿着尚义的轨道发展。

义与利关系是区别人的伟大与渺小的标准，毛泽东在《为人民服

1　陆九渊. 陆九渊集（卷35）·语录［M］. 北京：中华书局，1980：470.
2　程颢、程颐. 二程遗书［M］. 上海：上海古籍出版社，2000：147.
3　钱穆. 晚学盲言（上）［M］. 北京：九州出版社，2011：282.
4　论语·宪问［M］.
5　习近平. 在二〇一七年青年团拜会上的讲话［N］. 人民日报，2017-01-27.

务》中提到人生或重于泰山或轻于鸿毛，其判断标准在于是否行义——为人民服务。毛泽东在《纪念白求恩》中说："我们大家要学习他毫无自私自利之心的精神。从这点出发，就可以变为有利于人民的人。一个人能力有大小，但只要有这点精神，就是一个高尚的人，一个纯粹的人，一个有道德的人，一个脱离了低级趣味的人，一个有益于人民的人。"这为当代德育的义与利之分辨提供了新的标准。

二、 生死观

道家求神仙，释家求涅槃，惟儒家重现世，其理想不在出世而在入世，在修身、齐家、治国、平天下。钱穆说："人生究竟不能教人尽上十字架，亦不能教人都坐莲花座。……为人生言人生，则不如都去杏坛，听孔子说教去。"[1] 儒家人文本位，《论语》为世间法，这一世间法是"为人生言人生"，对生与死有着独特的价值观。

儒家生命教育知乐生也知悲死，亲人去世有葬祀之礼。庄子的妻子去世，其"方箕踞鼓盆而歌"，这种忘情之放达是只知乐生不知悲死，不合儒家中道。孔子说："慎终追远，民德归厚矣。"[2] 孔子认为慎重对待死亡、虔诚祭祀祖先，就能使百姓德性自然敦厚。儒家生命教育认为自然生命有限，有生必有死；在人文生命中求仁德，就使小生命融入大生命，能够生生不息。生死问题与德性问题紧密相联。

1. 生勤勉、死静息

《杨朱篇》说："万物所异者，生也；所同者，死也。生则有贤愚贵贱，是所异也；死则有臭腐消灭，是所同也。……十年亦死，百年亦死；仁圣亦死，凶愚亦死。生则尧舜，死则腐骨；生则桀纣，死则腐骨；腐骨一矣，孰知其异？且趣当生，奚遑死后。"从生死上看，人生

1   钱穆. 双溪独语 [M]. 北京：九州出版社，2011：299.
2   论语·学而 [M].

百年，同为腐骨，一切善恶都失去了价值，死亡抹平了一切。杨朱主张"拔一毛而利天下，不为也。"其所爱唯此一身，将人生范围封闭于小己之内，其天下如井底之蛙的天下。儒家陈义相反，"立德、立言、立功"三不朽可以视为儒家生死问题的千古永传的名言。在儒家看来，皮肤骨肉的自然生命有生有死，仁义礼智的人文性命则可永生，孔子为"立德、立言、立功"的最高榜样，儒家的不朽体现在世代绵延、生死相承、生命相传的人文大生命中。钱穆说："'仁以为己任，死而后已。''仁'即其大生命，死乃其小生命。"[1] 小生命有死，大生命永生。不朽不存在于个体小生命中，而存在于通过生命教育得以延续的人文大生命中。儒家的生勤勉、死静息与舍生而取义的道德选择是将一己的小生命投入到人类的大生命中，使个体生命不及身而止。

首先，生勤勉、死静息。钱穆说："'生生不已'，不说'死死不已'。故死生一体，其气其性其德，则偏重在生，不在死。故生统死，死不统生。"[2] 这使儒家文化积极入世，所重在生，不在死。《论语·先进》记载："季路问事鬼神。子曰：'未能事人，焉能事鬼？''敢问死。'曰：'未知生，焉知死？'"儒家价值取向重世间事，不重死后有无来世问题。儒家的人生态度是"莫问身后事，且论朝夕是"，[3] 其倡导修身是让人关注世间事，走上治平大道，其"功在当代，利在千秋"。

《孟子·公孙丑上》记载，昔者子贡问于孔子曰："夫子圣矣乎？"孔子曰："圣则吾不能，我学不厌，而教不倦也。"子贡曰："学不厌，智也；教不倦，仁也。仁且智，夫子既圣矣乎。"孔子成为圣人，在于他的一生为中华民族确立起学不厌、诲不倦的榜样。曾子说："士不可以不弘毅，任重而道远。仁以为己任，不亦重乎。死而后已。不亦远乎。"[4] 曾子具有弘道的使命感，一生旨在弘道，日新其德，死而后已。

1　钱穆. 晚学盲言（下）[M]. 北京：九州出版社，2011：1049.
2　钱穆. 晚学盲言（上）[M]. 北京：九州出版社，2011：197-198.
3　储光羲. 同王十三维偶作 [M].
4　论语·泰伯 [M].

荀子说："大哉死乎！君子息焉。"[1] 可见君子至死方息。朱熹说："观天地之运，昼夜寒暑，无须臾停。圣人为学，亦是从生到死，只是如此，无止法矣。"[2] 这种生死观被宋代张载概括为八个字："存，吾顺事；没，吾宁也。"[3] 生则勤勉，死则休息。

其次，个体的价值判断从属于义以为尚的价值体系。价值抉择具有等级性，舍生而取义是生命教育的最高标准，是植根于民族生存与发展需要的价值准则。它有助于防止出现侵害正价值、滋生负价值的现象，有利于儒家文化的价值维护和增值。每一主体都可以自由地运用道德标准，在价值冲突中进行选择，承担道义责任，判断行为善恶，这是选择生与死问题的前提。孔子说："志士仁人，无求生以害仁，有杀身以成仁。"[4] 在伦理思想史上，孔子是第一位发现价值冲突的人，他视道德性命重于自然生命，所以有"朝闻道，夕死可矣"。[5] 孟子说："可以死，可以无死，死伤勇。"[6] 在生死面前有大义需要辨别。孟子说："鱼，我所欲也；熊掌，亦我所欲也，二者不可得兼，舍鱼而取熊掌者也。生，亦我所欲也；义，亦我所欲也。二者不可得兼，舍生而取义者也。"[7] 这里有评价价值和选择价值两方面的问题。孟子的话揭示出儒家价值有一个等级秩序：从"饮食男女，人之大欲存焉"[8] 到"舍生而取义"。从饮食的取舍到生死的取舍，有高低优劣的区别。价值选择不仅要判定事物是否有价值，而且要判定事物价值的大小，按照价值等级秩序进行价值排序。

"我所欲也"是以需要（欲）判断事物的价值，这是价值评价。鱼与熊掌、生与义的取舍是价值选择，是在多个需要（欲）中抉择。此

1　荀子·大略 [M].

2　朱子语类（卷三十四）[M].

3　张载. 西铭 [M].

4　论语·卫灵公 [M].

5　论语·里仁 [M].

6　孟子·离娄下 [M].

7　孟子·告子上 [M].

8　戴圣. 礼记 [M].

时，抉择处于冲突状态。儒家的价值信仰建立在价值评价基础之上，价值评价是价值选择的基础，后者表现为前者的进阶。这里通过并列关系（鱼与熊掌、生与义）和类比关系（以前者选择类比后者选择）的思考回答"什么更有价值"的问题，让人有价值地生存或更有价值地死亡。查尔斯·泰勒说："我们大多数人不仅同善一起生存，而且发现我们必须为他们排序，在某些情况下，这种排序使其中的一个相对于其他的而成为至关重要的。"[1] 同善一起生存，就需要给价值排序。孟子所说的选择的必然性的秩序源于一个比另一个贵重，将一个置于另一个之上，这种选择秩序受一元主义价值观所支配。在两极性的价值选择中，通过比较与排序，只有一种是合理选择，产生"应当"与"不应当"的行为规范。这种道德选择一元论基于义以为尚的价值观，它防止价值评价的多元性与相对性，使价值评价具有确定性与可公度性，对个体生活有规范、定向作用，让其有着共同的道德信念，遵循共同的道德规范，以建立有序的道德生活。不管对于何时、何处、何人，"舍生而取义"具有普遍的、永恒的选择价值，它能判定何种选择为正确选择。人生的价值冲突无法避免，孟子为解决具体的、特殊场景中的价值冲突提供了普遍的道德标准。选择的两极性在孟子的学说中如此普遍："道二，仁与不仁而已矣""鸡鸣而起，孳孳为善者，舜之徒也；鸡鸣而起，孳孳为利者，跖之徒也""从其大体为大人，从其小体为小人"这些对比都与舍生而取义的价值选择紧密相关。鱼与熊掌、生与义体现为同向价值等级上的选择，仁与不仁属于异质性选择。在选择原则上，它们具有同质性，依据道义论进行选择。对于君子来说，选择不是由任意的意志来决定，而是基于道德思考，做出规范性判断。荀子说："节者，死生此者也。"[2] 在死生之中有气节。人生修养冲破生死关，要不失气节，恰如文天祥诗中所说"是气所磅礴，凛烈万古存"。文天祥的"人生自古谁无

---

1 查尔斯·泰勒. 自我的根源：现代认同的形式 [M]. 南京：译林出版社，2001：93.

2 荀子·君子 [M].

死，留取丹心照汗青"深入人心，传诵不辍，诠释着人生选择。当人生修养达到义以为尚的境界，其"饮食男女"上的价值取舍都具有伦理意蕴。文天祥的《正气歌》："天地有正气，杂然赋流形，下则为河岳，上则为日星，于人曰浩然，沛乎塞苍冥。"其诗大义昭然，诠释着孟子的舍生取义的"浩然之气"。

儒家认为人的价值目标是多样的，在多样的价值目标中存在着冲突，有价值标准可以评价和解决这种冲突，解决的方法是选择一种价值而牺牲另一种价值。所有的价值目标都呈现于选择者的面前，通过比较可以发现它们并非是等值的，而是在道德上有高下之分。选择是在比较与认知的价值评价基础上做出的，它要求个体在互相不同甚至截然相反的要求之间作出正确反应，把某一种反应方式置于另一种反应方式之下。选择 A 与贬抑 B 紧密相关、形影不离，一项被选择，另一项被废弃。王阳明的"须从根本求生死，莫向支流辩浊清"是对"舍生而取义"的诗性诠释，让人们抓住义理的根本，而不是细枝末节。就好像河水的浊清要从源头上分辨而不是从支流中分辨。在生死观上，要抓住儒家的根本原则和孔子、孟子的思想源泉。

2. 培养生勤勉、死静息的精神和"临大节而不可夺"的德操

首先，培养生勤勉、死静息的精神。儒家生死观在新时代仍然发挥着积极的作用。学不厌、诲不倦成就了孔子，大学生应当继承这种生勤勉、死静息的精神，刻苦求学，日新又新，成就真正的人生。习近平总书记指出："党性是党员干部立身、立业、立言、立德的基石。"[1] 这里有着三不朽的传承。大学生作为干部队伍的后备力量，应当确立正确的生死观。《中庸》说："小德川流，大德敦化。"生勤勉、死静息的生命观由孔子开启，如滚滚长江东流水，生命受其滋润，流至今天。孔子为大德敦化，大学生为小德川流，小德不断汇入大德，使人文大生命永远延续、不朽。涓滴成沧溟，大学生要以有限的生命投入到无限的为人民

1　习近平总书记系列重要讲话读本［M］. 北京：学习出版社、人民出版社，2016：114.

服务之中，让自己的小生命融入人文大生命之中，如雷锋那样使小生命在大生命中永生。

其次，闯过财利、生死两大关。《礼记》说："临财毋苟得，临难毋苟免。"[1] 人生修养需要闯过财利、生死两大关。在生死观上有着两种价值取向：一是选择如何存在——临财毋苟得。习近平说："'熊掌和鱼，不可兼得'，不要既想当官，又想发财，要当干部就不要想发财，这一条恐怕是古今中外概莫能外。"[2] 这话同样适合于大学生的生命教育。周敦颐说："志伊尹之志，学颜子之学。"[3] 伊尹向外，志在为政，志在尧舜，偏在政治；颜渊向内，学在修己，学在孔子，偏在教育。孟子言必称尧舜，他说："乃我所愿，则学孔子。"[4] 向内与向外、修己与为政相济相成，志伊尹之志必须学颜子之学，不学颜子之学就无志伊尹之志，学与政相通，这与《大学》修身间架相通。学颜子之学是学以成德。有大德才能有大用，并非有大权才能有大用。有从政志向和能力的大学生应当传承儒家生命教育的修己、为政之学，所志所学上通于为政，立本于修己。将来从政，不要既想当官，又想发财。从政不为一己功利而争权谋位，而在于行天下之大道，与道同化，担当新时代治平大任。

二是选择存在与不存在——临难毋苟免。在如何对待生死上，人存在着求生以害仁或杀身以成仁的可能性，大学生应当选择舍生取义，使个体"会通大群之生以为生。"[5] 生中有死，死是生的另一端。守气节是中华文化传统的精义所在，文天祥的气节浩然常存，在历史上激发了许多正气人物。民族正气存在，则民族存在。在中国共产党百年历史上有许多正气人物、正气事迹，他们不顾生死，"时穷节乃见，一一垂青丹。"毛泽东传承了儒家生死观，将死分为或重于泰山或轻于鸿毛，他指出为人民利益而死比泰山还重。当代德育要培养大学生"见义勇为"

1　礼记·曲礼上 [M].
2　习近平. 摆脱贫困 [M]. 福州：福建人民出版社，1992：56.
3　周敦颐. 周敦颐集 [M]. 陈克明点校. 北京：中华书局，2009：22-23.
4　孟子·公孙丑上 [M].
5　钱穆. 晚学盲言（上）[M]. 北京：九州出版社，2011：296.

"当仁不让""临大节而不可夺"的德操。在抗疫防疫、抢险救灾、维护治安等突发公共事件中都存在着生死选择的可能性，关键时刻需要做出正确选择。财利关是消极防守——戒贪，生死关是积极进取——取义。岳飞说："文臣不爱钱，武臣不惜死，天下太平矣。"[1] 新时代，人人闯过财利、生死两大关则天下太平。杀身舍生是为了成仁取义，若一个人遭遇挫折，仅知轻生，是无仁不义。

三、 经权观

道德价值发生于具体的时空之中，在不同的场合下，主体与客体的价值关系会发生变化，评价道德行为的标准就会产生变化，使某种行为具有道德价值，某种行为失去道德价值，这反映出一般的、普遍性的道德原则在具体的场合中会发生变化，这就产生了经与权的问题。钱穆说："经，常道。然道虽常而必有变，衡量其是非、得失、大小、轻重而为变者，称为权。故经必有权，权必合经。"[2] 经与权的关系相辅相成，君子不能离经叛道，但要通时达变。个体在化道德规范为个体行为时，要处理好道德情景的特殊性和规范的普遍性关系，这必须知经达权。

1. 知经达权

经与权围绕着道而旋转，经是原则，是"道之常"；权是权衡轻重以确定自己的行为，是"道之变"。"道之常"可以通过推理得出。图尔敏说："在这种道德推理的方式中，人们参照某种普遍的原则或准则来决定在特殊情况下人应该做什么，人们把这些普遍的原则或准则当做前提通过一种被亚里士多德称为实践的三段论推演出一个特殊的结论。"[3] 如果 A 是一个普遍原则，是大前提。小前提 a 某一具体行为符合 A，则

---

1   宋史·卷三百六十五·列传第一百二十四·岳飞传 [M].

2   钱穆. 晚学盲言（上）[M]. 北京：九州出版社，2011：532.

3   费兰克纳. 伦理学 [M]. 北京：生活·读书·新知三联书店，1987：3-4.

a是道德的。然而，道德生活是复杂的，仅仅有"道之常"和道德推理是不够的。《春秋公羊传》最早将经与权联系起来，对权进行了阐述，它说："权者何？权者，反于经然后有善者也。"它认为权所以有背于经是为了更恰当地达到善，"有善"仍是用权的目的。历史上舜之不告而娶，周公之大义灭亲，是"反于经然后有善"的例子。

孔子最早提出权的思想，他说："可与共学，未可与适道；可与适道，未可与立；可与立，未可与权。"[1] 朋友间共同的伦理合作体现在"学""道""立""权"层次，朋友由于这四个层次而被等级化分类。在"学""道""立""权"四个层次中"权"处于最高层次。孔子将"适道"与"权"作了价值排序。"权"建立在"道"上，它要本于道并合于道。儒家谈论经与权时，离不开义。孔子说："君子之于天下也，无适也，无莫也，义之与比。"[2] 君子对天下的事情没有定数，并没有"必如此做、必不如此做"的固定要求，要根据实际情况怎么合义就怎么做。孟子说："大人者，言不必信，行不必果，惟义所在。"[3] 从"义统经权"的思想上看，义是行为的最高标准。

孟子最早遭遇经与权的问题，有人向他提出难题："男女授受不亲，礼与？"孟子曰："礼也。"曰："嫂溺，则援之以手乎？"曰："嫂溺不援，是豺狼也。男女授受不亲，礼也。嫂溺，援之以手，权也。"[4] "男女授受不亲"是常礼，援之以手是权。个体要将特殊情景的判断与普遍规范的运用结合起来，"援之以手，权也"体现了特殊场合下的仁爱道德规范。无视特殊情景，一味坚守"男女授受不亲"，则"嫂溺不援，是豺狼也"。只有经与权互相补充，规范的运用和情景的判断完美结合，才能发挥个体在道德上的能动性。

孟子在尧、舜、禹、汤、文、武、周公外，推举出伯夷、伊尹、柳

1　论语·子罕［M］.
2　论语·里仁［M］.
3　孟子·离娄下［M］.
4　孟子·离类上［M］.

下惠三圣人，加上孔子为"四圣"。他说："伯夷，圣之清者也；伊尹，圣之任者也；柳下惠，圣之和者也；孔子，圣之时者也。"[1] 孟子描述了三个圣人，并分别为之定性。三人为圣人，而孔子则为至圣，兼任、清、和三德。钱穆解释说："当武王、周公兴师伐纣，伯夷叩马而谏。伯夷之意，君臣地位不能不尊，征诛革命终是一乱道，不当不防。周室既定天下，伯夷、叔齐乃耻食周粟，遁隐首阳山，采薇而食，终以饿死。"[2] 伯夷是圣之清者。钱穆说："伊尹耕于有莘之野，本是一农夫。其身分地位与周公不同，而自任为天民之先觉，欲以斯道觉斯民，则不得不在政治上求伸展。五就桀，五就汤，终于得志，造成商一代之治。汤卒，嗣王太甲无道，伊尹放之自摄政。太甲悔悟，始迎归。"[3] 伊尹是圣之任者。钱穆说："柳下惠三仕为尹令，无喜色。三已之，无愠色。要他进便进，要他退便退。"[4] 坐怀不乱的柳下惠为圣之和者。孔子能清、能任、能和，随其时宜而变其意态，是集大成的大圣。孟子评价孔子："可以速而速，可以久而久，可以处而处，可以仕而仕，孔子也。……孔子，圣之时者也。"[5] 圣之时者就是善于通权达变的人。知人论世，最珍贵的是识时务。钱穆说："中国自古早有'文化'二字，如曰：'人文化成'。'文'即指'道'言。学求以'道'化其时代，则有伊尹之任；坚守其'道'，不惜违反其时代，则有伯夷之清；不违时，不失'道'，则有柳下惠之和。惟孔子亦任、亦清、亦和，能随时而变其三态度，但终不失其为'己'，亦不失其为'道'。"[6] 人文化成即德化，德化是教化。孔子是德化的代表，能随时更迭表现其三德，其弘道最能通权达变。孟子论述的四个圣人（伯夷、伊尹、柳下惠、孔子）都具有通权达变的能力，惟有孔子的境界最高。孟子的这一思想对后世产

1   孟子·万章下 [M].
2   钱穆. 晚学盲言（下）[M]. 北京：九州出版社，2011：1103.
3   钱穆. 晚学盲言（下）[M]. 北京：九州出版社，2011：1102.
4   钱穆. 孔子与论语 [M]. 北京：九州出版社，2011：28.
5   孟子·公孙丑上 [M].
6   钱穆. 晚学盲言（下）[M]. 北京：九州出版社，2011：1114－1115.

生深远影响。孟子指出："梓匠轮舆，能与人规矩，不能使人巧。"[1] 仅仅学会了规矩尚不能达到"巧"，这种人尚不会变通。只有通权达变的人才能巧用规矩。

汉儒提出了"反经合道"。董仲舒说："《春秋》有经礼，有变权。……妇人无出境之事，经礼也；母为子娶妇，奔丧父母，变礼也。明于经变之事，然后知轻重之分，可与适权矣。"[2] 经与权相反相成，没有经，就没有权。明于经变，就可以达到权。北朝的《刘子》说："循礼守常曰道，临危制度曰权。……古之权者，审其轻重，必当于理而后行焉。权者，反于经合于道，反于义而后有善。"权变必须"当于理"，它是为了使自己的言行更恰当地"当于理"。朱熹认为，道是个统体，"贯乎经与权"，[3] 在经与权中，道一以贯之，经与权作为一对范畴虽然有彼此不同的内涵，但必须统一于道之中。他说："盖经者只是存得个大法，正当底道理而已。盖精微曲折处，固非经之所能尽也。所谓权者，于精微曲折处尽其宜，以济经之所不及耳。"[4] 经作为大法不能穷尽一切，权可以补充经的不足，使人在精微曲折处做得恰到好处。

2. 守正与创新

中国传统文化慎终而追远，人文修养祖先开创于前，后辈守成于后。在新时代，在对传统文化的守成中又分出守正与创新。它们涉及变与不变两个环节，这需要当代德育的知经达权。2019 年 3 月 18 日，习近平总书记在学校思想政治理论课教师座谈会上的讲话中指出："我们通过守正创新形成了中国特色社会主义理论体系，守正就不能偏离马克思主义、社会主义，但不是刻舟求剑，还要往前发展、与时俱进，否则就是僵化的、陈旧的、过时的。思想政治理论课建设长期以来形成的一

---

1 孟子·尽心下 [M].

2 春秋繁露·玉英 [M].

3 朱熹. 朱子语类（第 3 册）[M]. 黎靖德编. 武汉：崇文书局，2018：740.

4 朱熹. 朱子语类（第 3 册）[M]. 黎靖德编. 武汉：崇文书局，2018：742.

系列规律性认识和成功经验，为思政课建设守正创新提供了重要基础。"[1] 守正与创新是当代德育的原则，它们每一方都不能从对方中分离开来，每一方中都被另一方所规定，前者转化为后者，后者又转化为前者。不能只守正不创新，也不能只创新不守正。它们相互跟随，没有一方，另一方不能被建立和把握。当说到 A 时，B 就被边带地说到了。守正体现为连续性，涉及经；创新体现为非连续性，涉及权。

经是德育的一定法则，权是灵活变通。守正需要经，但没有做到"中权"，机械固守着经，蹈常袭故，守经守常不知道通权达变，就达不到真正的守正。创新需要权，通过权衡利弊，在具体情况下，经的适用条件和正确的运用方式。判断"知权"与"不知权"的标准在于守正。没有守正的权会使德育走上"邪道"。德育要处理好经与权的关系，权不离经，变不离常，如此德育才能通其变而不离其宗。舜有大智大权而成其孝。像舜那样通权以达变，需要实践智慧，它取决于人在一定的教育情景中的判断、选择与行动。没有实践智慧，就不能通权以达变。当代德育要让大学生在实践中增长智慧，在守经的基础上通时达变。

《周易》说："物不可以久居其所。"[2] 位育的安其所、守其位不是一蹴而就、一劳永逸的，而是一个持续的修养过程，不能机械地、刻舟求剑般地安所、守位。"一阴一阳之谓道。继之者善也，成之者性也。"[3] 安所、守位是一个动态的生成过程，懂得知经达权，守正而创新，才能具有因事而化、因时而进、因势而新的实践智慧，才能安所、守位。

四、荣辱观

荣与辱、毁与誉是一种道德感受，它们是儒家生命观的重要内容。《大学》说："为人君，止于仁；为人臣，止于敬；为人子，止于孝；为

1　习近平. 思政课是落实立德树人根本任务的关键课程 [M]. 北京：人民出版社，2020：9.

2　周易·序卦传 [M].

3　周易·系辞上传 [M].

人父，止于慈；与国人交，止于信。"在五伦社会中，每一个被规范性加以调节的领域（如父子活动领域）都具有成对的互动规则（慈与孝）。这是在五伦社会的交往情境中的仁爱的交往性表达，仁、敬、孝、慈、信是五伦关系中不同的彼此承认形式。从伦理上说，它们是从五伦关系中分化出的不同价值领域。五伦关系不是平等性、对等性尊重的伦理关系。每一社会角色都有特有的荣誉行为模式——仁、敬、孝、慈、信，它们是对个人行为的特殊期待，提供了荣辱观的标准。个体需要明确自己处于哪个社会层面，应当如何做出相应的行为。海德格尔指出："道德感受并不以'我对被实行的行动采取立场'这样的方式随道德行动之后。"[1] 在交往实践中荣与辱、毁与誉的道德感受与道德行为同时产生，道德感受不是行为的附加物。

1. 不诱于誉，不恐于诽

孔子说："吾之与人也，谁毁谁誉？如有所誉者，其有所试矣。斯民也，三代之所以直道而行也。"[2] 夏、商、周三代的人走在正道上，就受到孔子的赞誉。孔子认为对人并不能随意诋毁与赞誉，而要根据检验过的品行进行毁誉。

孟子将零散的君臣交往行为概括为以下的行动模式："君之视臣如手足，则臣视君为腹心；君之视臣如犬马，则臣视君如国人；君之视臣如土芥，则臣视君如寇雠。"[3] 上述行动模式分有益和有害两种交往类型。在这种行动模式中，存在着不断变换的主体间交往互动，双方既制造和给予着毁誉的情感与激情，又接受和感受着毁誉的情感与激情。这种相互作用具有同时性，情感互动有着不同的质与量。质上的情感关系有两种："爱人者，人恒爱之；敬人者，人恒敬之"[4] 与"戒之，戒之！出乎尔者，反乎尔者也"。[5] 前者为肯定性仁爱互动结构，后者为否定性

1　海德格尔. 现象学之基本问题 [M]. 上海：上海译文出版社，2008：179.

2　论语·卫灵公 [M].

3　孟子·离类下 [M].

4　孟子·离娄下 [M].

5　孟子·梁惠王下 [M].

蔑视互动结构。量上的情感关系有"如国人""如土芥""如寇雠"的情感程度之分，这主要是蔑视程度的区分。主体间不仅在行动方面具有交互性，而且在情感方面具有交互性。交往双方有着承认与蔑视、荣与辱两条道路上的互动，有着主动行为与被动感知的交互作用。彼此相互承认，产生彼此相荣的感觉；相互蔑视，产生彼此相辱的感觉。

人际交往的相互作用产生着丰富的维度（手足与腹心、犬马与国人、土芥与寇雠），避免恶性的情感互动，挽回失去的自尊、他尊，双方就要爱人以德。孟子的这一番表述是让参与互动的人明白荣辱由己。在上行下效的互动中，毁誉依赖于自己的行为。这番话让人们预期参与互动的主体间相继出现的毁誉的步骤，由一个阶段过渡到下一个阶段，毁誉的程度都在不断提升。它们按照可能性（预期）、现存性（彼此共在状态）和必然性（发展趋势）的模态发展。这使居于上位的人感觉到自己具有争取毁誉的主动权，在互动中占据着关键地位，他对于其他存在者具有一定的优越性。

孟子在上述论述中有一种道德预设：保障相互承认与自尊的有效性条件是实行仁德，这为人如何行动提供了一种道德引导。尽管在交往实践中存在着"戒之，戒之！出乎尔者，反乎尔者也"的违背仁爱的"反例"，但"反例"证实了有效性条件，说明不实行仁德会招致耻辱和蔑视。在交往实践中即使实行仁德产生负效果——"爱人不亲"，这时"爱人者，人恒爱之"的情感互动没有产生，但它依然有效。孟子说："爱人不亲，反其仁；治人不治，反其智；礼人不答，反其敬。行有不得者皆反求诸己。"[1] 最终还得通过"反其仁""反其智""反其敬"去解决"不亲""不治""不答"的问题，直到隔阂的消融。只有实行仁德才能承担起社会整合功能，给人带来荣誉。

儒家的仁爱关系是建立在不同道德规范之上的承认关系，伦理行为是仁爱情感的产物。钱穆说："中国人举出父子、夫妇、兄弟、长幼、

1　孟子·离娄上 [M].

君臣、朋友五伦，其相互间，皆是以情为主。若非相互有情，何得成此五伦。"[1] 五伦中的每一伦都是特殊的主体间性关系，尊重与荣誉都具有一定的特殊性（特殊场合、特殊身份）。五伦之道在于情，儒家因情见理。《大学》说："为人君，止于仁；为人臣，止于敬；为人子，止于孝；为人父，止于慈；与国人交，止于信。"五伦交往是主体间领域的规范性交往，有着明确的伦理秩序和相互性期待，这一秩序也是德性的规范秩序。这一规范秩序根据个体的社会地位，赋予其不同的尊重形式，尊重形式是分等级的。仁爱提升参与者在主体间建构和谐关系的能力。社会生活被伦理规范所调控，这些规范规定着不同角色的道德行为，以保证个体按照道德准则行事，使其获得相应尊重与荣誉。人作为伦理主体需要处理好人伦关系。主体间是伦理规范关系，伦理关系具有多维性，道德规范也具有多重性。儒家从身份认同引导出伦理认同，从伦理认同引导出社会认同，产生道德行为，维护宗法统治。从角色和规范中对理想君子人格作出了伦理解释。道德规范是社会凝聚的基本保障，它与人的存在方式紧密相联，仁、敬、孝、慈、信的规范源自五伦社会，它们确定了道德标准和荣辱标准并规定社会发展方向，引导和约束人的行为，成为判定行为正当与否的根据，促进个体之维与社会之维的互融。

人的出生成长是一个由无序到有序的规范、由低阶规范到高阶规范（呈现出身、家、国、天下）的不断发展过程。更高的规范有量与质的不同意义，规范有量上最大的平天下和质上最高的至善，这是最大的"荣"。仁、敬、孝、慈、信这些道德规范产生于主体间交往，对人的行为起范导作用，以保障公共生活有序。具体的、特殊的规范是下位规范，如孝的规范适应于子。下位规范受到适应于所有人的普遍的、抽象的上位规范仁的制约，孝受到仁的制约。上位规范根源于下位规范，孝悌为仁之本。人通过下位规范去实现上位规范，即下学而上达，而不是

1　钱穆. 双溪独语［M］. 北京：九州出版社，2011：288.

超越下位规范直达上位规范。每一规范都有产生、发展、完善的过程，然而，儒家的孝却在舜时就达到了极致——光辉的顶点、一种极高的"荣"。价值规范以价值共识为基础，共识取决于人的需要。共识包括认知性共识、情感性共鸣、行为倾向性共识。一个人若对孝有认知性共识，处于具体环境中情感性共鸣、行为倾向性共识为零，则不能形成孝的价值共识。只有三者一致，才会有道德行动，才能获得"荣"。

共识度是主体之间与公共性之间达成共识的程度，人们关注的共识一般是主体间交往互动中的共识。儒家从主体间的视角理解道德活动，把道德行为视为主体间的双方共在的价值活动。钱穆说："孔子提倡'仁'，郑玄言：'仁者，相人偶'。人与人相处成偶，其道即为仁。"[1] 在相人偶中，通过忠恕之道达到彼此理解，共识不仅需要语言能力而且需要移情能力。然而，符合规范者荣、违反规范者辱。这种共识是共同体的共识，而未必一定是二元式主体间的共识。处于多元价值关系中的人要在主体间共处，不能只靠简单的共识。一是由于为人子与为人父的标准不同，彼此没有共同标准，没有价值标准上的"共识"，而是价值共融（孝与慈相互感召、相互作用），子不能将自我的价值标准与父的价值标准齐一化、同质化。主体间在价值上并非同一性关系。二是道德并非为了获得价值共识与共融。舜的孝并无父母的价值共识与共融，其孝诠释着"天下没有不是的父母"。孝是调节舜与父母而不是其父母与舜的互动形式。道德规范作为调节主体间关系的形式，是超越二元式主体间性的，规范具有公共性特点而不是二元主体间性特点。道德规范是社会规定，这种规定在共同体之中而不在二元主体之间。主体间的非共识的状态——舜的孝没有换来父母的慈，其孝却显得特别符合共同体的共识，所谓"六亲不和有孝慈"。道德规范是调节人际的手段，它源于共同体的共识，而不是个体的自我创造或主体间的共识。个体言行以共同体的价值标准为标准，这种标准通行于共同体之间，未必能通行于主体

---

1   钱穆. 晚学盲言（下）[M]. 北京：九州出版社，2011：896.

间。舜通过与父、母、弟的交往达到自我实现，从一定意义上，父、母、弟的失德行为，是舜的善行的"助力"，自我与他者的逆向关系并没有引发舜的身份观念的困境。非父母无不是，只是孝子不计较父母的是非。"若必计较父之为人，乃定子之当孝与否，则孝亦成为一市道。"[1]道德规范获得共同体共识却不能获得与之互动的对方的价值共识与价值共融，其行为越荣（舜越是符合共同体的道德规范），其所获越辱（舜的家庭成员的恶意回报越多）；其所获越辱，其行为越荣（舜越是受到共同体认可）。舜的行为直接受辱，间接享荣。在主体间互动中，荣辱的价值评价已经完全超越了二元式的主体间性。这说明主体间与公共性之间的共识度未必一致，主体间共识度低可能公共性共识度高。个体的特殊性价值认同（如舜）对共同体的依赖大于对主体间的依赖。舜生活在"父顽、母嚚、象傲"的家庭环境里，却不妨碍舜尽孝悌心。舜的孝未必直接满足父母的需要，却间接满足了社会的需要。道德价值符合人的需要未必符合某个具体的人的需要。规范起作用依靠人的认可而不是某个具体的人的认可。舜的孝行与社会规范相一致，获得社会的认可，却不能获得家庭的认可。孝的行为依据与评价标准来自共同体却并非来自主体间。这反映了道德的复杂性，在探讨价值规范问题时，这点常常被忽略。所谓"尽己之性，能尽人之性"，舜的孝悌最终感动了他的父亲和弟弟，这里有一种"终极承认"。《道德经》的"六亲不和有孝慈"反映的恰恰是舜的情况，在不和中孝得以彰显。个体行为符合伦理上的与其地位相联系的公共性期待时，个体才能获得某种荣誉。

儒家在个体与类的层面都以知止为理想境界，知止不仅在个体层面影响着自我的道德意识形成，而且在类层面成为主体间和谐交往的前提。五伦社会成为以"知止"为纽带联结起来的共同体，使共同体之中不同的主体有着不同的知止，知止成为人与人共在的条件并获得荣誉的条件。

1　钱穆. 双溪独语［M］. 北京：九州出版社，2011：498.

获得他人承认是主体间互动的结果，通过共同体中的他者的承认，是个体社会化的具体环节。主体间有多种不同的互动行为，主体的个性发展来自于不同主体间从不同方面（仁、敬、孝、慈、信）获得的承认。儒家仁爱情感在塑造五伦交往关系中产生着规范性力量，这种规范性力量（仁、敬、慈、孝、信）不是直接作用于个体心灵，而是通过主体间性交往经验促使个体社会化，产生相应的道德品质。仁爱不是同一行为方式运用于不同领域，而是在不同领域有不同行为方式。个体通过不同的仁爱方式与他人相互联系，两个主体给予对方特殊的仁爱形式——父慈子孝。说到君臣，钱穆说："君一臣众，君当仁其众，臣当敬其一。若君敬臣仁，则又失其理，而非其道矣。"[1] 这说明儒家对不同角色有不同要求。主体间互动的每一方面都有规范性调节方式。伦理义务在这里呈现出来，儒家以一种与个体的社会地位相应的方式规范其行为，为社会对个人行为的特殊期待提供了一种明确的知识。"知止"为儒家相互承认、相互尊重建立起了伦理框架，它形成了稳定的相互承认关系系统，是提升荣誉感的条件。儒家相互承认必须采取什么形式的问题在这里得到规定，使个体在道德上的自我实现与赢得社会承认和尊重的程度相一致。面对不同的他者，个体在道德发展上的特殊潜能的开发不同（面对父开发孝的潜能、面对君开发敬的潜能），个体的自我实现也有不同的形式——当孝子或忠臣，获得的荣誉也不同。

贾谊提出的"卑而好德者尊，贫而有义者荣"，[2] 反映了儒家重道义轻钱财的荣辱观。东汉末年的王符说："所谓贤人君子者，非必高位厚禄富贵荣华之谓也。……宠位不足以尊我，而卑贱不足以卑己。"[3] 评价人的荣辱不以门第的高低、地位的尊卑为标准，荣辱由人的德行决定。

伦理规范为个体提供了主体间承认的原则，个体属于家、国、天下共同体，其自尊依赖于个体行为与社会期待的伦理规范一致并得到共同

1　钱穆. 晚学盲言（上）[M]. 北京：九州出版社，2011：175.

2　新语·本行 [M].

3　潜夫论·论荣 [M].

体的确认，由此产生荣。拒绝接受主体间的期待规范，会失去互惠的互动形式。在情感互动中产生对规范行为模式偏离的情感互动，会打破共同体的和谐，由此产生辱。

黑格尔说："人必然被承认，也必须给他人以承认。"[1] 没有他人的认可与承认，人难以存活。泰勒说："我对自己的认同的发现，并不意味着我是在孤立的状态中把它炮制出来的。相反，我的认同是通过与他者半是公开、半是内心的对话协商而成的。……我的认同本质上依赖于我和他者的互动关系。"[2] 我的认同与他人承认相关。在五伦社会关系的承认中，人获得了社会性生存权利。人必然处于承认与被承认之中。期望他人承认与个性健康发展有着内在联系。《论语·阳货》记载：子张问仁于孔子。孔子曰："能行五者于天下，为仁矣。""请问之"。曰："恭、宽、信、敏、惠。恭则不侮，宽则得众，信则人任焉，敏则有功，惠则足以使人。"将这五种德行推广于天下，就会产生广泛的积极的情感互动，并拓展了承认关系——得众，获得荣誉。孔子的"恭、宽、信、敏、惠"开启了仁爱互动的具体方式，并解释获得赞誉的各种条件（恭则不侮，宽则得众，信则人任焉，敏则有功，惠则足以使人），具有上述品德才配得上获得与自尊联系在一起的普遍承认。孔子说："善与人交，久而敬之。"[3] 久而敬之可以使主体间建立积极的人际关系，使交往活动成为自尊的不断增强过程，在这一过程中产生"荣"的道德感受。万章曰："敢问交际何心也?"孟子曰："恭也。"[4] 要以恭敬之心与他人交往，这样，才可以获得他人的恭敬。正所谓："爱人者，人恒爱之；敬人者，人恒敬之。"荣与辱在很大程度上取决于自我的道德修养与对待他人的态度。

---

1 阿克塞尔·霍耐特. 为承认而斗争——论社会冲突的道德语法 [M]. 上海：上海人民出版社，2021：58.
2 泰勒. 承认的政治. 载汪晖、陈燕谷. 文化与公共性 [M]. 北京：生活·读书·新知三联书店，2005：293.
3 论语·公冶长 [M].
4 论语·公冶长 [M].

霍耐特曾指出有学者认为霍布斯是西方承认理论的先驱者，整个现代承认学说之父。在《利维坦》中，霍布斯认为："想要在旁人的眼中成为光荣和杰出的人，这种冲动是多么强烈地充斥着个别主体。……正是人们对于从人群中脱颖而出的渴望、他们的骄傲和出风头的欲望，使人们寻求与自己的同类相接触。"[1] 他认为人与人相接触在于人有相互承认的需要，这种需要受"骄傲和出风头的欲望"所支配。不可否认，这种精神追求在人类的生活中产生一定的作用，乃至中国人的"三不朽"具有"想要在旁人的眼中成为光荣和杰出的人"的色彩。但是，儒家文化与此不同，它认为人若完全依赖于社会性的价值判断——誉与毁，就会丧失自我个性。这可能在人的心理上种下恶的种子，单纯地伪装自己具有某种品德。

自尊并非完全依赖于他人给予的尊重。人既可能被他人所确认又可能被他人所误认，对于后者，孟子指出了存在着一种不切实的毁誉，认为在人生中往往会"有不虞之誉，有求全之毁"。[2] 这种毁誉对人格成长具有否定意义，它让人丧失了自主能力，是消极的和毁灭性的。孟子让人不挂怀他人对我们的态度，而要思考自己真正的品质何在。荀子认为当人意想不到地获得荣誉、光荣和声望或由求全责备引起了被蔑视的道德体验时，毁誉没有与人的日常道德行为联系起来，它已经超出了个体的道德修养。对此，人要"不诱于誉，不恐于诽"，[3] 做到"宠辱不惊"。王阳明说："毁谤自外来的，虽圣人如何免得？人只贵于自己修，若自己实实落落是个圣贤，纵然人都毁他，也说他不清，却若浮云掩日，如何损得日的光明？若自己是个恭色庄，不坚不介的，纵然没一个人说他，他的恶慝终须一日发落。……毁誉在外的，安能避得？只自修何如尔。"[4] 圣人难以避免毁谤，只要自我进行道德修养就行，不能全然以得

1　阿克塞尔·霍耐特. 承认——一部观念历史 [M]. 上海：上海人民出版社，2021：18.

2　孟子·离娄上 [M].

3　荀子·非十二子 [M].

4　王阳明全集（卷三·传习录下）[M].

到社会赞同为自己的行为标准。《国语·周语下》："众口铄金。"韦昭注："铄，消也，众口所毁，虽金石犹可销也。"过于重视人言会产生盲目顺从他人的消极现象，最终可能毁掉名节。李惺说："誉有益于名，无益于实；毁有损于名，无损于实。君子务实而已，毁与誉两无与也。"[1] 他人评价以束缚性的模式将某种标签（或毁或誉）强加给某一个体，既无益于实又无损于实，过于重视毁与誉就会扭曲人的个性。人不应当以对声誉的追求来制定自己的生活目标。在交往中，人不能利用仁爱道德资源来获取荣誉，不能挂榜修行，做表面文章，而应该真心实意地实行仁德。

唐代苏州寒山寺的两位和尚寒山与拾得有一番精彩的对话："一日，寒山谓拾得：'今有人侮我，冷笑笑我，藐视目我，毁我伤我，嫌恶恨我，则奈何？'拾得曰：'子但忍受之，依他，让他，敬他，避他，苦苦耐他，装聋作哑，漠然置他，冷眼观之，看他如何结局？'"含有一种不随毁誉而动的智者风度。

2. 儒家荣辱观的启示

第一，教育者要尊重学生合理的自我实现。今天，"一个人的'荣誉'、'尊严'或现代意义上的'地位'，是指他或她的自我实现方式在社会传统文化境域中受到社会重视的程度。"[2] 教师要尊重学生合理的自我实现。教师的蔑视会在师生互动中通过语言、面部表情、手势等等传递出来，让学生感觉到教师的冷漠、歧视，在教育中学生受到蔑视或羞辱的经验会危及其人格的健康发展，形成心理疾病。教师的歧视从学生身上剥夺了一种正当的社会承认形式，会使学生产生羞辱感的消极情感反应。教师应当正德、厚生。

"人类主体同一性来自主体间承认的经验。"[3] 然而，主体间承认问

1　李惺. 药言賸稿 [M].

2　阿克塞尔·霍耐特. 为承认而斗争——论社会冲突的道德语法 [M]. 上海：上海人民出版社，2021：186.

3　阿克塞尔·霍耐特. 为承认而斗争——论社会冲突的道德语法 [M]. 上海：上海人民出版社，2021：95.

题却显得异常复杂。德育要引导学生确立对待毁誉的道德标准。毁誉与道德有着内在的联系,失德是一种社会污名。道德原则使主体间获得价值归属与声誉,主体间根据道德规范珍视自己和他人。道德原则在毁誉观中扮演着重要作用。在主体间交往实践中,有一种递进关系:主体间承认或不承认道德原则(仁与不仁),导致彼此的承认与不承认(仁爱与无仁爱),再有毁与誉。儒家认为求荣免辱最终取决于自己。《孟子·离娄上》中有这样一段话:"有孺子歌曰:'沧浪之水清兮,可以濯我缨;沧浪之水浊兮,可以濯我足。'孔子曰:'小子听之!清斯濯缨,浊斯濯足矣,自取之也。'夫人必自侮,然后人侮之;家必自毁,而后人毁之;国必自伐,而后人伐之。"关键要加强自我修养,确立对待毁誉的道德标准。习近平说:"关键是要学会思考、善于分析、正确抉择,做到稳重自持、从容自信、坚定自励。"[1] 如此,就能获得他人的尊重与承认。

第二,历练宠辱不惊的心理素质。自我承认固然与他人承认密切相关,然而,若毁誉完全出于他人的意见,依赖于众多嘴巴堆出的所谓"人品"(品,从三口,表示众多),可以不必理会。若"人品"是众口性的贴标签行为产生的,它就不能培养人在道德上的自主性,使人形成他律,受人言支配,已不能立。这个意义上的"人品"不具有道德上的正当性,它变相地成为支配人的一种消极方式。能立于己之人,不外求于"人品"。鲁迅有"横眉冷对千夫指,俯首甘为孺子牛"的诗句,这种毁誉不动的精神是今天人生修养的典范。这里蕴含着对待毁誉的标准,不屈服于恶势力的诽谤。习近平指出:"青年时期多经历一点摔打、挫折、考验,有利于走好一生的路。要历练宠辱不惊的心理素质,坚定百折不挠的进取意志,保持乐观向上的精神状态,变挫折为动力,用从挫折中吸取的教训启迪人生,使人生获得升华和超越。"[2] 青年人要通过

---

1   习近平. 青年要自觉践行社会主义核心价值观——在北京大学师生座谈会上的讲话 [N]. 人民日报,2014-05-05.

2   习近平谈治国理政(第1卷)[M]. 北京:外文出版社,2014:54.

历练来培养宠辱不惊的心理素质。

若毁誉荣辱完全依赖于"人品",人就会受到闲言碎语的左右,完全根据身边的评价调整自己的行为,不能形成道德自律。"人品"是将特定的属性通过"众口"赋予某人,而某人却没有判断这类归属行为的正确性的能力。他愿意接受他人的对其行为的期待,根据他人的意图、需求来行动,使其自身由他人的价值来决定。这样,"人品"就失去了道德含义。这种支配关系不是道德关系。王阳明说:"君子之学,务求在己而已,毁誉荣辱之来,非独不以动其心,且资之以为切磋砥砺之地。……若夫闻誉而喜,闻毁而戚,则将惶惶于外,惟日之不足,其何以为君子?"[1] 大学生一心向善,闲言碎语可以作为"正心"的磨刀石,不仅不能干扰而且可以助力自己的修行。真正的荣誉不是出自这种偶然的、经验性的给定形式——人品,而应当出自遵循规范性的道德原则。个体道德修养应当"操五寸之矩,尽天下之方也",贯穿忠恕之道,立于己而达于人,这既能使个体最终获得尊重又能够使其达到高度的自主性。

人的行为有合道德的行为:指导个体行动的不是自己的意图而是他人的评价;道德行为:指导个体行动的是自己的道德意图,其行为既合于道德并本于道德(出于道德的动机)。德育要培养学生的道德行为而不是貌似道德行为的合道德行为。这就需要培养学生"不诱于誉,不恐于诽"的意志品质。

要引导以正确的世界观、人生观、价值观来指导自己的选择。荣与辱的概念不是一维的,它们有着正确与不正确、道德与不道德两个维度。不同维度并非一眼可见,需要以正确的世界观、人生观、价值观来指导自己的选择。例如商家通过广告在时尚消费中不断重复同样的承认形式:时尚等于高品位,制造出一种由高消费和超前消费所带来的"自我价值感"。个体或群体认同这种价值,通过获得某种时尚消费品就拥

1　王阳明全集(卷六·答友人)[M].

有了幻想的高贵品质，仿佛自我价值感因此得到增强。正是这种"高品位"的"自我价值感"，使一些人成为消费的奴隶，并在消费中自我异化。习近平说："人生之路，有坦途也有陡坡，有平川也有险滩，有直道也有弯路。青年面临的选择很多，关键是要以正确的世界观、人生观、价值观来指导自己的选择。"[1] 大学生要以正确的世界观、人生观、价值观来指导自己的选择，正确地对待荣与辱。

五、 名实观

从人与社会的关系之上说，"中和位育、安所遂生"中的"生"是在齐家、治国、平天下中与他人共生；"位"是五伦关系中的位；"所"是安身之所，即知止，最大的所是"天下之广居"；"育"是安所遂生。"中和位育、安所遂生"要求个体在名实观上有所可安、有位可守，"修身以俟之"[2]。名是名分、名誉；实是与名分、名誉相符合的内容。若美誉之名被赋予积极品质是名实相符，若美誉之名被赋予消极品质是名实不符。儒家认为美誉之名应当依据个体的特定能力与道德品质而被给予，它必须适用于个体真正拥有的德性与能力，实至而名归。圣贤终究不能由个体自居为圣贤，而必然是被民众评价为圣贤。儒家认为一个人的价值取决于其为公共利益服务的程度，只有在对社会的"公义"做出了特殊的贡献才能享有某种声誉，贡献得越多，声誉就越高。

1. 有所可安、有位可守

个体生命存在与发展的前提性条件是在社会关系中做人。在传统社会中，人是由宗法关系所塑造出来的具体的人。一方面，价值主体具有多元性，君、臣、子、父、朋友等等不同身份的人是多元价值主体，他

1　习近平. 在同各界优秀青年代表座谈时的讲话 [N]. 人民日报，2013－05－05 (002).
2　孟子·尽心上 [M].

们有着不同的价值标准。主体之间有不同的价值关系，根据差异构建起了不同的伦理主体，其主体的特殊性在于"为人君，止于仁；为人臣，止于敬；为人子，止于孝；为人父，止于慈；与国人交，止于信"。[1] 社会秩序建立在道德规范基础之上，并通过不同的互动行为被组织起来。每一社会角色都有特有的荣誉行为模式，君、臣、子、父、朋友是"位"，仁、敬、孝、慈、信是安身之"所"。在历史上，《大学》产生着规范性影响，规范性核心是"仁"。

固然，道德规范基于天下人的共识，孝、慈是天下人的共识。然而，处于多元价值关系中的人要共处，不是只靠简单的共识。一方面，由于为人子与为人父的标准不同，彼此没有价值标准上的共识，而是价值共融（孝与慈相融）。舜的孝并无父母的共识，其孝诠释着"天下没有不是的父母"。其孝符合天下人的共识，却不能获得与之互动对方的价值共识与共融。另一方面，价值主体承担多元角色，在等级结构中，为人君、为人臣、为人子、为人父等等，需要各安其位、各尽其职，有所可安、有位可守，这里，就产生了名实问题。个体随着修身、齐家、治国、平天下的道德行为不断扩展，得到社会承认，获得名实相符的名誉和名声，在一定程度上可以成为其修身的动力。

在儒家名实观中，每一个体都应该以对其品质和能力来说是恰当的方式来被对待，并且具有共享的评价标准来评价。"孔子哲学中的'正名'理论所运用的方法论模式就是经验——超验方法论模式，'名'是超验理念，'实'是经验事物。'正名'就是要求经验的'实'要与超验的'名'相符合。'君君、臣臣、父父、子子'中的前一个'君'是经验的君，后一个'君'是超验的'君'，即君的理想和标准。经验的君、具体的君应该符合超验的君。"[2] 超验是共享的标准，经验是每一个体。个体的身份依赖于其他社会主体的承认，身份由名分与名誉建构起来。

1　大学·第三章 [M].
2　刘进田：论价值哲学研究的"经验——超验"关系方法论模式 [J]. 江海学刊，2019（5）.

父子、兄弟、夫妇、君臣、朋友都是名分，"为人君，止于仁；为人臣，止于敬；为人子，止于孝；为人父，止于慈；与国人交，止于信。"仁、敬、孝、慈、信这些规范既是止于至善的理想又是道德义务，是正当性行为的合法依据。它至少在两个人的互动中才能实现。在由伦理设定的相互承认关系（仁、敬、孝、慈、信）的框架中，规范的普遍性化为情景的特殊性，主体永远处于特殊时空中的（家与国）特殊名分（君、臣、父、子）之中，具有多方面的规定，其自我认同有着不同的维度：父亲要慈，子女要孝，等等。同时，个体的特殊认同（若子女当孝）需要得到对方的充分承认（父母的慈爱）。在五伦社会中人要"知止"。通过"知止"，获得对特殊身份认同的认识，使个人向完整的个人（由天伦发展到人伦）发展。"止"是由名分所产生的名之实，是在"相人偶"中产生的道德规范，诸如事亲当孝，交友当信，做到孝与信就是尽名分，实现了名之实。"止"规定了主体间的实践立场。孔子说："君君、臣臣、父父、子子。"[1] 传统社会关系的规范意义在于君之实要符合君之名，臣之实要符合臣之名，父之实要符合父之名，子之实要符合子之名，他们需要各尽其道，此为"知止"。"君君、臣臣、父父、子子"的前一个字为动词，做 A 的要像 A。

　　名誉是获得他者的承认——好名声。在黑格尔看来，"'名誉'最初被理解为一种对待自己的态度，通过这种态度，'单独的细节变得完整，形成了个性。''名誉'，因此就是我在积极认同我的一切特征和一切特性时所采取的对待自己的立场。但是，不言而喻，之所以会'为名誉而斗争'，是因为这种肯定的自我关系的可能性取决于其他主体的切实承认。……'名誉'揭示的是一种肯定的自我关系，这种关系在结构上与个体特殊性获得主体间承认的前提密切相关。"[2] 为名誉而斗争就是为承认而斗争。

1　　论语·颜渊 [M].
2　　阿克塞尔·霍耐特. 为承认而斗争——论社会冲突的道德语法 [M]. 上海：上海人民出版社，2021：29-30.

儒家重名誉，孔子说："君子疾没世而名不称焉。"[1] "不称"有名实不相符合的意思，父不慈，则不称为父之名；子不孝，则不称为子之名。这个"称"蕴含着好名声的含义。名分与名誉紧密相联。儒家向往生前身后名。文天祥的"人生自古谁无死，留取丹心照汗青"，气节浩然，与日月争光，反映对名节的极度重视。儒家重名誉，所以主张名实相符合，重视正名定位。在历史上孔子第一次提出"正名"的问题，他说："必也正名乎：名不正则言不顺，言不顺则事不成，事不成则礼乐不兴，礼乐不兴则刑罚不中，刑罚不中则民无所措手足。"[2] 他主张名实相符。父慈子孝，则名正言顺。父不慈，子不孝，则名不正，言不顺。荀子提出"制名以指实"。[3] 主张名是用来指称实。儒家认为，"无实之名，祸之门也。"[4] 名实不符合，徒有其名，会带来灾难。孟子说："声闻过情，君子耻之。"[5] 名过其实，君子耻之。荀子说："名声若日月，功绩若天地。"[6] 他主张名实相符合。钱穆说："品之尤高，乃至于无可名。《论语》之称尧，曰：'荡荡乎民无能名焉。'此若有近于老子之'无可名'。"最大的名近乎无名，以至孔子被称"大哉孔子"![7]

名分与名誉虽然不同，但彼此相关。人在社会中都有名分（子）和名誉（孝子）。舜有子之名分，父顽母嚚，仍守子道，不逃避子之名分，终成大孝，他由守名分而获得圣人名誉。然而，舜的孝不为名。人人各有父母子女，尽职尽责，守名分，父母慈而子女孝，兄长友而弟幼恭，不在于求名谋利而在成其德。人人应当一本道义，居其位，尽其责，担其任，守名分，实现安所遂生。

《大学》说，"贤其贤而亲其亲"，权利与地位非所尊所亲的对象。

1　论语·卫灵公［M］.
2　论语·子罕［M］.
3　荀子·正名［M］.
4　潘府. 素言，明儒学案（卷四十六）［M］.
5　孟子·离娄下［M］.
6　荀子·王霸［M］.
7　论语·子罕篇［M］.

尊君是尊其贤而非尊其位。儒家"尊'贤'犹胜于尊'位'，重'道'犹胜于重'政'。"[1] 例如，政统所尊，武王、成王在周公之上；道统所尊，周公在武王、成王之上。道统胜于政统，人道胜于治道，道重于权，立德在立功之上，所以在中国文化史上周公在武王、成王之上。钱穆说："如周武王开有周八百年之天下，而伯夷、叔齐在当时并无事业可言，然其德之表现，或可谓超于武王之上。"[2] 伯夷、叔齐在道统上高于周武王。孟子说："闻诛一夫纣矣，未闻弑君也。"[3] 丧失了道的君即为一夫，不足为尊。道统由人心所建立，"人皆可以为尧舜"表现在道统上，不在政统上。这是说人人皆可为舜那样的孝子。孟子让人学习尧舜之为人而非为君，人人都具有尧舜德性的潜质，所以尧舜可以学。

在儒家文化中，尚功利而不尚贤者、不务道义而仅有才干者、尚位不尚德者为人鄙视。儒家名实观以道德评价为标准，形成重贤不重位、重道不重政的儒家风气。孔子一介平民，"居天下之广居"，其德"位"远高于鲁哀公、季孙氏之上。"其所居不平等，犹如家室有大小。"[4] 高位与低位由"居所"而定。"所居"之大有进至于国、天下，"所居"之小有退至于身、家，由居所分成圣人、贤人、君子、小人。小人只有一身、一家之私。在这个意义上，德"位"（居所）相配。儒家的名与实以道德一以贯之，人生高位在于德行而不在于权势。儒家对德有一种特殊的高度尊重。

孔子说："齐景公有马千驷，死之日，民无德而称焉；伯夷、叔齐饿死于首阳之下，民到于今称之。"[5] 齐景公有知名度没有美誉度，伯夷、叔齐既有知名度又有美誉度。名与实具有美誉度与知名度两个维度。在历史上，这两个维度呈现出如下交织状态：

第一，高美誉度和高知名度——孔子、孟子、伯夷、叔齐等等。文

1　钱穆. 晚学盲言（上）[M]. 北京：九州出版社，2011：182.

2　钱穆. 晚学盲言（下）[M]. 北京：九州出版社，2011：1134.

3　孟子·梁惠王下 [M].

4　钱穆. 晚学盲言（上）[M]. 北京：九州出版社，2011：304.

5　论语·季氏 [M].

天祥的"人生自古谁无死，留取丹心照汗青"，就追求这种状态。《孝经》说："立身行道，扬名于后世，以显父母，孝之终也。"孝是追求这一状态的动力；第二，低知名度负美誉度——"小人闲居为不善"的小人。朱熹说："闲居，独处也……此言小人阴为不善，而阳欲掩之，则是非不知善之当为与恶之当去也；但不能实用其力以至此耳。然欲掩其恶而卒不可掩，欲诈为善而卒不可诈，则亦何益之有哉！此君子所以重以为戒，而必谨其独也。"[1] 这里有着阴与阳、显与隐的互动，小人立身不正，以阳掩阴，试图博得众誉，然而，掩与诈都不能成功。所以君子要力戒这种掩与诈；第三，高知名度负美誉度——由不能慎独发展到"十目所视，十手所指"的程度。如历史上篡权的王莽是伪君子、真小人；第四，高美誉度低知名度——历史上的一些隐士；第五，低知名度低美誉度——常人状态。不同的维度交织状态反映了不同的人生。

积善成德与改过的修养可以增加一个人的美誉度。所谓"知耻近乎勇"，知耻是当众承认错误并承诺改正错误。一个人改过迁善的行为越多，道德人格的"证据"就越多，其兑现改过的承诺在"历史"（个体过往历史）上"登记在案"的事例越多，承诺就越可信。积善成德使信用维度凸显出来。承诺者的证据让听话人采信。信用由承诺和证据产生，之前的"君子一言"、说到做到的证据，就是积善，呈现出承诺的可信，由此增强美誉度。

2. 心有所安、心有所守

名实相符有着道德评价标准，这些标准是发展变化的，这使美誉度与知名度的不同的维度交织状态在历史上也是发展变化的，过去高美誉度和高知名度的行为——郭巨埋儿，由于时代变迁变得美誉度大打折扣甚至受到质疑。然而，儒家名实观在当代德育中仍然具有启示价值。

第一，守住名节，勿图虚名

---

[1]　大学章句 [M].

习近平指出:"名非天造,必从其实。"[1] 德育的名实相符就是对好的行为给予承认,坏的行为给予否定,像习近平所说的那样:"使符合核心价值观的行为得到鼓励、违背核心价值观的行为受到制约。"[2] 在形成良好道德风尚的基础之上追求名实相符。在市场经济社会中,名与利常常挂钩。若只讲功利,不言正德,就会出现以出名为手段,以获利为目的现象,造成名实不称、名过其实的局面。在市场经济社会中,名不断地分化,正名既包含着德名、才名、政名、官名、功名等等"人名",又包含着金奖、银奖、铜奖、国优、部优、省优、市优等等诸多名分的"物名"。在"正名"中,慎独中所说的"十目所视,十手所指"对形成自律有重要作用,它让人通过"莫见乎隐,莫显乎微"的道德修养守住名节,勿图虚名。

在名分上,大学生要守己位,行己道。马克思指出,人的本质"在其现实性上,它是一切社会关系的总和"。[3] 人处于不同的社会关系之中,各有其位置,各有其道,需要各守其位,各得其所。孔子说:"君子思不出其位。"[4] 人在不同的位置上都要自守其道,正其名而思不出其位。大学生名为子,居子位,则尽孝,守孝道。名为兄,居兄位,则尽悌,守悌道。为人之道(尽孝),就是成己之道(孝子)。处于某一名分上,不为当前之利,不为身后之名,尽职尽责。今天,大学生有"学生"的名分。习近平说:"青年人正处于学习的黄金时期,应该把学习作为首要任务,作为一种责任、一种精神追求、一种生活方式,树立梦想从学习开始、事业靠本领成就的观念,让勤奋学习成为青春远航的动力,让增长本领成为青春搏击的能量。"[5] 这是对学生名分上的要求,当代德育要引导学生像习近平所说的那样"应该把学习作为首要任务……

1 习近平用典(第2辑)[M]. 北京:人民日报出版社,2018:243.
2 习近平在中共中央政治局第十三次集体学习时强调把培育和弘扬社会主义核心价值观作为凝魂聚气强基固本的基础工程 [N]. 人民日报,2014-2-26(01).
3 马克思恩格斯文集(第1卷)[M]. 北京:人民出版社,2009:501.
4 论语·泰伯[M].
5 平"语"近人:习近平总书记用典 [M]. 北京:人民出版社,2019:164.

让增长本领成为青春搏击的能量"。让学生守己位，行己道。

由名实相符引出"名"与"言"的教育问题：第一，名正言顺。这表现为"其身正，不令而行"。教育者之行与教育之名相符合，言行一致，形成名正言顺的教育效果；第二，名不正言不顺。"其身不正，虽令不从"。教育者之行与教育之名不相符合，教育者"挂榜修行"，徒有其名，形成名不正言不顺的教育效果；第三，名正言不顺，教育者能以身作则，但没有掌握化解教育对象逆反心理的方法；第四，名不正言顺。教育者"挂榜修行"，以假象蒙蔽受教育者，取得短暂言顺的功效，不能长远。生命教育要在名正基础之上掌握教育方法，产生言顺的持久功效。

第二，区分自爱与自恋

当代大学生追求承认（他人的认可与名誉），要处理好公众的评价 A 和被评价的个体品行 B 之间的几种关系：A 的评价高过 B，若是由于 B 的伪装行为获得的，人应当"耻之"；A 的评价符合 B，人应当受之无愧；A 的评价高于或低于 B，完全由于外在评价产生的，人应当不为所动。

霍耐特指出："在 17 和 18 世纪的法国，自恋的概念成为对人类主体间性的思考载体；而在英格兰，同一时期内具有类似功能的概念首先是同情。"[1] 法国的"卢梭被视为任何一种现代承认理论的鼻祖"。[2] 他指出："人的自恋唤起了一种有毒的追求，人想要在面对他的交往伙伴时，被视为具有更高价值。"[3] 以这种心态追求社会承认让人面临着丧失自我的危险。"英国式观点的引路人是大卫·休谟，主要作家应当是亚当·斯密"。[4] 休谟将共通感的概念置于理论的重要位置，它是"一种我们自然而然就具有的把握其他人的精神状态，并且在自己心中也经验到这种状态的能力"。[5] 上述代表人物的思想对我们理解承认问题有着积极

1　阿克塞尔·霍耐特. 承认：一部欧洲观念史 [M]. 上海：上海人民出版社，2021：76.

2　阿克塞尔·霍耐特. 承认：一部欧洲观念史 [M]. 上海：上海人民出版社，2021：27.

3　阿克塞尔·霍耐特. 承认：一部欧洲观念史 [M]. 上海：上海人民出版社，2021：197.

4　阿克塞尔·霍耐特. 承认：一部欧洲观念史 [M]. 上海：上海人民出版社，2021：76.

5　阿克塞尔·霍耐特. 承认：一部欧洲观念史 [M]. 上海：上海人民出版社，2021：80.

启示。对于社会承认，前者认为具有消极意义，后者认为具有积极意义。儒家关于主体间承认思想的中心议题是"仁"，它对人类主体间性的思考是以忠恕之道为思想载体，忠恕之道建立在同情心的基础之上，这与"英国式观点"（共通感式同情）接近。但儒家与法国的关于自恋问题的思考有相通之处，自恋具有消极意义，守住名节，勿图虚名就是要克服这种不健康的心理。

人与他人共在，人在社会活动中能够感觉到被他人观察和评价。人既需要被他人承认，又要防止由于对承认的追求导致自我丧失。这里要区分自爱与自恋。自爱是追求名实相符合，并对外在评价的真实与否持有一种自我判断力，它不会导致自我丧失；自恋是依赖于他者的判断，让自己的行为旨在得到他者的同意和承认，趋时媚俗。自恋的激情始终伴随着对他人价值判断的依赖，如马基雅维利所说："他汲汲以求的，除了荣誉之外再也没有别的东西了。"[1] 他不关心我在我眼中是什么样的，而仅仅关心我在他人眼中是什么样的，始终以旁人的期待态度来检验自己的行为，其行为取决于他人的预期态度，他以这样的方式来追求旁人眼中的社会声望。一种想要证明自己在外人看来比他人更优越的追求，使个体完全由他人的评价来塑造自己的行为，人受一种虚假的理想形象诱惑，卢梭将这种自恋称为"瘾症"，说明它很难克服。贾谊在《鵩鸟赋》中所说的"贪夫殉财"、"烈士殉名"就反映了这种心理。自恋者处于"化装舞会"中，"一旦这个个体感觉到了他人评判的目光，他就会努力表现得比他的邻人更好或更有价值"。[2] 在自恋的态度中追求社会承认的人产生虚荣的自夸和自命不凡的装腔作势，其行为目的是自己社会声望的增长。卢梭说："野蛮人过着他自己的生活，而社会的人则终日惶惶不安，只知道生活在他人的意见之中，也可以说，他们对自己生存的意义的看法都是从别人的判断中得来的。"[3] 自恋的人不断内化

1　马基雅维利. 君主论［M］. 北京：商务印书馆，2017：41.

2　阿克塞尔·霍耐特. 承认：一部欧洲观念史［M］. 上海：上海人民出版社，2021：34.

3　阿克塞尔·霍耐特. 承认：一部欧洲观念史［M］. 上海：上海人民出版社，2021：37.

他者的视角，导致丧失自我，最终会导致身名俱灭。这种人自己不能确定他究竟是谁，难以恰当地认识自己。当代德育需要杜绝卢梭的"社会人"，大学生应当自爱而不由于自恋而丧失自我。

第三，从"支配自然"的思维模式转变为"与天地参"的思维模式

得位则"万物并育而不相害，道并行而不相悖"；失位则天地不正，万物不育。儒家的身份的最终获得是"赞天地之化育，……与天地参矣"，即能够赞助天地的演化，成为能与天地参、与天地并的人。《荀子·天论》说："天有其时，地有其财……列星随旋，日月递炤，四时代御，阴阳大化，风雨博施。万物各得其和以生，各得其养以成。"这就是儒家位育景象。时代新人获得与天地参的位育，方能使天地正位，万物养育。

"天地参"的身份成为人与自然和谐相处的表现形式，它让人与自然建立起非工具性关系。西方社会"个体身份的获得看起来像是社会对自然的征服在内心中的一种延伸"，[1] 是对自然的支配延伸到社会生活而转变为对自我的内部自然的控制。在现代人的眼中，"人类历史进程能够从总体上被理解为一个支配自然的阶梯式的完善过程"，[2] 身份成了为支配外部自然与内部自然而量身定制的范畴，是支配自然的表现形式。人对自然采取纯粹工具性态度，征服自然是确立身份的条件，"通过自由的决断实现'对于我们内在的秉性和外在的自然的同等支配'"。[3] 人的实践活动是对自然和社会的总体控制活动，人成为自然的主人支配着自然，与自然分裂为二：人为主体，自然为客体，主尊客卑，这是逆天而行的"越位"。

今天以建设美丽中国为目标的时代新人要从"支配自然"的思维模式转变为"与天地参"的思维模式，其身份的最终获得是通过赞天地之化育实现与天地并立。"天行健，君子以自强不息。"天行健，由变化中

1　阿克塞尔·霍耐特. 权利的批判［M］. 上海：上海人民出版社，2020：124 - 125.

2　阿克塞尔·霍耐特. 权利的批判［M］. 上海：上海人民出版社，2020：11 - 12.

3　阿克塞尔·霍耐特. 权利的批判［M］. 上海：上海人民出版社，2020：12.

酝酿出生命，由自然中演化出人类，由自然的单一性发展出社会的个性。自然蕴涵人文，人文出于自然。天地之化育成自然、成生命、成人类就是一大善。天地化育为第一价值形态。人应当效法天的精神，通过自强不息来赞天地之化育，加入到天地化育万物的大化流行之中，从而"替天行道"。人能法道、人能弘道。人文性法道、弘道为第二价值形态。不使人文演进背离自然演进而横生歧道：天人变成彼此分离与对立的客体与主体。人类是宇宙进化的最高点，当下人类处于宇宙进化的最新点上。每个大学生都处于宇宙进化的最新点上——时代新人，要以人文演进赞助自然演进，"以人配天"，从而参天地、赞化育。马克思说："正是在改造对象世界中，人才真正证明自己是类存在物。这种生产是人的能动的类生活。通过这种生产，自然界才表现为他的作品和他的现实。因此，劳动的对象是人的类生活的对象化，人不仅像在意识中那样理智地复现自己，而且能动地、现实地复现自己，从而在他所创造的世界中直观自身。"[1] 自然界表现为人的作品和现实，人在他所创造的世界中直观自身，这种对象化活动就是赞天地之化育的活动。"劳动本身不过是一种自然力的表现，即人的劳动力的表现。"[2] 人与自然不再处于对立之中，"作为完成了的自然主义，等于人道主义，而作为完成了的人道主义，等于自然主义。"[3] 人的生产力本身是一种自然力，在生产性活动中参与到天地生成性发展中去。

六、　顺逆观

潘光旦指出："西洋自演化论出，才明了生物界所谓 adjustment 或 adaption 的现象。我们很早好像是跟了日本人把他译做'适应'或'顺应'。适应的现象有两方面，一是静的，指生物在环境里所处的地位；

1　马克思恩格斯全集（第 42 卷）[M]. 北京：人民出版社，1979：97.

2　马克思恩格斯选集（第 3 卷）[M]. 北京：人民出版社，2012：357.

3　马克思恩格斯全集（第 42 卷）[M]. 北京：人民出版社，1979：97.

二是动的，指生物自身的发育。地位和发育的缩写，便是'位育'。"[1]
"位育"的基本内涵为"安所遂生"，它蕴含着生命个体与环境之间完美
的融合状态。"位育是两方面的事，环境是一事，物体又是一事。位育
就等于二事间的一个协调。世间没有能把环境完全征服的物体，也没有
完全迁就环境的物体，所以结果总是一个协调，不过彼此让步的境地有
大小罢了。"[2] 位育需要处理好个体与环境的关系，个体既不能被环境完
全征服，又不能完全迁就环境，使人在各种环境中实现"安所遂生"，
这就需要借鉴儒家的顺逆观。

1. 顺与逆如阴阳一体之两面

一阴一阳之谓道，人生的顺与逆如阴阳一体之两面。顺与逆是儒家
生命观思考的一个重要问题，顺境与逆境、穷通与显达处于辩证关系之
中，它们彼此可以相互转化。孔子说："岁寒，然后知松柏之后凋也。"
寒冬的世运，产生圣贤后凋之君子。孟子第一次说出了逆境成才的道
理，将"岁寒，然后知松柏之后凋也"的思想在历史维度上展开。他
说："舜发于畎亩之中，傅说举于版筑之间，胶鬲举于鱼盐之中，管夷
吾举于士，孙叔敖举于海，百里奚举于市。"[3] 孟子所举的这些人都是从
逆境中走出来的，他们经历了巨大艰难曲折。以松比德不仅有个体的
"在世"的体验，而且有古今代际的"历世"的经验。

孟子说："天将降大任于斯人也，必先苦其心志，劳其筋骨，饿其
体肤，空乏其身，行拂乱其所为，所以动心忍性，曾益其所不能。"[4] 舜
生活在"父顽、母嚚、象傲"的家庭环境里，在守孝道中经历了大磨
难，曾益其所不能，显现了非常人能行之大孝，成为天子，担当大任。
大禹治水，十三年劳苦，平息水患，受舜禅为天子。他们在危乱困阨中

1　潘光旦. 寻求中国人位育之道 [M]. 北京：国际文化出版公司，1997：1.
2　潘光旦. 潘光旦教育文存 [M]. 潘乃谷、潘乃和编. 北京：人民教育出版社，2002：152.
3　孟子·告子下 [M].
4　孟子·告子下 [M].

奋发图强，能人所不能，造福大群。孟子说："生于忧患，死于安乐。"[1]一个人、一个国家在忧患中生，在贪图安乐中死。这句话成为中国共产党廉政教育的座右铭。

司马迁继承了这一思想，他说："太史公（司马迁——作者注）受李陵之事牵连，被囚禁于牢狱。"因此喟然长叹道："这是我的罪过吗？这是我的罪过吗？身体受到摧残，成了无用之人。"之后又认真地思考："那《诗》、《书》意旨隐微但言辞简约，是想满足心志思考的需要。昔日西伯周文王被纣拘禁推演出了《周易》；孔子困窘在陈蔡而作成《春秋》；屈原被楚怀王放逐于是写下名赋《离骚》；左丘瞎了眼睛撰写了《国语》；孙子两足被剔去膝盖骨编纂了兵法；吕不韦被秦始皇发配到了蜀地而《吕氏春秋》流传下来；韩非囚禁在秦国写下《说难》、《孤愤》；《诗》三百多篇，大抵都是贤圣们发愤之后的得意之作。这是人们的心思有了郁结，不能使之畅通，所以就记述往事，想让后人了解自己的心志。"[2] 孟子与司马迁的这两段话说明逆境可以成才。

《周易》奠定了位育的思想，"天地设位而《易》行乎其中矣。"[3] 天地设置了人的"位"。《周易》说："危者，安其位者也；亡者，保其存者也；乱者，有其治者也。是故君子安而不忘危，存而不忘亡，治而不忘乱。是以身安而国家可保也。"[4]《周易》指出要弄清危与安、亡与存、治与乱的辩证关系，在安、存、治中时时刻刻警惕着危、亡、乱，这就要正确对待人生的顺境与逆境。

2. 儒家顺逆观的启示

一是要引导学生正确地看待顺逆关系。人生境遇有顺逆，行路有难易。人生道路起起伏伏，有逆境、困境、病境、衰境，并非一马平川。艰苦的环境可以造就人才，成就事业并非一帆风顺。今天，天降大任于

---

1   孟子·告子下 [M].
2   "史记·太史公自序"的译文 [M].
3   周易·系辞上传 [M].
4   周易·系辞下传 [M].

时代新人，大学生需要经受意志磨练和艰苦环境的历炼，使逆境、困境、病境、衰境不动摇其志向。习近平说："我到农村插队后，给自己定了一个座右铭，先从修身开始。一物不知，深以为耻，便求知若渴。上山放羊，我揣着书，把羊拴到山坡上，就开始看书。锄地到田头，开始休息一会儿时，我就拿出新华字典记一个字的多种含义，一点一滴积累。我并不觉得农村7年时光被荒废了，很多知识的基础是那时候打下来的。"[1] 习近平的亲身经历启示着大学生"艰难困苦，玉汝于成"的道理。习近平说："当青年思想认识陷入困惑彷徨、人生抉择处于十字路口时要鼓励他们振奋精神、勇往直前。"[2] 德育教师在大学生遇到挫折时，要鼓励学生战胜困难，精进有为，将逆境转变为顺境，不使之演变成绝境。

二是修身。孔子说："君子务本，本立而道生。"[3] 修身为本。无本必然处于乱境，乱境会形成不可逆转的逆境。当代德育要抓住这个根本。抓住根本，人生就有了"道"，使人正确地看待顺境与逆境的辩证关系，在顺境中不得意忘形，在逆境中不失意沮丧，既能在顺境中求发展又能在逆境中受磨练，如此，才能"遂其生业，不至失所"。

七、苦乐观

《大学》说："所谓修身在正其心者，心有所忿懥，则不得其正；有所恐惧，则不得其正；有所好乐，则不得其正；有所忧患，则不得其正。"儒家的正心是要消除好乐，这里的"好乐"是一种干扰修身的情绪，不同于苦乐观中的乐。儒家苦乐观义理深邃，它教人如何获得生之安乐。

1　卢新宁、李斌. 中国有梦青春无悔——习近平五四青年节参加主题团日活动侧记［N］. 中国青年报，2013－05－06（01）.
2　习近平. 在纪念五四运动100周年大会上的讲话［N］. 人民日报，2019－05－01（2）.
3　论语·学而［M］.

1. 寻乐之真义

儒家快乐与不快乐的感情内在地与道德评价相联，"乐"不是一种单纯的自然情感，它具有社会道德感受性。孔颜之乐诠释了儒家苦乐观，孔子之乐在孔子之贫中显现："饭蔬食饮水，曲肱而枕之，乐亦在其中矣，不义而富且贵，于我如浮云。"[1] 在孔子看来，不义的富贵如浮云一般不知起于何处，终于何处，不受自己掌控。孔子在饭蔬食饮水中，生趣盎然，他以己所乐，教人同乐。其乐影响和感化了颜渊。颜渊对孔子之乐，心向往之，追而慕之，欲罢不能。"夫子步亦步，夫子趋亦趋。"[2] 颜渊之乐也在颜渊之贫中显现："一箪食，一瓢饮，在陋巷，人不堪其忧，回也不改其乐。"[3] 同为饭蔬食饮水之人，同有饮水曲肱之乐。孔子的榜样教育在学生身上产生巨大效果。所谓"天命之谓性"，性由天赋，才由师成。孔子与颜渊两心恍如一心，若颜渊不得孔子为师，就不会有颜渊之乐。在历史上孔颜之乐并称，展现了师道的力量所在。

在孔颜之乐中存在着苦与乐的巨大反差，孔子的饭蔬食饮水、曲肱而枕之和颜渊的箪食、瓢饮、陋巷反映出物质生活环境贫薄已极，然而，生活之苦并没有压垮他们，反而磨练着他们的意志，并在这种困境中产生了一种乐，使贫困与崇高相伴随。孟子说："从其大体为大人，从其小体为小人。"[4] 大体是人文心，小体是耳目之官。依照人文心行动的人为大人，依照感官欲望行动的人为小人。饭蔬食饮水、陋巷是养小体，求道弘道是养大体。孔子、颜渊养大体重于养小体，并使小体服从于大体。孟子说："养心莫善于寡欲。"[5] 寡欲是减，是消极的态度；养心是增，是积极的态度。孔子、颜渊的物质欲望已经减到了最低点，寡欲达到了极致，其日益增大的人文心照亮了儒者的前程。孔子、颜渊在

1　论语·述而［M］.
2　庄子·田子方［M］.
3　论语·雍也［M］.
4　孟子·告子上［M］.
5　孟子·尽心下［M］.

消极中有一种更大的积极。孔子说："朝闻道，夕死可矣。"[1] 这一重道精神使孔子"发愤忘食，乐以忘忧，不知老之将至"。[2] 孔子乐以忘忧之乐在道中。孔子说："士志于道，而耻恶衣恶食者，未足与议也。"[3] 孔子十有五而志于学就是志于道。孔颜之乐其乐不在身而在道、在心，这成为儒家苦乐观的价值导向，引发着后人不断思考苦与乐的问题。孔颜之乐是儒家生命教育的第一乐章，孔颜不仅乐于当身，而且其乐流行于后世，以文化人，绵延持久。历史上关于苦乐观的探寻精义迭出，陶渊明"结庐在人境"中的结一草庐，杜甫的茅屋为秋风所破歌中的茅屋，都与陋巷相近，他们都在养大体中获得一种乐。前者在"采菊东篱下，悠然见南山。山气日夕佳，飞鸟相与还"的活泼宽舒的大自然中获得乐，后者在"安得广厦千万间，大庇天下寒士俱欢颜"的安所遂生理想中获得一种乐。他们在一庐一屋的小居住中酝酿着大情怀。

　　君子的乐是让百姓获得安乐。《论语·宪问》记载："子路问君子。子曰：修己以敬。曰：如斯而已乎？曰：修己以安人。曰：如斯而已乎？曰：修己以安百姓。修己以安百姓，尧舜其犹病诸。"修己以安人是让身边的人获得安乐，修己以安百姓是让天下的人获得安乐。君子乐在立人达人。人生乐事，其端在此。钱穆说："孔子之立德经过，即其七十年之真生命、真学问。学问实即是生命，宜该可悦。后人尝能学如孔子，达于'立'与'不惑'之境，则在己之生命，亦当甚感其可悦。"[4]

　　孟子继承了孔子的思想，他提出："理义之悦我心，犹刍豢之悦我口。"[5] 真正的乐在道义。当然，儒家不排斥"刍豢之悦我口"。孟子自发新义，《孟子·梁惠王下》记载孟子与齐宣王的对话："独乐乐，与人

1　论语·里仁［M］.

2　论语·述而［M］.

3　论语·里仁［M］.

4　钱穆. 晚学盲言（下）［M］. 北京：九州出版社，2011：1046 - 1047.

5　孟子·告子上［M］.

乐乐，孰乐？"曰："不若与人。"曰："与少乐乐，与众乐乐，孰乐？"曰："不若与众。"通过对话引出独乐乐不如众乐乐的境界。孟子说："乐民之乐者，民亦乐其乐；忧民之忧者，民亦忧其忧。乐以天下，忧以天下，然而不王者，未之有也。"[1] 这一情怀就是平天下的情怀，具有大生命精神。人有欢乐心，有悲愁心，范仲淹在情感上与孟子产生了共同经验，《岳阳楼记》中"先天下之忧而忧，后天下之乐而乐"即发挥了孟子思想，"我之喜悦，即是大群历史无限之大喜悦；我之悲哀，即是大群历史无限之大悲哀。"[2] 其胸怀通达于人生之广大与精微处，欢乐与悲愁超越自我，不见一己之小欢乐与悲愁，惟见天下之大欢乐与悲愁。快乐与悲愁会通人我古今，有一大境界，它以是否对天下人的普遍福祉有促进作用为标准，它们内在地与道德评价相联系。道德评价会产生积极与消极的感觉反应。这种忧乐让个体和合成群体，人安于家，家安于国，国安于天下。儒家的修身、齐家、治国、平天下即个体追求家和、国和、天下和的局面，家和之上有国和，国和之上有天下和。一家如一人，一国如一家，个体小生命融入群体大生命，相融相合如一体。个体在追求国和、天下和的大和中获得人生之乐，通而合一。

程子说："昔受学于周茂叔，每令寻颜子、仲尼乐处所乐何事。"[3] 周敦颐让 16 岁、15 岁的程颢、程颐寻孔颜之乐。程子说："箪食陋巷非可乐，盖自有其乐尔"，[4] "颜子之乐，非乐箪瓢陋巷也，不以贫窭累其心而改其所乐也，故夫子称其贤。"[5] 孔颜之乐不是乐艰苦的生活环境而是乐"道"，孔子说："朝闻道，夕死可矣。"[6] 道重于生命、高于生命，因此就重于物质享受。孔子对颜渊的教育引发了后者的高峰体验——

1　孟子·梁惠王下 [M].
2　钱穆. 双溪独语 [M]. 北京：九州出版社，2011：346.
3　程颢、程颐. 河南程氏遗书（卷 2 上）. 二程集 [M]. 北京：中华书局，2004：16.
4　程颢、程颐. 河南程氏遗书（卷 12）. 二程集 [M]. 北京：中华书局，2004：135.
5　程颢、程颐. 河南程氏粹言（卷 2）. 二程集 [M]. 北京：中华书局，2004：1233.
6　论语·里仁 [M].

"如有所立卓尔"。[1] 孔子如山巍然，屹立常在。周敦颐对二程的教育，使后者产生"吟风弄月，我与点也"的高峰体验，使他们在寻孔颜之乐的路上乐此不倦，乐以终身。钱穆说："这是理学兴起一条主要命脉。"[2] 理学由寻孔颜之乐而兴起，其意深长，学习孔子、颜渊也要从此处开始。孔颜之乐人人能学，也最难学。

王阳明说："今焉于其良知所知之善者，即其意之所在之物而实为之，无有乎不尽。于其良知所知之恶者，即其意之所在之物而实去之，无有乎不尽。然后物无不格，而吾之良知所知者无有亏缺障蔽，而得以极其至矣。夫然后吾心快然无复余憾而自慊矣"。[3] 知善要"为之"，知恶要"去之"，而且要做到极致。否则，就不是真正的知善、知恶。这种乐（吾心快然）与改过迁善联系在一起。在王阳明看来，改过迁善必须具有判断与评估在道德上被允许和禁止的行为的能力，然而，没有行动就等于没有这种判断与评估能力。如此"为之"与"去之"，心里就会产生快感，如王阳明所说"自不觉手舞足蹈，不知天地间更有何乐可代"。[4]

孔颜之乐异峰特起，开辟了从苦中寻乐的人生道路，峰回路转，在儒林中呈现出了孟子的"乐以天下，忧以天下"、二程寻孔颜之乐、王阳明的"吾心快然"的种种乐事，他们是儒家寻乐的一个个路标，其中都有妙意可寻，启示着后人如何寻乐。

2. 小我融入祖国的大我，升华人生境界

南北朝陶弘景的《诏问山中何所有赋诗以答》："山中何所有，岭上多白云。只可自怡悦，不堪持赠君。"快乐如同白云，不能赠与他人。钱穆曾以豪宅——恶梦，陋室——美梦的例了来追问：居住与心境谁更有价值，以此说明物质生活的丰富并不能自动产生幸福。当代德育继承儒

1　论语·子罕 [M].

2　钱穆. 孔子与论语 [M]. 北京：九州出版社，2011：81.

3　王守仁. 王阳明全集（卷二十六）[M]. 上海：上海古籍出版社，2006：972.

4　王守仁. 王阳明全集（卷三）[M]. 上海：上海古籍出版社，2006：104.

家传统，让学生寻孔颜乐处，"无入而不自得"，从而是自得其生命之乐。寻孔颜之乐，体会孔颜的性情内蕴，可以知道生命的寄托在内不在外，在己不在人。不能只寻找外在的所喜所乐之物，而要寻找内在的能喜能乐之心。有了能喜能乐之心才知道什么应当喜、什么应当乐。若没有能喜能乐之心，不能辨别当喜当乐之物，会沉溺于低级趣味的享乐。钱穆说："反求诸己而得矣，故曰'自得'。又曰'良能'，实即其人其物之'德'，所谓'足乎己无待于外。'"[1] 自得是反求己，本于内，此得与德相通，自得是内心产生的快乐。二程"吟风弄月"，日月经天，光景常新，今天依然有此月，依然要寻找孔颜、二程的心境、乐趣。这种心境、乐趣不可相赠，要学生自己找到寻乐真谛。在寻乐的路上，教师以己之德性导学生之德性，推陈出新，再现出孔子与颜渊、周敦颐与二程这样的师生。

第一，让修身有审美愉悦。《论语·学而》记载，子贡曰："贫而无谄，富而无骄，何如？"子曰："可也。未若贫而乐，富而好礼者也。"子贡曰："《诗》云，'如切如磋，如琢如磨'，其斯之谓与？"子曰："赐也！始可与言《诗》已矣，告诸往而知来者。"孔子的"贫而乐"不仅感化颜渊，而且是与弟子讨论的话题。孔子与子贡探讨了贫富问题，他将这一问题推向"贫而乐，富而好礼"的更高阶段，贫富同此一乐——乐道，师生对话使子贡引申出"如切如磋，如琢如磨"的人生修养，使孔子大为赞赏。继承儒家生命教育，使修身具有了审美愉悦，乐而常然。习近平说："广大青年人人都是一块玉，要时常用真善美来雕琢自己，不断培养高洁的操行和纯朴的情感，努力使自己成为高尚的人。"[2] 大学生如一块用真善美来雕琢的玉，自修其身、自尽其心、自行其道，进行"如切如磋，如琢如磨"的精益求精的打磨，走上人生安乐之道，使学生各有一分自得之乐。

第二，把小我融入大我，以一己通于大群。儒家以人对共同体的普

---

1 钱穆. 晚学盲言（上）[M]. 北京：九州出版社，2011：212.
2 习近平. 出席金砖国家工商论坛开幕式并发表主旨演讲 [N]. 人民日报，2017-09-04
  (1).

遍福祉是有利还是有损为标准来评判其道德行为，这种自我评判和他人评判本身伴随着快乐和不快乐的情感体验。积极或消极的情感反应与道德评判紧密相关，联系的基础是同情心："老吾老，以及人之老；幼吾幼，以及人之幼。"[1] 以快乐或不快乐的感觉经验他人的道德或不道德行为，"同时也会被经验为道德上值得赞扬或值得指责的。"[2] 这种反应性感觉与道德评价的内在联系，彰显了儒家乐以天下的情怀。

孟子说："饮食之人，养小失大。"[3] 饮食之人只知道饮食之乐，不知道颜子仲尼乐处。只有道德生活才能超越饮食之人，当代德育要杜绝饮食之人。孟子说："乐民之乐者，民亦乐其乐；忧民之忧者，民亦忧其忧。"[4] 孔颜之乐、周敦颐让程颢、程颐所寻之乐与孟子的乐是同质的。在儒家看来，只有将小我之乐融入大我之乐，以小我之乐增进大我之乐，才能获得真正的人生快乐。钱穆说："生命积成为历史。我之喜悦，即是大群历史无限之大喜悦；我之悲哀，即是大群历史无限之大悲哀。饥欲食，劳欲息，只限在各人小我肉体中。悲哀喜悦，人之情感，乃有一大境界，大天地，会通人我古今，在一大心灵中而有此悲哀喜悦。此乃一种心灵的、精神的、文化的大生命与大真实。"[5] 培育这种苦乐观就可以使小生命投入到大生命，使个体有大生命的境界。习近平指出："只有把小我融入人我，才会有海一样的胸怀，山一样的崇高。"[6] 这样，个体的心可以通之于民族、人类而充塞宇宙之间，所谓"沛乎塞苍冥"。

恩格斯指出："当一个人专为自己打算的时候，他追求幸福的欲望只有在非常罕见的情况下才能得到满足，而且决不是对己对人都有

1　孟子·梁惠王上 [M].
2　阿克塞尔·霍耐特. 承认：一部欧洲观念史 [M]. 上海：上海人民出版社，2021：79.
3　孟子·告子上 [M].
4　孟子·梁惠王下 [M].
5　钱穆. 双溪独语 [M]. 北京：九州出版社，2011：346.
6　习近平. 寄语南开师生：只有把小我融入大我，才会有海一样的胸怀，山一样的崇高 [N]. 新华网，2019 - 01 - 18.

利。"[1] 普列汉诺夫对恩格斯的这一思想进行了发挥，他写道："实际上道德的基本问题不是对个人幸福的追求，而是对整体的幸福，即对部落、民族、阶级、人类幸福的追求。这种追求和利己主义毫无共同之点。相反地，它总是要以或多或少的自我牺牲为前提。"[2] 马克思主义人生观以实现最大多数人的最大幸福为乐。儒家乐以天下的苦乐观经过"海一样的胸怀，山一样的崇高"的新时代诠释，与马克思主义人生观相通。

第三，在成己中成人，在成人中成己。《论语》开篇："学而时习之，不亦说（悦）乎？"这是修己、成己，学而不厌；"有朋自远方来，不亦乐乎？"这是安人、成人，诲人不倦。教师是由学生自由选择而产生的，《白虎通·辟雍篇》："《曲礼》曰：'闻有来学，无往教也。'""学而"处于时间的纵向轴线上，上通前古的孔颜之乐、二程寻乐；"有朋"处于空间的横向轴线上，旁通在世的朋友、学生，有相互激励、相互学习之乐。这让自我处于时空交汇点上，在修己与安人中有"悦"与"乐"。儒家的乐存在于明明德与亲民之中，存在于止于至善的乐此不疲的追求之中。当代大学生在修己安人中应当有这种"悦"与"乐"。习近平说："要坚持学而信、学而思、学而行，把学习成果转化为不可撼动的理想信念，转化为正确的世界观、人生观、价值观，用理想之光照亮奋斗之路，用信仰之力开创美好未来。"[3]

习近平指出："文化自信，是更基础、更广泛、更深厚的自信。在5000多年文明发展中孕育的中华优秀传统文化，在党和人民伟大斗争中孕育的革命文化和社会主义先进文化，积淀着中华民族最深层的精神追求，代表着中华民族独特的精神标识。"[4] 儒家生命教育中的价值观成为民族独特的精神标识的一个有机组成部分，古今价值观一气流通，无

1　马克思恩格斯全集（第21卷）[M]. 北京：人民出版社，1965：331.

2　宋惠昌. 道德修养讲话 [M]. 北京：求实出版社，1984：161.

3　习近平谈治国理政（第2卷）[M]. 北京：外文出版社，2017：50.

4　习近平. 在庆祝中国共产党成立95周年大会上的讲话 [N]. 人民日报，2016-07-02.

有间隔。习近平说："中华民族创造了源远流长的中华文化，中华民族也一定能够创造出中华文化新的辉煌。"[1] 当代德育在继承儒家生命教育中的价值观的基础上继续创造价值文化的新的辉煌。

1　习近平谈治国理政（第 1 卷）[M]. 北京：外文出版社，2014：155－156.

第四章　儒家生命教育的修身方法与当代德育启示

　　马克思指出："全部人类历史的第一个前提无疑是有生命的个人的存在。"[1] 有生命的个人存在也是生命教育历史的第一个前提。儒家生命教育本于道德修养，变化气质，明其明德，止于至善。习近平说："我们国家历来讲究读书修身、从政以德。古人讲，'修其心、治其身，而后可以为政于天下'，'为政以德，譬如北辰，居其所而众星拱之'，'读书即是立德'，说的都是这个道理。传统文化中，读书、修身、立德，不仅是立身之本，更是从政之基。"[2] 这说明中华民族十分重视修身。儒家学问气象是"向内部德性修养上完成其一己"，[3] 在漫长的历史中总结出了许多修身方法。

　　海德格尔说："唯独人才生存。岩石存在着，但它并不生存。树木存在着，但它并不生存。马存在着，但它并不生存。"[4] 作为无机物的岩石、有机物的植物的树木和动物的马存在而不"生存"。他将存在与生存区分。从存在上论，人与其他事物没有区别；从生存上论，人区别于其他事物。这一点与孟子思想有相似的地方。钱穆说："与孟子同时有告子，他曾说生之谓性。此一语，若用今通俗语翻译，即是说生命即性

1　马克思恩格斯选集（第1卷）[M]. 北京：人民出版社，2012：146.

2　习近平. 之江新语 [M]. 杭州：浙江人民出版社，2007：175.

3　钱穆. 晚学盲言（上）[M]. 北京：九州出版社，2011：199.

4　王庆节、张任之. 海德格尔：翻译、解释与理解 [M]. 北京：生活·读书·新知三联书店，2017：20.

命。生命之外，更无所谓性命了。"[1] 告子认为生命与性命相同，这样就难以分辨人与动物的不同。钱穆接着说："但孟子非之，孟子质问告子说犬之性犹牛之性，牛之性犹人之性与？此即说：若单讲生命，则犬的生命牛的生命和人的生命都一般，没有大区别。但犬牛和人，在其生命相同之外，还有个别的性。……若单说生命，则犬牛与人各有生命，人与禽兽的生命，便无法大分别。必须言性命，始见人之异于禽兽，始见人生之尊严处。"[2] 孟子不同意告子的观点，他主张性命不同于生命。孟子认为：在生命上，人与动物相同，都具自然属性。恩格斯持有类似观点："生命是蛋白体的存在方式。"[3] 生命有其自然形式，人的自然生命形式与动物相同，都是蛋白体的存在方式，"只要我们遇到不处于分解过程中的蛋白体，我们也无例外地发现生命现象。"[4] 动物学家认为人类生命与动物相同，"人类与黑猩猩的基因相同率高达 98.6%，动物学家由此认为'人类就不可能独立成科，甚至不应独立成属'，若有动物学家从外太空来，'一定会毫不犹豫地将人类归类成第三种黑猩猩。"[5] 无机物经过化学反应产生了生命现象，生命是形而下的东西，人与动物没有质的区别。在性命上，人与动物不同，人有社会属性，是形而上的东西。人的存在方式不是由生物学的范畴所设定的。海德格尔与孟子都将人与其他事物区分开来，一个找到生存，另一个找到性命，它们使人高出于其他事物。钱穆举例说："诸葛亮出师表：苟全性命于乱世，不求闻达于诸侯。当知此所谓苟全性命，决不是苟全生命之义。若求苟全生命，则北走魏，东奔吴，在曹操、孙权处求闻达，一样可以全生命。可见诸葛孔明高卧南阳，苟全性命，实有甚深意义，极大节操，此乃诸葛孔明高出一世之所在。他所用'性命'二字，乃是儒家传统思想所特别

1　钱穆. 中国思想通俗讲话 [M]. 北京：九州出版社，2011：25.
2　钱穆. 中国思想通俗讲话 [M]. 北京：九州出版社，2011：26.
3　马克思恩格斯选集（第 3 卷）[M]. 北京：人民出版社，1995：422.
4　马克思恩格斯选集（第 3 卷）[M]. 北京：人民出版社，1995：458.
5　陈新汉. 关于生命意识的哲学思考 [J]. 哲学研究，2022（1）.

重视的性命，决不仅指几十年的生命言。"[1] "苟全性命"显出诸葛亮确然不可拔的人格。若《出师表》写成"苟全生命"，会贻笑大方。

海德格尔认为："作为一个可能的存在者，个体向来已经（在结构方面，经由其本质）超出了现实的个体自身。在（实存论）结构方面，人乃是一个跃出者。海德格尔曾提到：'比现实性更高的是可能性。'"[2] 对人而言，"只要它活着，它就不断地以逾越出自身的方式'去生存'"。[3] 人"扬起、出离到可能性之中"。[4] 生命的现实性扎根于可能性之中。人具有对其人生目标进行规定的自主权，基于此，孟子提出"人皆可以为尧舜"。尧舜之道是人人可行之大道，它预示着人是一种自我超越的存在者。人通过"诵尧之言，行尧之行"[5] 而自我超越。海德格尔说："对这种存在，我们可以这样说道：我是，这就是说，我能。"[6] 对于儒家来说：人人都具有尧舜的潜质——我是；这意味着人人都可以成为尧舜那样的人——我能。儒家生命教育修身方法向人们展示了自我超越的修养方式。人如何修养，它就如何存在。在修养中，使性命获得尊严，高出生命，从"我是"走向"我能"。道德修养就是将自我筹划到"人皆可以为尧舜"的可能性之中去。海德格尔说："这个此在却不是此在本身，因为此在恰恰在超越自己之际有其本身。"[7] 这同于儒家的思想，在儒家看来，人不是现成存在，只有不断超越自我——苟日新、日日新，又日新，使此身非复前身，它才能真正存在。生命具有自然生命的长度（寿命）和人文性命的高度（人格）。人的生长不是自然生命在时间上的单纯延长，也不是群体生命在数量上的简单扩张，生命教育通过修身方法以教育者的性命熏陶受教育者的性命，提高人文性命的高

1　钱穆. 中国思想通俗讲话 [M]. 北京：九州出版社，2011：26.

2　托马斯·希恩. 理解海德格尔——范式的转变 [M]. 南京：译林出版社，2022：181.

3　王庆节、张任之. 海德格尔：翻译、解释与理解 [M]. 北京：生活·读书·新知三联书店，2017：19.

4　托马斯·希恩. 理解海德格尔——范式的转变 [M]. 南京：译林出版社，2022：185.

5　孟子·告子下 [M].

6　海德格尔. 时间概念史导论 [M]. 北京：商务印书馆，2009：415.

7　陈嘉映. 海德格尔哲学概论 [M]. 北京：生活·读书·新知三联书店，1995：181.

度，从而建立生命间内在联系，不断创造生命价值。生命教育是用性命熏陶性命的一种教育方法。

一、增知法

由自然生命进到人文生命在于"学"，"文质彬彬，然后君子"。[1] 生命教育为学即做人，做人即为学，己立己达，为己为人。

1. 闻道增知

儒家祖师宗主、至圣先师孔子的思想集中于《论语》中，可称为中国人的《圣经》。该书二十篇，"学而"排第一，《论语》以"学"开始，《大学》以"大学"开始，反映了儒家对学的高度重视。不尚学，则无知无识。

什么是学？朱熹说："所谓学者，果何学也？盖始乎为士者，所以学而至乎圣人之事。伊川先生所谓'儒者之学'是也。……学而至于圣人，亦不过尽为人之道而已。"[2] 学是学圣人之道。怎么学？一是读书。朱子说："昔子路曰：'有民人焉，有社稷焉，何必读书，然后为学？'而夫子恶之。然则仕本于学，而学必读书，固孔门之遗法也。"[3] 二是实践。子夏说："贤贤易色；事父母，能竭其力；事君，能致其身；与朋友交，言而有信。虽曰未学，吾必谓之学矣。"[4] 所谓"世事洞明皆学问，人情练达即文章"，学问与文章不就是著书立说。这与子夏的思想一样。学不仅仅指读书学文，它包括践行人伦大道，如孟子所说"明于庶物，察于人伦"。[5]

学的功能：一是觉悟。黄侃《论语义疏》："学，觉也，悟也。"《说文》云："斅，觉悟也。"《白虎通·辟雍篇》："学之为言觉也，以觉悟

1　论语·雍也 [M].
2　程树德. 论语集释 [M]. 程俊英、蒋见元点校. 北京：中华书局，1990：3.
3　陈澧. 东塾读书记 [M]. 钟旭元、魏达纯点校. 上海：上海古籍出版社，2012：7.
4　论语·学而 [M].
5　孟子·离娄下 [M].

所不知也。故学以治性，虑以变情。故玉不琢不成器，人不学不知义。"[1] 学习就是一个觉悟的过程，悟字从心从吾，靠自己的心来体会。"觉"即《大学》的"明明德"。二是效法。《说文解字》说："学，效也。"学是一种效法。朱熹说："学之为言，效也。人性皆善，而觉有先后，后觉者必效先觉之所为，乃可以明善而复其初也。"[2] 这里，朱熹将"觉"与"效"联系起来，后觉者必效先觉。《易·大畜》曰："君子以多识前言往行，以畜其德。"多识即多效，效圣贤之言行，以畜己之德。[3]

《论语·阳货》记载，孔子："由也，女闻六言六蔽矣乎？"对曰："未也。""居，吾语女。好仁不好学，其蔽也愚；好知不好学，其蔽也荡；好信不好学，其蔽也贼；好直不好学，其蔽也绞；好勇不好学，其蔽也乱；好刚不好学，其蔽也狂。"只有学习才能具有仁、知、信、直、勇、刚六种品德并克服六种弊病。朱熹对此解释："六言皆美德。然徒好之，而不好以明其理，则各有所蔽。"[4] "六言"不是"六德"。不好学，只徒好六德目之名，迹似神非，陷入六蔽。六蔽属于恶德。钱穆说："孟子有'行仁义'与'由仁行义'之辨。若徒好此六德，而不复济之以学，则是'行仁义'，非能'由仁行义'。'行仁义'，仅是慕外而行之。必能'由仁行义'，乃始为据德之学，成德之行也。"[5]

《论语》开篇说："学而时习之，不亦说（悦乎）？"[6] 孔子将"学"作为人生一大乐事。孔子说："十室之邑，必有忠信如丘者焉，不如丘之好学也。"[7] 孔子的异于常人的地方在于好学。如果不好学，徒好忠信也会陷入困境。钱穆说："此乃有美质而未学者。美质，乡人所同有。

1　陈立. 白虎通疏证 [M]. 吴则虞点校. 北京：中华书局，1994：254.

2　朱熹撰. 李申译. 四书章句集注今译 [M]. 北京：中华书局，2020：50.

3　周浩翔：穷理尽性以至于命：《论语》"学而"章与君子之道 [J]. 安徽师范大学学报（人文社会科学版），2017（1）.

4　朱熹撰. 李申译. 四书章句集注今译 [M]. 北京：中华书局，2020：422.

5　钱穆. 孔子与论语 [M]. 北京：九州出版社，2011：194.

6　论语·学而 [M].

7　论语·公冶长 [M].

好学，圣人所独至。"[1] 因此，"尊德性"必须与"道问学"联系起来，否则，就不是真正的"尊德性"。孔子因好学而成其德、成其圣，使其独特而卓越。孔子说："知之者不如好之者，好之者不如乐之者。"[2] 在学习的过程中有"知之""好之""乐之"三个境界，其中"好之"是转折点，没有"好之"就不可能达到"乐之"，只剩下苦学，了无生趣。学习只有到了"乐之"境界才会一心向学，乐此不疲。孔子修身历程从"志于学"开始。他主张学思并重，"学而不思则罔，思而不学则殆"。[3] 只学不思或只思不学都不会有成就。学、问、思相互融合，会通一体，交互为功。他说："博学而笃志，切问而近思，仁在其中矣。"[4] 只有学、问、思结合才能实现仁。孔子虽然提倡学思并重，但有本末先后，先"博学"后"近思"。孔子说："吾尝终日不食、终夜不寝，以思，无益，不如学也。"[5] 本于学才能思。

　　"博学"与"一贯"相联。《论语·卫灵公》记载，子曰："赐也，女以予为多学而识之者与？"对曰："然，非与？"曰："非也，予一以贯之。""博学"与"一贯"相联系，而不是漫无统纪，专骛见闻之博，记诵之广，泛滥而无归宿。钱穆说："子贡曰：'颜渊闻一以知十，赐也闻一以知二，'因遂自谓不如。推子贡之意，乃欲就获闻于孔子之所言，而推类引申，以及于更广大更泛博，而增益其所不知。此显未得孔子'一贯'之旨者。而曾子则曰：'夫子之道，忠恕而已矣。'"[6] 曾子较之子贡，更能理解孔子的"一贯"之旨，明其统类，得其条贯。子贡多学而识，终不能一以贯之。然而，没有"博"，也不能"贯"，这好比以钱绳贯散钱。学问不能徒博而不约，空疏而不博。

　　生命教育的所学所问都是孝悌忠信的做人之道。孔子说："弟子，

1　钱穆. 孔子与论语 [M]. 北京：九州出版社，2011：195.

2　论语·公冶长 [M].

3　论语·为政 [M].

4　论语·子张 [M].

5　论语·卫灵公 [M].

6　钱穆. 孔子与论语 [M]. 北京：九州出版社，2011：215.

入则孝，出则悌，谨而信，泛爱众，而亲仁。行有余力，则以学文。"[1]
首先学孝悌、爱众、亲仁，学习文献知识是余事。若论文献知识，《论语》所言有限，用功的儿童可以将其背下来，关于文献说了什么，易知易学；若论学习做人，《论语》上的孔子何以这样说、这样做？就要细心体会感悟，难知难学。即使学习文献知识，重点不在文献而在做人。"小知不及大知"，[2] 知分大小，小知是文献知识，大知是文献中透出的做人知识。

"时习"是学习五伦之爱，日复日、月复月、年复年。"悦"是"悦"此五伦情感。在学习上，儒家主张渐修与顿悟结合。朱熹说：今日格一物，明日格一物，"一旦豁然贯通焉，则众物之表里精粗无不到，吾心之全体大用无不明矣。"[3] 格物是"渐"，悟理是"顿"。当代德育应当像朱熹说的那样将渐修（今日格一物，明日格一物）与顿悟（豁然贯通）结合起来。钱穆说："格物虽是'渐'，而悟理则属'顿'。"[4] 它们各有分工，前者是后者的基础。在学习中只有渐修没有悟，则"学而不思则罔"；只有自己的体悟，没有渐修，则"思而不学则殆"。

儒家主张身体力行。颜元说："譬之学琴然，读书犹琴谱也。烂熟琴谱，讲解分明，可谓学琴乎？故曰以讲读为求道之功，相隔千里也。更有一妄人指琴谱曰，是即琴也。辨音律，协声韵，理性情，通神明，此物此事也。谱果琴乎？故曰以书为道，相隔万里也。"[5] 儒家君子求学的目的是为社会，张载说："为天地立心，为生民立命，为往圣继绝学，为万世开太平。"这反映了儒家有志用世、经世济民、通经致用的博大胸怀。

1　论语·学而 [M].
2　庄子·逍遥游 [M].
3　朱熹撰. 李申译. 四书章句集注今译 [M]. 北京：中华书局，2020：19.
4　钱穆. 中国思想通俗讲话 [M]. 北京：九州出版社，2011：10.
5　颜元集 [M]. 王星贤、张芥尘、郭征点校. 北京：中华书局，1987：79.

2. 以知促行，以行促知

习近平说："大家要有知识不足、本领不足、能力不足的紧迫感，自觉加强学习、加强实践，永不自满，永不懈怠。"[1] 这是"学如不及，学犹恐失之"的"当代版"，大学生以这种精神修养，就有孳孳为善的劲头。

一是学思结合。习近平指出："'学而不思则罔，思而不学则殆'。领导干部要减少不必要的应酬，减少不必要的面上活动，尽可能挤出时间静下心来读书思考，学习鲁迅利用别人喝咖啡的时间来学习思考。"[2] 大学生也应该具有这种精神，将学与思结合起来。珍惜大好时光，"收拾精神，自做主宰"，将自己的精神从喝咖啡上、抖音上、网络聊天上收拾起来，集中精神用于学习与思考。朱熹说：掌握人生道理的精华要"去其皮，见其肉；去其肉，见其骨；去其骨，见其髓"。这隐喻着学习要由浅入深，由表到里，层层推进，不可跨越。列宁说："人的思想由现象到本质，由所谓初级的本质到二级的本质，这样不断地加深下去，以至于无穷。"[3] 这与朱熹所说的修身方法有相似之处。大学生的学思结合要有层层深入钻研的精神。

当代德育继承了儒家知行统一的思想。习近平指出："知是基础、是前提，行是重点、是关键；必须以知促行，以行促知，做到知行合一。"[4] 习近平指出了知行辩证关系，为德育的知行合一指明了方向。习近平指出："知行合一，做实干家。'纸上得来终觉浅，绝知此事要躬行。'学到的东西，不能停留在书本上，不能只装在脑袋里，而应该落实到行动上，做到知行合一、以知促行、以行求知，正所谓'知者行之

1　中共中央党史和文献研究院. 习近平关于防范风险挑战、应对突发事件论述摘编 [M]. 北京：中央文献出版社，2020：212.

2　中共中央党史和文献研究院. 习近平关于"不忘初心、牢记使命"论述摘编 [M]. 北京：党建读物出版社，2019：205.

3　列宁全集（第38卷）[M]. 北京：人民出版社，1986：278.

4　习近平. 在党的群众路线教育实践活动第一批总结暨第二批部署会议上的讲话 [J]. 党建研究，2014（2）.

始，行者知之成'。"[1] 德育真理不是存在于纸上、命题中，将学习仅仅停留于书本上如同岸上学习游泳，获得的道德知识是空洞的知识，没有生活之水，德育处于干涸状态。"以书为道，相隔万里也。"[2] 只有知行结合，才能真正掌握德育真理。

二是将"见闻之知"与"德性之知"结合起来。钱穆说："西方教育以'知识'为教，故尚'专家'；中国教育以'人道'为教，故必尚'通德'"。[3] "'德'乃共通性，'知'则有分别性。愈分愈细，则忘其共通所在。"[4] 儒家生命教育重"人道"、重"通德"的思想可以防止教育走向重知不重德、重技不重行的工具理性。知识与专家不能外在于人道和通德而自立。科学知识为"见闻之知"，道德知识为"德性之知"。大学生需要见闻之知日增日长，德性之知日化日成，前者为关注"物理"，后者关乎"人道"。潘光旦说："我国古代的智字，不仅指知识的获得，也指价值意识的培养。"[5] 智育就包含着知识与价值意识的培育。因此，当代德育更加需要将"见闻之知"与"德性之知"结合起来，并存相济。

新时代要将"见闻之知"与"德性之知"结合起来赋予"横渠四句"新的标识。儒家治平大道的价值取向与当代德育相契合。习近平说："自古以来，我国知识分子就有'为天地立心，为生民立命，为往圣继绝学，为万世开太平'的志向和传统。"[6] 治平大道有因有革，新时代对其有所"损益"，赋予它新的内涵：为天地立心——辩证唯物主义；为生民立命——历史唯物主义；为往圣继绝学——继承优秀传统文化；为万世开太平——实现人类的大同理想。这是新时代"立心""立命"

1　习近平. 青年要自觉践行社会主义核心价值观——在北京大学师生座谈会上的讲话 [N]. 人民日报，2014－05－05.

2　颜元集 [M]. 王星贤、张芥尘、郭征点校. 北京：中华书局，1987：79.

3　钱穆. 晚学盲言（上）[M]. 北京：九州出版社，2011：516.

4　钱穆. 晚学盲言（上）[M]. 北京：九州出版社，2011：597.

5　潘乃谷，潘乃和. 潘光旦教育文存 [M]. 北京：人民教育出版社，2002：44.

6　习近平. 在哲学社会科学工作座谈会上的讲话 [N]. 人民日报，2016－5－19（002）.

"继绝学""开太平"的标识。

二、 尚志法

生命教育之道贵在"通"，通是生命教育的至德要道之所在。道通才可以追求，可以追求才可以尚志，才会有生命教育的"志于学"。钱穆说："孝弟忠信，其道尽在己，有志无不得。"[1] 孝悌忠信人人可以通达，立志就可以实现。儒家志在人类，不在小我。乾坤两卦象征天地："天行健，君子以自强不息"，"地势坤，君子以厚德载物"，天地设位。人效法天地，自强不息、厚德载物，"居天下之广居"。大丈夫人格在于其"位"高尚，其"所"广大，其志益坚。

1. 立志炼志

立己首在立志。立志即立德、立大义。成德的大小取决于心境的大小。《论语·公冶长》记载，颜渊季路侍。子曰："盍各言尔志？"子路曰："愿车马，衣轻裘，与朋友共，蔽之而无憾。"颜渊曰："愿无伐善，无施劳。"子路曰："愿闻子之志。"子曰："老者安之，朋友信之，少者怀之。"孔子为大圣在其志。

孔子说："三军可夺帅也，匹夫不可夺志。"[2] 三军的统帅可以被抓去，匹夫的独立意志不能被人动摇。卢梭说："权力可以转移，但是意志却不可以转移。"[3] 这与孔子思想相似。孟子提出了"尚志"之说："王子垫问曰：士何事？孟子曰：尚志。曰：何谓尚志？曰：仁义而已矣。"[4] 孟子认为，尚志即坚持仁义的原则，屹立不动。孟子说："居天下之广居，立天下之正位，行天下之大道。得志与民由之，不得志独行其道。富贵不能淫，贫贱不能移，威武不能屈，此之谓大丈夫。"[5] 大道

1　钱穆. 晚学盲言（上）[M]. 北京：九州出版社，2011：254.

2　论语·子罕 [M].

3　卢梭. 社会契约论 [M]. 北京：商务印书馆，1980：31.

4　孟子·尽心上 [M].

5　孟子·滕文公下 [M].

本在天地之间，孟子的大丈夫人格顶天立地。荀子说："无冥冥之志者，无昭昭之明；无惛惛之事者，无赫赫之功。"[1] "志卑者轻物。"[2]

儒家尚志包括立志与炼志。一是立志。孔子一生弘道，所讲即道。后世儒者师法孔子，志在治平道义上，道可行则仕，不可行则去；用之则行，舍之则藏。君子不顾身世穷达，"用行舍藏"，或仕或隐，唯道是求。儒家立志陈义，使儒林日盛。孔子说："君子谋道不谋食"，"君子忧道不忧贫。"[3] 儒家君子心怀修己安人的大道，将谋道看得比谋生还重要，谋生也是为了谋道，这是儒家道以为继、继起有成的根本。孔子说："吾十有五而志于学，三十而立，四十而不惑，五十而知天命，六十而耳顺，七十而从心所欲，不逾矩。"[4] 孔子在说出这话时，已经七十多岁，五十多年（从"十有五"开始）立下的志向始终不变。孔子告诉人们立志要法：己立己达，所立大，所达远。5000 年文明，孔子之志承前启后。从黄帝以来，通过 2500 年的文化积淀产生孔子之志，孔子之志在于修己以安百姓，其所立大，2500 年后，人们依然以他为榜样。在历史上，传习孔子之志，历久而弥新，屡化而益厚。

舍勒说："个体使命也不是'主观的'。况且，他人对我的个体使命的认识比我自己更清楚，这十分可能；他人大力帮助我实现我的个体使命，这也是可能的。"[5] 孔子、马克思比他们同时代的人和我们对自己的个体使命了解得更清楚，这一使命就是弘道，他们通过传播他们的思想帮助我们自我实现。所立大，所达远，使我们沿着德智体美全面发展（修己）的社会主义建设者和接班人（安人）方向发展。他们"动而世为天下道，行而世为天下法，言而世为天下则。"[6] 我们所立之志蕴含着孔子、马克思之志，我们自我实现的方式带有他们的自我实现的方式。

1　荀子·劝学［M］.
2　荀子·大略［M］.
3　论语·卫灵公［M］.
4　论语·为政［M］.
5　舍勒. 爱的秩序［M］. 北京：北京师范大学出版社，2017：97－98.
6　中庸·第二十九章［M］.

朱熹说："书不记，熟读可记；义不精，细思可精；惟有志不立，直是无着力处。"[1] 立志是读书明理的前提，舍此，读书明理就没有方向。王阳明说："故立志而圣，则圣矣；立志而贤，则贤矣。志不立，如无舵之舟，无衔之马，漂荡奔逸，终亦何所底乎？"[2] 立志就是知止，知道人生的方向。曹操诗："月明星稀，乌鹊南飞，绕树三匝，无树可依。"不知止，如乌鹊无树可依。有多大的成就，必须有多大志向。王阳明 11 岁就探讨人生第一等事是什么？他与一位私塾老师有一段对话："尝问塾师曰：'何为第一等事？'塾师曰：'惟读书登第耳。'先生疑曰：'登第恐未为第一等事，或读书学圣贤耳。'"[3] 私塾先生说第一等事是读书考科举做大官，王阳明说第一等事是读书做圣贤。这一探讨成为历史典故，瑞士学者耿宁关于"王阳明及其后学论'至良知'"的书就以"人生第一等事"来命名。王阳明的立志学圣贤在中国文化史上写下了不朽的篇章。刘蕺山说："禅门说既悟时如水上葫芦，无人动着，常荡荡地，触着便动，捺着便转。然则吾儒门既悟时如水上行舟，有柁在手，常荡荡地，无险不破，无岸不登。"[4] 立志则无险不破，无岸不登，有志者事竟成。

二是炼志。孟子说："天将降大任于斯人也，必先苦其心志，劳其筋骨，饿其体肤，空乏其身，行拂乱其所为，所以动心忍性，曾益其所不能。"[5] 实现志向需要意志磨练。王阳明说："诸公在此，务要立个必为圣人之心，时时刻刻，须是一棒一条痕，一掴一掌血，方能听吾说话句句得力。若茫茫荡荡度日，譬如一块死肉，打也不知得痛痒，恐终不济事。"[6] 他以肉体遭遇鞭策这一可感知的方式迂回表达了"立个必为圣人之心"，使立志与炼志相辅相成。

1　朱熹. 性理精义·卷七 [M].

2　王阳明全集 [M]. 吴光等校. 上海：上海古籍出版社，1992：974.

3　王阳明全集 [M]. 吴光等校. 上海：上海古籍出版社，1992：1221.

4　吴光. 刘宗周全集（第二册）[M]. 杭州：浙江古籍出版社，2007：475 – 476.

5　孟子·告子下 [M].

6　王阳明全集（卷三）[M]. 吴光等校. 上海：上海古籍出版社，2006：123.

孔子"饭疏食饮水，曲肱而枕之，乐亦在其中矣"。[1] 他为了弘道在艰苦环境中仍然不改其乐。孟子说："生于忧患，死于安乐。"[2] 这些话已经成为今天党的廉政建设格言。一个人乃至政党、民族、国家在忧患中生，在安乐中死。习近平总书记在庆祝建党95周年大会上的讲话中，在"继续前进"上，以经受"四大考验"，克服"四种危险"为问题导向，谈加强党的建设。走在"继续前行"道路上的大学生，其修己安人志向由种子成长为大树，必须经过日晒雨淋，风吹霜打，这就需要传承儒家炼志精神。

2. 养大德成大业

第一，立意高远，立足平实

习近平说："修德，既要立意高远，又要立足平实。要立志报效祖国、服务人民，这是大德，养大德者方可成大业。"[3] 修德必须立大志，做时代新人。养大德要立志于学。习近平说："要坚持学而信、学而思、学而行，把学习成果转化为不可撼动的理想信念，转化为正确的世界观、人生观、价值观，用理想之光照亮奋斗之路，用信仰之力开创美好未来。"[4] "崇高信仰、坚定信念不会自发产生。要炼就'金刚不坏之身'，必须用科学理论武装头脑，不断培植我们的精神家园。"[5]

今天的大学生"有柁在手"，其柁就是马克思主义的人生观。马克思在中学毕业论文《青年在选择职业时的思考》中说："人们只有为同时代人的完美，为他们的幸福而工作，才能使自己也达到完美。如果一个人只为自己劳动，他也许能够成为著名的学者，大哲人，卓越的诗人，然而他永远不能成为完美无疵的伟大人物。历史承认那些为共同目

1　论语·雍也 [M].

2　孟子·告子下 [M].

3　习近平. 青年要自觉践行社会主义核心价值观——在北京大学师生座谈会上的讲话 [M].
　　北京：人民出版社，2014：10.

4　习近平谈治国理政（第2卷）[M]. 北京：外文出版社，2017：50.

5　中共中央文献研究室. 习近平关于全面从严治党论述摘编 [M]. 北京：中央文献出版社，
　　2016：61.

标劳动因而自己变得高尚的人是伟大人物；经验赞美那些为大多数人带来幸福的人是最幸福的人。"[1] 马克思的这段话成为当代德育人生观教育的经典语句。马克思的为同时代人的完美才能使自己完美这一思想，与儒家在齐家、治国、平天下中修身（完善自身）有契合之处。当代德育要使儒家立志思想与革命导师立志事迹结合起来，通过立志教育使大学生立下长远大志。

养大德要将小我融入大我。从小处上说，只有小我融入大我，人才能获得自主生活能力。霍耐特说："家庭为我们的自信和我们明确表达自己需求的能力奠定了情感的基础。而在服务的社会性交换当中，我们获得了一种同样重要的能力，那就是把我们的成果和技能视为有价值且为社会需要的——这两者是我们免于'羞耻和焦虑'，从而能够自主地生活下去的能力中的核心要素。"[2] 家与社会对个体的承认与尊重是其免于"羞耻和焦虑"的重要条件，大学生具有服务家庭与社会的能力（齐家、治国、平天下）是获得承认与尊重的重要条件，这种能力是大学生"自主地生活下去的能力中的核心要素"。不能将小我（自我）融入大我（家庭）和更大的我（社会），个体生命仿佛成为鲍曼所说的"废弃的生命"，没有自尊和自信，人难以在社会上立足。

儒家从格物到平天下是君子人格不断成长的过程，不能平天下就不能达到真正的格物，这是一个漫长的修身过程，它需要经历风雨。《礼记·礼运》说："大道之行也，天下为公，选贤与能，讲信修睦。故人不独亲其亲，不独子其子。使老有所终，壮有所用，幼有所长。鳏寡孤独废疾者皆有所养。男有分，女有归。货恶其弃于地也，不必藏于己；力恶其不出于身也，不必为己。是故谋闭而不兴，盗窃乱贼而不作，故外户而不闭，是谓大同。"平天下的理想就是实现大同社会，世界大同而天下平，这是至善。反之，背离治平大道则"众者暴寡，知者诈愚，

1　马克思恩格斯全集（第40卷）[M]. 北京：人民出版社，1982：7.
2　阿克塞尔·霍耐特. 我们中的我——承认理论研究 [M]. 南京：译林出版社，2021：47.

勇者苦怯，疾病不养，老幼孤独不得其所。此大乱之道也。"[1]

当代德育要使学生志于道，不忘党的理想——实现大同社会，自觉做共产主义远大理想和中国特色社会主义共同理想的坚定信仰者、忠实实践者，使学生如涓滴之水，归于江海；和顺于道，于己有成。

从大处上说，只有小我融入大我，才能放飞人生梦想。习近平指出："要从小学习立志。志向是人生的航标。一个人要做出一番成就，就要有自己的志向。一个人可以有很多志向，但人生最重要的志向应该同祖国和人民联系在一起，这是人们各种具体志向的底盘，也是人生的脊梁。"[2] 大学生立志要从小开始，有孔子"十有五而志于学"的精神，使志向始终如一。《诗经·大雅·荡》："靡不有初，鲜克有终。"这可以成为大学生立志教育的逆向激励的格言，大学生不能四年大学立一志向，三年研究生或工作又立一志向，不停变换。立下志向，始终不渝，不忘初心，方得始终。同时，将"志于学"与"修己以安百姓"的抱负结合起来，将小我融入国家和人民的大我之中。习近平说："只有把自己的小我融入祖国的大我、人民的大我之中，与时代同步伐、与人民共命运，才能更好实现人生价值、升华人生境界。"[3]

养大德要将炼志与正心联系在一起。《大学》说："所谓修身在正其心者，身有所忿懥，则不得其正；有所恐惧，则不得其正；有所好乐，则不得其正；有所忧患，则不得其正。"立志中意志力的增强与正心中负面情绪的减弱联系在一起。大学生在炼志中有着增强与减弱的辩证法，在负面情绪的减弱中增强意志，在增强意志中减弱负面情绪，炼志在正心中成其所是。大学生只有在炼志与正心的互动中，才能培养和谐人格，达到"收拾精神，自作主宰"的境界，从而不动心、不偏心，有竹的风骨："千磨万击还坚劲，任尔东西南北风"。习近平指出："中国

1　礼记·乐记 [M].

2　习近平. 在会见中国少年先锋队第七次全国代表大会代表时的讲话 [N]. 人民日报，2015 - 6 - 2.

3　习近平. 在纪念五四运动 100 周年大会上的讲话 [N]. 人民日报，2019 - 05 - 01 (2).

人历来强调'正心以为本，修身以为基'。"[1] 今天，正心与修身在大学生的成长中始终具有"本"与"基"的作用。大学生的正心要向"不忘初心"上前进，让"不忘初心"和"不忘本来"相互作用，实现民族复兴。

第二，处理好筑梦与追梦的关系

习近平指出："中国梦深深反映了中国人自古以来不懈追求进步的光荣传统。"[2] 中国梦与立志炼志的传统文化紧密相联。习近平指出："每个人都有理想和追求，都有自己的梦想。现在，大家都在讨论中国梦，我以为，实现中华民族伟大复兴，就是中华民族近代以来最伟大的梦想。"[3] 立志既有个体之志——青春梦，又有民族之志——中国梦。习近平说："中国梦是国家的梦、民族的梦，也是包括广大青年在内的每个中国人的梦。'得其大者可以兼其小。'只有把人生理想融入国家和民族的事业中，才能最终成就一番事业。"[4] 当代德育继承儒家生命教育，使大学生对"青春梦""家庭梦""民族梦""世界梦"的理想追求，协调起来形成一个统一的图景：修身、齐家、治国、平天下，形成初级层次（"青春梦"）、中级层次（"家庭梦"）和高级层次（"民族梦"、"世界梦"）的不同阶段，使大学生身在家中，求一家之和；身在国中，求一国之和；身在天下中，求天下之和。

习近平说："我们要把学习的具体目标同民族复兴的宏大目标结合起来，为之而奋斗。"[5] 在这种结合中，教师发挥着重要作用。习近平说："今天的学生就是未来实现中华民族伟大复兴中国梦的主力军，广大教师就是打造这支中华民族'梦之队'的筑梦人。"[6] 让学生成为追梦

1　习近平. 2018 年 1 月 5 日在学习贯彻党的十九大精神研讨班上的重要讲话 [N]. 人民日报，2018 - 01 - 06.

2　习近平. 在联合国教科文组织总部的演讲 [N]. 人民日报，2014 - 3 - 28.

3　习近平. 在参观《复兴之路》展览时的讲话 [N]. 光明日报，2012 - 11 - 29.

4　习近平. 勇做走在时代前面的奋进者开拓者奉献者 [N]. 人民日报，2013 - 05 - 05.

5　习近平. 寄语南开师生：只有把小我融入大我，才会有海一样的胸怀，山一样的崇高 [N]. 新华网，2019 - 01 - 18.

6　习近平. 做党和人民满意的好老师 [N]. 人民日报，2014 - 09 - 10 (002).

人，教师就是筑梦人，教师的引领作用十分重要。教师作为筑梦人要引导学生"努力在实现中华民族伟大复兴的中国梦的生动实践中放飞青春梦想"[1]。当代德育使"青少年敢于有梦、勇于追梦、勤于圆梦，让每个青少年都为实现中国梦增添强大青春能量"[2]。在德育中，让大学生知道只有将每个人的梦与中国梦结合起来，大学生才有人生出彩的机会。习近平指出："中国梦是中华民族的梦，也是每个中国人的梦。我们的方向就是让每个人获得发展自我和奉献社会的机会，共同享有人生出彩的机会，共同享有梦想成真的机会。"[3] 只有所有的人都意识到自己在为共同利益合作，每个人都为实现共同目标做出各自的贡献时才能形成"聚民心"的有机团结，产生规范性共识。这需要通过筑梦人阐释梦与梦之间的关系，让"青春梦""家庭梦""民族梦""世界梦"的联系变得清楚明白，使学生知道其修身行为与千万人的活动联系在一起，共同趋向于一个目标——中国梦。

新时代的立志炼志存在着"青春梦""家庭梦""民族梦""世界梦"的追梦、圆梦系列活动。这一实践具有不同层次，形成 A 寓于 B 中，B 寓于 C 中，C 寓于 D 中，最终向着自由人的联合体的美好社会迈进。青春梦存在于家庭梦之中，家庭梦存在于民族梦之中。13 亿多人民的个体梦凝聚于 4 亿多家庭梦之中，4 亿多家庭梦凝聚于民族梦之中。每一种梦都与其他梦相联系，形成梦之合力。

这呈现出与大学之道相同的顺序：修身、齐家、治国、平天下。它传承着大学之道，并依据相同的顺序使修身之路由内及外，由近及远，推己及人。习近平指出："我们要积极培育和践行社会主义核心价值观，弘扬中华民族传统美德，把爱家和爱国统一起来，把实现个人梦、家庭梦融入国家梦、民族梦之中，用我们 4 亿多家庭、13 亿多人民的智慧和力量，汇聚起夺取新时代中国特色社会主义伟大胜利、实现中华民族伟

1 习近平. 在同各界优秀青年代表座谈时的讲话 [N]. 人民日报，2013 - 5 - 5.
2 习近平. 在同各界优秀青年代表座谈时的讲话 [N]. 人民日报，2013 - 5 - 5.
3 习近平. 在中法建交五十周年纪念大会上的讲话 [N]. 人民日报，2014 - 03 - 29 (002).

大复兴中国梦的磅礴力量。"[1] 这里融合着许多梦想：个人梦、家庭梦、民族梦、中国梦，在实现梦想中有着 13 亿多人民的个体之修身、4 亿多家庭的齐家，为实现民族梦和中国梦的治国诸环节，追梦实践贯穿着大学之道。习近平指出："社会主义核心价值观，体现了古圣先贤的思想。"[2] 在社会主义核心价值观指导下，让大学生走上修身、齐家、治国、平天下的新征程。

在这一实践活动中要处理好筑梦与追梦的关系。这里依然存在着两重意义：一是个体的情怀与实践所及达到了"家庭梦""民族梦""世界梦"的追求境界，这是个体层面的追梦。习近平说："我记得，1981 年北大学子在燕园一起喊出'团结起来，振兴中华'的响亮口号，今天我们仍然要叫响这个口号，万众一心为实现中国梦而奋斗。广大青年既是追梦者，也是圆梦人。追梦需要激情和理想，圆梦需要奋斗和奉献。广大青年应该在奋斗中释放青春激情、追逐青春理想，以青春之我、奋斗之我，为民族复兴铺路架桥，为祖国建设添砖加瓦。"[3] 二是无数个体努力去实现"家庭梦""民族梦""世界梦"的美好社会局面，这是主体间性层面的修养。

《大学》说："自天子以至于庶人，壹是皆以修身为本。"人人修身，则身无有不修，家无有不齐，国无有不治。习近平说："在建成社会主义现代化强国、实现中华民族伟大复兴的征途上，每一个行业、每一个人都要心怀梦想、奋勇拼搏，一步一个脚印，一棒接着一棒，在奋力奔跑和接续奋斗中成就梦想。"[4] 在新时代，《大学》的"壹是皆以修身为本"转化为"每一个行业、每一个人都要心怀梦想、奋勇拼搏"。

1　习近平. 在 2018 年春节团拜会上的讲话 [N]. 人民日报, 2018 - 2 - 15 (002).

2　习近平. 从小积极培育和践行社会主义核心价值观 [N]. 人民日报, 2014 - 05 - 31 (002).

3　习近平. 青年要自觉践行社会主义核心价值观——在北京大学师生座谈会上的讲话 [N]. 人民日报, 2014 - 5 - 5.

4　习近平. 为实现我国探月工程目标乘胜前进　为推动世界航天事业发展继续努力 [N]. 人民日报, 2019 - 02 - 21 (1).

三、 问题法

《学记》说："善待问者如撞钟，叩之以小则小鸣，叩之以大则大鸣，待其从容，然后尽其声。"儒家问题法如撞钟，撞响了民族修身的钟声，此钟声回荡在当代德育之中。

1. 大叩则大鸣

冯友兰在《中国哲学简史》中有"孔子，第一教师"的标题。孔子为学集上古之大成，垂教开下古之新统。孔子善于问题启发。《论语》开篇："学而时习之，不亦说（悦）乎？有朋自远方来，不亦乐乎？人不知而不愠，不亦君子乎？"[1] 以问题法展示了教师的境界：有悦、有乐、不愠，为中华民族开启了为师之道。

孔子善于培养学生的追问能力，他说："不曰'如之何，如之何'者，吾末如之何也已矣。"[2] 意思是不说"怎么办，怎么办"的人，我对他也不知道该怎么办了。《论语》记载学生提出的问题有一百多次，如"问仁""问礼""问政""问孝""问知""问士""问友""问耻""问君子""问成人"等等。孔子常常以"大哉问"[3] "善哉问"[4] 激励学生独立思考，不断产生问题意识。

《论语·宪问》记载："子路问君子。子曰：修己以敬。曰：如斯而已乎？曰：修己以安人。曰：如斯而已乎？曰：修己以安百姓。修己以安百姓，尧舜其犹病诸。"师生在问答中引发对自我存在意义的思考。海德格尔说："提问也有其等级秩序。"子路连续三问，孔子的回答将君子的境界不断提升。"只有一步一步地沿着哲学活动自我追问的严肃道路，通过（追问到人的本质深度中的）存在者，才能导向对最高理念的

1　论语·学而［M］.
2　论语·卫灵公［M］.
3　论语·八佾［M］.
4　论语·颜渊［M］.

察看。通常只有在持久地追问着学习着的过程中，才能达到这种察看。"[1] 在子路的最后一问中，达到了本质的深度，察看到有着胸怀天下与经世济民的情怀、有强烈的社会责任感与使命感的君子形象。"修己以安百姓"确立了君子人格的至善。从师生问答中卓然产生了一个新型人格。马一浮说："君子不是在位之称，而是成德之目。"[2] 君子不是荣誉称号而是修身的目标。

子路小求得小理（修己以敬）、中求得中理（修己以安人）、大求得大理（修己以安百姓）。孔子作为"善待问者"，小叩则小鸣，中叩则中鸣，大叩则大鸣。在德育史上，师生问答如撞钟，首次撞响了民族修身的钟声，打开了一个全新的道德空间。

修己以敬虽然是小叩则小鸣，但敬字事大。探幽穷赜，敬是专心致志。敬字可以"浅言"，程颢说："某写字时甚敬，非是要字好，只此是学。"[3] 写字时专心写字，别无他求。例如，今天教师在讲课大赛中只是讲课，也别无他求。不想到讲好讲坏，这就是敬。如果总想着要有好的表现，讲好能拿大奖，讲不好辜负了单位期望，就会分心。如此不敬，越想拿大奖，越是难以拿到奖。敬字可以"深言"，孔子说："古之学者为己，今之学者为人。"[4] 修己以敬，专心于修养，甚至不想在修养上有好的表现（例如，同事称赞、领导欣赏、获得什么奖励等等）。"人不知而不愠"，别人不了解自己，没有获得这些外在称赞，自己也不生气。因为修己者有悦、有乐，内心自得，不是做给别人看的。若是做给别人看的，就会"人不知而愠"。《后汉书·桓荣传》说："孔子曰：'古之学者为己，今之学者为人。'为人者凭誉以显物，为己者因心以会道。""凭誉以显物"是表演给别人看，"因心以会道"是内心自得自信。程子

1　海德格尔. 论真理的本质——柏拉图的洞喻和《泰阿泰德》讲疏［M］. 北京：华夏出版社，2008：93.

2　马一浮集（第一册）［M］. 杭州：浙江古籍出版社，1996：30.

3　近思录·卷四［M］.

4　论语·宪问［M］.

说:"古之学者为己,其终至于成物。今之学者为人,其终至于丧己。"[1]为己之学成己成人成物,为人之学丧失自我,不诚无物。钱穆说:"学为人之道,虽其所学同,而其所以学之用心,则有为己、为人之别,此诚不可以不辨。"[2] 为己是修己以敬,为人是修己以不敬。孔子说:"默而识之,学而不厌,诲人不倦。"[3] 这就是修己以敬的态度。朱熹解释"默而识之"[4]:"谓不言而存诸心也。"[5] 这种"默"是为自己,不是做给别人看。如颜回在学上静默如愚,这是为己之学的真法门。荀子说:"君子之学也,入乎耳,箸乎心,布乎四体,形乎动静。一可以为法则。小人之学,入乎耳,出乎口。口、耳之间则四寸耳,曷足以美七尺之躯哉?"[6] 若"入乎耳,出乎口",为学只为显扬。这种学或得志或失志,都会产生厌倦。凡事都需要从敬字开始,没有超越做事本身的念头。修己以敬属于小叩则小鸣,然而,小鸣中自有深意。这说明了孔子对问题的回答是开放的,它具有不可穷尽的意义。

孟子继承了孔子的思想,他与弟子常常通过问题启发展开教学。《孟子·告子上》记载,公都子问曰:"钧是人也,或为大人,或为小人,何也?"孟子曰:"从其大体为大人,从其小体为小人。"曰:"钧是人也,或从其大体,或从其小体,何也?"曰:"耳目之官不思,而蔽于物,物交物,则引之而已矣。心之官则思,思则得之,不思则不得也。此天之所与我者。先立乎其大者,则其小者不能夺也。此为大人而已矣。"这种问题法教学在中国文化中首次区分出了大人与小人,舜之徒可以发展为从其大体的大人,跖之徒可以发展为从其小体的小人的思想。

2. 教育根本问题叩响了时代新人塑造之钟声

儒家学问渊微而广大,其问题法之"大鸣"穿越时空,回荡在新时

---

1 朱熹撰. 李申译. 四书章句集注今译 [M]. 北京:中华书局,2020:361.
2 钱穆. 孔子与论语 [M]. 北京:九州出版社,2011:192.
3 论语·述而 [M].
4 论语·述而 [M].
5 朱熹撰. 李申译. 四书章句集注今译 [M]. 北京:中华书局,2020:182.
6 王威威. 荀子译注(劝学篇) [M]. 上海:上海三联书店,2018 (9):12.

代的历史方位上。习近平指出："每个人心目中都有自己好老师的形象。做好老师，是每一个老师应该认真思考和探索的问题，也是每一个老师的理想和追求。我想，好老师没有统一的模式，可以各有千秋、各显身手，但有一些共同的、必不可少的特质。"[1] 做好老师的问题，在《论语》开篇就显现出来。钱穆说："刘歆说：'王官之学散而为百家'。……孔子乃是'家言'之开山，亦即古代'王官之学'之传播人。"[2] 这样，孔子可以说是第一位教师。"学而时习之，不亦说（悦）乎？有朋自远方来，不亦乐乎？人不知而不愠，不亦君子乎？"[3] 这是历史上第一位教师的第一次发问，这一问道出了教师素质的核心：教师要仁爱后生（不愠），学而不厌（有悦），诲人不倦（有乐）。教师既是学者又是教者，"时习"有悦，"朋来"有乐，进而"不愠"。它们彼此相通而有先后，只有学而不厌，有主体性的自得之悦，才能诲人不倦，有师生主体间性的互动之"乐"。"乐"比"悦"更进一步。程子说："乐由悦而后得，非乐不足以语君子。"[4]"乐"是自得之乐，这种乐产生于师生主体间互动之中。马一浮在《泰和宜山会语》中说："悦、乐都是自心的受用。时习是功夫，朋来是效验。悦是自受用，乐是他受用，自他一体，善与人同。故悦意深微而乐意宽广。"[5] 只有有悦、有乐，才会不愠。朱熹引尹氏的话："学在己，知不知在人，何愠之有。"[6] 不厌、不倦、不愠这三者关系不是并列关系而是递进关系，它们既相通又递进，仁爱之心一以贯之，这是提升教师修养的三个层级。不可舍学而不厌而直下追寻诲人不倦；不可舍有悦、有乐而直下追求不愠。"学苟不在性情上用功，则学非其学。性情上苟不得力，纵夙夜孜孜，博极群

1　习近平. 做党和人民满意的好老师——同北京师范大学师生代表座谈时的讲话 [J]. 人民教育，2014（19）：6-10.

2　钱穆. 孔子与论语 [M]. 北京：九州出版社，2011：213.

3　论语·学而 [M].

4　朱熹撰. 李申译. 四书章句集注今译 [M]. 北京：中华书局，2020：51.

5　马一浮集（第一册）[M]. 杭州：浙江古籍出版社，1996：29.

6　朱熹撰. 李申译. 四书章句集注今译 [M]. 北京：中华书局，2020：50.

籍，多才多艺，兼有众长，终不可谓之好学矣。"[1] 没有悦、乐的性情上得力，不是好学。不厌、不倦、不愠是"据于德"之学的真谛。钱穆说："在自己德性上有期望，有到达，故谓之据德之学也。"[2] 在求道、明道、信道、传道上终生以学，终生以教。有悦、有乐、不愠是成为好教师共同的、必不可少的特质，是好教师毕生追求的教育境界。

孔门相与问答，始于君子，终于君子。"子路问君子"的问答逻辑所传达的不仅有语言意义而且有精神意义。习近平指出："《论语》中就说，要'修己以敬'、'修己以安人'、'修己以安百姓'。古人所推崇的修身齐家、治国平天下，修身是第一位的。我们共产党人更应该强化自我修炼、自我约束、自我塑造，在廉洁自律上作出表率。"[3] 共产党人的修养与"子路问君子"声息相通，传承着"子路问君子"的问答逻辑的内容，这是大学生人生修养的必要内容。习近平提出"培养什么人、怎样培养人、为谁培养人"这一根本问题，叩响了时代新人塑造之钟，在这一钟声中有"子路问君子"中师生问答所产生的钟声的回音。儒家培养什么样的人——君子，如何培养人——《大学》的三纲领与八条目，为谁培养人——为齐家、治国、平天下培养人。今天的"三培养"继承着儒家培养人的方法：培养什么样的人——时代新人；如何培养人——掌握教育规律；为谁培养人——为人民服务。

习近平指出："世界上最难的事情，就是怎样做人、怎样做一个好人。"[4] 孟子与公都子探讨了如何做人的问题。习近平说："人无德不立，品德是为人之本。止于至善，是中华民族始终不变的人格追求。"[5] 今天做大人就是要成为担当民族复兴大任的时代新人。

1　李颙. 四书反身录 [M].

2　钱穆. 孔子与论语 [M]. 北京：九州出版社，2011：193.

3　习近平. 办公厅工作要做到"五个坚持"——习近平同志在同中央办公厅各单位班子成员和干部职工代表座谈时的讲话 [J]. 秘书工作，2014 (6).

4　中共中央文献研究室编. 习近平关于青少年和共青团工作论述摘编 [M]. 北京：中央文献出版社，2017：91.

5　习近平. 在纪念五四运动 100 周年大会上的讲话 [N]. 人民日报，2019 - 05 - 01 (2).

四、　自强法

子贡说："文武之道，未坠于地，在人。贤者识其大者，不贤者识其小者，莫不有文武之道焉。"[1] 文武之道即修身、齐家、治国、平天下之道，上承尧舜禹汤文武周公，下启孔子。尧、舜、禹、汤、文、武、周公、孔子、孟子从未有一日中断弘道，中华文明之道"未坠于地"，全赖中华民族弘道的自强不息精神。

1. 自强不息的天地设位

《周易》中乾坤两卦象征天地："天行健，君子以自强不息"，"地势坤，君子以厚德载物。"天地设置了人的位置。有学者指出："天刚健有为，运动不已；地厚重宽广，容养万物。'夫《易》，圣人所以崇德而广业也。知崇礼卑，崇效天，卑法地。天地设位而《易》行乎其中矣。成性存存，道义之门。'人生天地间，天地设置了人的'位'，按照《周易》的道理修养和涵存自己的德性，才是人生、社会的真谛所在。'天地设位'于前，人效法天地以'自强不息''厚德载物''成性存存'于后，前者为'位'，后者为'育'，可谓位育思想之内核已然清晰明确。"[2] 这是《周易》中的"中和位育、安所遂生"思想。

《周易》说："夫'大人'者，与天地合其德。"[3] 儒家德法天地，天、地、人三才，人居其中。这使儒家生命教育将生命维度置于天地之间的中心位置进行考察，"天地设位"于前，有"位"；居天地之间的人效法天的精神就要自强不息、厚德载物，有"育"。其中，自强不息是天道原则的体现，人应当以德配天。"发愤忘食，乐以忘忧，不知老之将至"，[4] 是孔子以德配天的真实写照。孔子学习《易》，穿用的皮绳就

1　论语·子张 [M].
2　沈湘平. 中国式现代化道路的传统文化根基 [J]. 中国社会科学，2022 (8).
3　周易·乾卦第一 [M].
4　论语·阳货 [M].

断了三次。《论语·子罕》记载："子在川上曰：逝者如斯夫，不舍昼夜。"孔子所见，人人能见（逝者如斯夫），孔子所悟，非人人能悟（不舍昼夜的紧迫感）。孔子将其所悟来使学生悟，己立立人。孔子在学习中培养一种"学如不及，学犹恐失之"的紧迫感，[1] 在其自强不息的榜样的作用下，"子路有闻，未之能行，唯恐有闻。"[2] 孔子称赞颜渊好学："吾见其进也，未见其止也。"[3]

自强不息的精神使儒家"日新之谓盛德"。[4] 文武之道"未坠在人"，代代相传于弘道者的自强不息、日新又新的精神，使道广大悠久，日进无疆。《诗经·大雅·文王》说："周虽旧邦，其命维新。"这不是完全摒弃旧的，而是在继承传统的基础上不断创新。"积新成旧，积旧成新。新日月积成旧日月，决不是旧日月去了乃始变成新日月。旧日月中又积成了新日月，决不是新日月来代替了旧日月。"[5] 中华民族时变日新，但仍然是中华民族。《中庸》说："故至诚无息。不息则久，久则徵，徵则悠远，悠远则博厚，博厚则高明。"唯中华民族至诚无息，文武之道才能可大可久，不坠不失，不息不已，积厚流光。

孔子回顾自己的一生："吾十有五而志于学，三十而立，四十而不惑，五十而知天命，六十而耳顺，七十而从心所欲，不逾矩。"[6] 顾宪成说："这章书是夫子一生年谱。"[7] 孔子的在世状态是自我超越，历世过程是"一生年谱"。年谱是其修身的历史性展开过程，标画出修身的不同的生命阶段。孔子的存在方式是"在'在世'中历世，在'历世'中在世。"[8] 其生命的变迁历程包含着线性的时间上的先后顺序，即十五、

1　论语·泰伯 [M].

2　论语·先进 [M].

3　论语·子罕 [M].

4　易·系辞上 [M].

5　钱穆. 双溪独语 [M]. 北京：九州出版社，2011：365.

6　论语·为政 [M].

7　程树德. 论语集释 [M]. 北京：中华书局，1990：79.

8　罗骞. 超越与自由——能在论的社会历史现象学 [M]. 北京：北京师范大学出版社，2019：77.

三十、四十、五十、六十、七十的客观的物理性时间过程。其生命历程不取决于物理时间而取决于志于学、而立、不惑、知天命、耳顺、不逾矩的诸阶段修身活动的显现方式。这一历程中所涉及的时间段（志于学、而立、不惑、知天命、耳顺、不逾矩）是孔子自我超越的历时结构。这一历时结构是孔子自身的时间性，这一时间性具有主体的构成性，它区别于外在的物理时间性而成为自我内在的时间性。人的历史性不是在物理时间中的历时性而是"能在作为在世存在的超越者因其'历世'的展开构成历史"，[1] 是人在自我超越过程中开拓出的属于自己意义上的时间。岩石、植物没有历时结构。孟子说："饮食之人，养小失大。"[2] 饮食之人也没有自我超越的历时结构。饮食之人占据着十五、三十、四十、五十、六十、七十的不同时间段，却没有自己的时间性。

自强不息精神让生命历程形成一个明确的有方向的时间结构，孔子的生命历程有三种时间结构：一生为长时段，志于学、而立、不惑、知天命、耳顺、不逾矩为中时段，"学而时习之，不亦说（悦）乎？有朋自远方来，不亦乐乎？"为短时段。其中长时段包含中时段，中时段包含短时段，在日新又新的意义上它们是同质的，使过去、现在与未来充满了生命意义的联系。三种时间结构分别是人生的长时段，境界提升的中时段和日日新的短时段。"学而"是修己、"朋来"是安人，正是由无数的这样的短时段构成了中时段；中时段使生命历程成为不断向更高境界攀升的历程，孔子每十年产生一个新高度，呈现一个新境界。海德格尔说："此在总是表现为其自身的可能性。"[3] 人总是作为"能在"而在，人在不断自我超越中成为未完成的存在。若孔子的生命能够延续至八十、九十，会出现更高的生命境界。由短时段构成中时段，再由中时段构成生命长时段，形成了孔子自强不息的生命历程。孔子自我肯定的每

1　罗骞. 超越与自由——能在论的社会历史现象学 [M]. 北京：北京师范大学出版社，2019：63.
2　孟子·告子上 [M].
3　海德格尔. 存在与时间 [M]. 北京：生活·读书·新知三联书店，1987：53.

一中时段的境界，得到了民族的高度认同，成为个体生命成长的标志性阶段，人们常用而立、不惑、知天命、耳顺标识着自我生命的不同阶段，使物理时间与历时结构形成对偶，把自我放入孔子的历时结构的时间性维度中进行自我把握，进行自我领会和自我规定，以孔子为榜样激励自我修养。这种修养不是孔子生命历程的再现与复原，而是与时俱进、不断更新。

孔子的个体微观修养，激励着中华民族修养的宏观历史：形成了孟子大丈夫人格、王阳明做圣人这般的短时段人格塑造历程，产生了先秦儒家、宋明理学等等中时段道德文明，形成了长时段的重修养、重道德的民族历史。

2. 安于天地设置的所，守住天地赋予的位

生命教育安于天地设置的所，守住天地赋予的位就要自强不息。黑格尔说："花朵开放的时候花蕾消逝，人们会说花蕾是被花朵否定了的；同样的，当结果的时候花朵又被解释为植物的一种虚假的存在形式，而果实是作为植物的真实形式出现而代替花朵的。这些形式不但彼此不同，并且互相排斥互不相容。但是，它们的流动性却使它们同时成为有机统一体的环节，它们在有机统一体中不但不互相抵触，而且彼此都同样是必要的；而正是这种同样的必要性才构成整体的生命。"[1] 这是生命诸环节的展开过程，是生命的内在活动，它体现为一个环节转向另一个环节。这里，花蕾是肯定，花朵是对花蕾的否定，果实是对花朵的否定，植物生长的这一否定之否定过程就是生命成长过程。生命教育就要抓住生命经验本身，流变不居的生命表现为日新又新，不断自我超越，这是生命的活生生的经验结构，不能将生命之流静止化。

习近平说："青年兴则国家兴，青年强则国家强。青年一代有理想、有本领、有担当，国家就有前途，民族就有希望。中国梦是历史的、现实的，也是未来的；是我们这一代的，更是青年一代的。中华民族伟大

1　黑格尔. 精神现象学（上卷）[M]. 北京：商务印书馆，1979（2）：2.

复兴的中国梦终将在一代代青年的接力奋斗中变为现实。全党要关心和爱护青年，为他们实现人生出彩搭建舞台。广大青年要坚定理想信念，志存高远，脚踏实地，勇做时代的弄潮儿，在实现中国梦的生动实践中放飞青春梦想，在为人民利益的不懈奋斗中书写人生华章！"[1] 大学生任重道远，所谓"欲穷千里目，更上一层楼"，只有不断进取，登高望远，才能成德成业，报效祖国，不使文武之道的传统坠于地。习近平引用《诗经》中的诗句"周虽旧邦，其命维新"，说明自强不息是民族精神，当代德育继承儒家自强不息的方法有如下要求：

第一，改过自新以达日新又新。商汤王刻在洗澡盆上的铭言："苟日新，日日新，又日新。"如果能够一日自新，就要天天自新，永远自新，有进无已。这是一种修身的生存领会。在中华民族历史上，汤之《盘铭》首次展示了自我超越的历时性结构。朱熹说："汤以人之洗濯其心以去恶，如沐浴其身以去垢。"[2] 汤王洗澡净身时提醒自己：道德修养也要使心灵洁净。习近平指出："中国是正在发生深刻变革的国家。我们的先人早就提出了'天行健，君子以自强不息'的思想，强调要'苟日新，日日新，又日新'。在激烈的国际竞争中前行，就如同逆水行舟，不进则退。"[3] 他以汤之《盘铭》的内容激励人们自强不息，法天行健，进进不已。他的"照镜子、正衣冠、洗洗澡、治治病"，[4] 丰富了汤之《盘铭》的"澡身而浴德"精神。

"澡身而浴德"在古今历史上一再以不同的方式得到重生。毛泽东说："房子是应该经常打扫的，不打扫就会积满了灰尘；脸是应该经常洗的，不洗也就会灰尘满面。我们同志的思想，我们党的工作，也会沾染灰尘的，也应该打扫和洗涤。"[5] 习近平传承了毛泽东的隐喻，他说：

1　习近平. 论党的青年工作 [M]. 北京：中央文献出版社，2022：18.

2　朱熹撰. 李申译. 四书章句集注今译 [M]. 北京：中华书局，2020：14.

3　习近平. 在布鲁日欧洲学院的演讲 [N]. 人民日报，2014-4-2.

4　习近平谈治国理政（第1卷）[M]. 北京：外文出版社，2014：375.

5　毛泽东选集（第3卷）[M]. 北京：人民出版社，1991：1096-1097.

"对作风之弊、行为之垢来一次大排查、大检修、大扫除。"[1]"就像房间需要经常打扫一样,思想上的灰尘也要经常打扫,镜子要经常照,衣冠要随时正,有灰尘就要洗洗澡,出毛病就要治治病。"[2] 毛泽东的"脸是应该经常洗的"、习近平的"有灰尘就要洗洗澡"与汤之《盘铭》在"清洗灰尘"上相互交织联系在一起,隐喻的相同(清洁)与相异(人生修养与除尘)通过古今相互关联的话语承接给当代德育以启示。这一类比之链使马克思主义中国化具有三千七百年的文化底蕴,今天"澡洁其身"激励着当代德育日新又新。

第二,自强不息以达日新又新。《论语·子罕》记载:"子在川上曰:逝者如斯夫,不舍昼夜"。这一精神已经融入新时代的民族精神之中。习近平说:"光阴荏苒,物换星移。时间之河川流不息,每一代青年都有自己的际遇和机缘,都要在自己所处的时代条件下谋划人生、创造历史。"[3] 只有惜时如金,只争朝夕,日进无疆,才能不负韶华。习近平说:"中国的昨天已经写在人类的史册上,中国的今天正在亿万人民手中创造,中国的明天必将更加美好。"[4] 更加美好的明天在自强不息的民族精神中创造,大学生须不断有新时代的修、齐、治、平之功,把自己的人生经历体验为实现自我独特个性的创造性过程。所谓"流年何处在,白日每朝新",即通过日新又新而不断自我完善。

五、 改过法

改过使自我在当下向过去与未来伸展,它既基于生命的历史,发现

1　李章军. 深入扎实开展党的群众路线教育实践活动　为实现党的十八大目标任务提供坚强保证 [N]. 人民日报,2013 - 06 - 19.

2　中共中央文献研究室. 十八大以来重要文献选编 [M]. 北京:中央文献出版社,2016:94 - 95.

3　习近平. 青年要自觉践行社会主义核心价值观——在北京大学师生座谈会上的讲话 [N]. 人民日报,2014 - 5 - 5

4　习近平. 在庆祝中华人民共和国成立 70 周年大会上的讲话 [N]. 人民日报,2019 - 10 - 02.

以前的过失；又基于未来的承诺，通过改过塑造一个新的自我。"过"被过去（有过之我）、现在（反思的我）与未来（理想的我）所分有。

1. 过则勿惮改

孔子主张知过即改。孔子说："过则勿惮改。"[1] 人犯错误不能害怕改正。"过而不改，是谓过矣。"[2] 有过错不改正是真正的过错。孔子说："有颜回者好学，不迁怒，不贰过。"[3] 颜回不迁怒于人，不犯两次同样的错误。孟子说："人有所不为也，而后可以有为。"[4] 不为过则可以为善。不为过而为善取决于"自不欲为"和"自欲为"，这由自我决定。因此，改过迁善，人人能为。由此，走上人伦大道。朱熹认为改过越快越好，他说："迁善如风之迅，改过如雷之烈。"[5]

有过错不能文饰。子贡说："君子之过也，如日月之食焉；过也，人皆见之；更也，人皆仰之。"[6] 君子胸怀坦荡，其过错如日蚀月食，人人都看得见，其改正错误被众人所敬仰。孟子说："古之君子，过则改之；今之君子，过则顺之。古之君子，其过也，如日月之食，民皆见之，及其更也，民皆仰之；今之君子，岂徒顺之，又从为之辞。"[7] 通过古之君子与"今之君子"的比较说明人对过错应当有的态度。在改过方面，儒家提出了"不贰过"，[8] 即不重犯同样的过失，做到"过于前者不复于后"。[9]

改过迁善即是"善之当为与恶之当去"，[10] 改其习而返其正。改过与内省有一种亲缘关系，"射有似乎君子，失诸正鹄，反求诸其身。"[11] 儒

1　论语·学而 [M].
2　论语·卫灵公 [M].
3　论语·雍也 [M].
4　孟子·离娄下 [M].
5　朱子语类（卷七十五）[M].
6　论语·子张 [M].
7　孟子·公孙丑下 [M].
8　论语·雍也 [M].
9　朱熹撰. 李申译. 四书章句集注今译 [M]. 北京：中华书局，2020：157.
10　朱熹撰. 李申译. 四书章句集注今译 [M]. 北京：中华书局，2020：20.
11　中庸·第十四章 [M].

家下学而上达，下学习射击，上可以达"不迁怒"，由过失（没有射中）引发内省。由此，"举一隅而以三隅反"，有过应当自我反省。所谓"见不贤而内自省"，[1]就涉及改过。自省后，对于"过"，有则改之，无则加勉。内省是自我承认的形式，是自我性的证明。自我承认与同一性有着特殊的关联，这是以个性形式而存在的同一性。保罗·利科指出"'现在的我与当时的我是同一个自我，采取这个行动的自我与现在反思这个行动的自我是同一个自我。'人格的同一性是时间的同一性。"[2]记忆属于过去，内省使自我承认行为成为回忆行为，对过去的承认与对现在自我的承认吻合。"我们在现在中借以重新把握过去的具体行为就是承认。"[3]在内省中体验到自我与过去具有连续性，若没有通过内省获得的同一性，人就不成为人。同一性使我成为我所是的那个人。没有通过内省获得的同一性，也无法改过。可以说内省就是对自我同一性的审视过程，它既建立起自我同一性，又审视着这种同一性。这种自我性是社会的自我同一性，不是生物的自我同一性（相貌、声音），它包含着一以贯之的修身意志。保罗·利科指出："每个认真的承诺正是从附属于承诺前的承诺的可靠性中得到它的可信性。"[4]信任与怀疑是一对伴侣，所谓"君子一言，驷马难追"，正是君子的这种承诺风格保证了他后面承诺的可信性。若一个人言而无信，人们就怀疑承诺的可信性。改过迁善是双重承认活动：对过失的公开承认——认同自我，对许诺的承认——通过改过来证明自己，塑造新的自我。发现错误是承认——认同过程，实现改过的承诺是承认——证明过程。

改过有记忆（对过去的公开的承认）、判断（具有区分对与错的能力）、行动（对/错两者择一，"过而不改，是谓过矣。"[5]）三部曲，这一系列动词揭示出改过的过程。通过记忆回想自己的所作所为，对象被

---

1   论语·里仁 [M].
2   保罗·利科. 承认的过程 [M]. 北京：中国人民大学出版社，2011：103.
3   保罗·利科. 承认的过程 [M]. 北京：中国人民大学出版社，2011：106.
4   保罗·利科. 承认的过程 [M]. 北京：中国人民大学出版社，2011：106.
5   论语·卫灵公 [M].

呈现（回忆的承认）；通过道德规范判断自己的不当之处，对象被思考；通过实践改正自己的错误行为（行动的承认——改过自新）。在改过中，确立起同一性中的否定关系，虽然过去之我、现在之我与未来之我具有同一性，这是认同；然而，现在之我不同于过去之我，将来之我不同于现在之我，即"苟日新，日日新，又日新"，这是区别。修身使持存的东西（自我肯定）和变化的东西（自我否定）对立统一。改过是认同与区别的辩证法活动。"认同和区别构成了一对不可分的词。为了认同，必须进行区别；在区别时，人们进行认同。"[1] 这使人的成长既具有同一性又具有差异性。修身活动由同一性与相异性、区别与认同的辩证关系构成，这是改过的不二法门。改过有着一系列汇集（将善的行为不断汇集，这是积善、集义）与去除（将不善的行为不断去除）行动。

保罗·利科指出："记忆以'属我性'为鲜明特征。"[2] 记忆一定是我的记忆，它具有不可替代性，为我所专有。萨特说："不论我做什么，我都不能在哪怕是短暂的一刻脱离这种责任，因为我对我的逃离责任本身的欲望本身也是负有责任的。"[3] 记忆将行为的起源归因于自身，内省者对过失责任给予承认。人有改过的责任，人对逃离改过的责任本身也是负有责任的。通过这种自觉反思，确立改过责任意识，自我有效地进行承诺，让旧我变新我。内省包含着对责任的承认，满足这种承认的道德标准是改过。得到别人承认，首先是承认错误，然后是改正错误。文过饰非作为承认的对立物而出现，"小人之过也必文"，[4] 这种小人就不能得到别人的承认。

保罗·利科指出："正如尼采在有关承诺的文本之一中指出的那样：'人们可以承诺的是种种行为而不是情感，因为后者是自发的。'在此意

1　保罗·利科. 承认的过程［M］. 北京：中国人民大学出版社，2011：21.

2　保罗·利科. 承认的过程［M］. 北京：中国人民大学出版社，2011：108.

3　萨特. 存在与虚无.［M］. 北京：生活·读书·新知三联书店，1986：711.

4　论语·子张［M］.

义上，我们不能承诺爱。对于'我们能承诺什么'的问题，对语旨行为的分析提出了一种有限的回答：做或给。"[1] 这里突出了承诺的行为特征，兑现承诺就是去做。在道德上，遵守诺言的承诺源于自我修身的意愿。承诺又具有约束特征，承诺者承担了约束的责任，为自我的未来负责。

正是内省将自我过去历史的某些细节置于自我注视之下，进而改过迁善。过之为过就是过去的错事。改过就是对生命的关注，在改过中，记忆与承认相伴而行。没有记忆，就想不到过；没有承认，就不会认定我就是那个需要改过的我。改过具有过去、现在与未来的时间结构，改过分为两个阶段，通过记忆，重新思考我的过去；通过承诺一个新的自我，向未来进行道德上的自我筹划。保罗·利科说："当说话者说出'我承诺'时，他有效地'投身到'一个未来的行动中。"[2] 道德承诺使说话人承担起言必行、行必果的责任，兑现改过的诺言。

《礼记·中庸》说："知耻近乎勇。"为什么呢？因为知道自己犯了错误，就要当着众人的面承认错误，并承诺改正错误。个体受到他人原谅，他人接受了自己的承诺。这里有犯错——自责——承诺三个环节。这当然是一件不太光彩的事情——有一点丢面子。它有一种不能再犯的内在限制。这种内在限制具有主体间的相互承认——自我与他人都承认某个主体"有错"，期待着他改过。这里有着自我承认（主体知耻）和相互承认（他人也知其耻）的关系。主体的行为回应着他人的期待，兑现承诺，满足了他人期待；背叛承诺，摧毁了他人期待。勇于承诺改过的人存在着一种危险：如果下次再犯这种错误，面子就丢光了。这样，主体有双重过失：一方面是遗忘（好了伤疤忘了痛，它助长了自我欺骗），另一方面是背信（自己的当众承诺，没有能力信守诺言），摧毁了宣誓者的可信度，主体间的承认关系转向不承认关系。将来再在他人面

1　保罗·利科. 承认的过程 [M]. 北京：中国人民大学出版社，2011：109.
2　保罗·利科. 承认的过程 [M]. 北京：中国人民大学出版社，2011：109.

前承诺就会被拒绝、否定、怀疑。所以，"知耻近乎勇"。

在记忆与承诺之间有一种时间性的回顾与前瞻关系：记忆面向过去，是回顾性的，所以能够发现"过"；承诺面向未来，是展望性的，所以需要"不善而能改"。改过使记忆与承诺得到辩证表达。孔子说："德之不修，学之不讲，闻义不能徙，不善不能改。是吾忧也。"[1]"不善不能改"具有单一性，面向过去，知道了过。但没有面向未来的承诺，所以不能改。这样就不能形成记忆与承诺的良性互动。他还说："人之过也，各于其党。观过，斯知仁矣。"[2] 人的过失，有各种类型。看见别人犯错（见不贤而内自省），就可以觉察什么是仁。

2. 速改以从善

在当代德育中，改过是一个十分重要的修养环节。《论语》引《诗经》的话："如切如磋，如琢如磨，"修身是要将自我塑造为一件精美的玉器，修益加修，精益加精。《大学》的八条目——格物、致知、诚意、正心、修身、齐家、治国、平天下，就是"制作玉器"（隐喻修身）的切、磋、琢、磨过程，这个过程要去掉多余的部分，是一个不断打磨过程，这就是在改过中去掉陋习的过程。曾子说："任重而道远。"[3] 对于大学生来说，修身就是修道。个体修身属于民族复兴的总体性实践，大学生修"道"既要修小我的道义要修大我的道，拓宽自己的人生道路、民族复兴的道路。这需要有曾子那样的使命感、责任感，像习近平教导青年那样"以青春之我……创建青春之国家，青春之民族"。[4] 在新时代，习近平对于改过提出了两点要求：一是把'改'字贯穿始终。他要求青年"见善则迁，有过则改，踏踏实实修好公德、私德，学会劳动、学会勤俭、学会感恩、学会助人、学会谦让、学会宽容、学会自省、学会自律"。[5] 通过改过修好公德、私德。他还说："'人患不知其过，既知

1　论语·述而［M］.

2　论语·里仁［M］.

3　论语·泰伯［M］.

4　习近平. 在同各界优秀青年代表座谈时的讲话［N］. 人民日报，2013 - 5 - 5.

5　习近平谈治国理政（第2卷）［M］. 北京：外文出版社，2017：173.

之，不能改，是无勇也。'要把'改'字贯穿始终，立查立改、即知即改，能够当下改的，明确时限和要求，按期整改到位；一时解决不了的，要盯住不放，通过不断深化认识、增强自觉，明确阶段目标，持续整改。"[1] 对于大学生来说，改过贯穿自己的一生。先行的感觉印象与后来的反思构成改过的基础，这需要"三省吾身"的精神。当代德育要让学生在切磋琢磨的改过迁善中自我完善，为人类贡献极新极美的具有时代特征的人生艺术品。《论语·宪问》记载："蘧伯玉使人于孔子，孔子与之坐而问焉，曰：夫子何为？对曰：夫子欲寡其过而未能也。使者出，子曰：使乎！使乎！"蘧伯玉的使者告诉孔子，蘧伯玉想要减少错误但做不到。蘧伯玉自我要求极为严格，二十岁开始改过，二十一岁发现还有过错，继续改过，以至于有"吾年五十方知四十九之非"的感叹。大学生应该明白这一道理：善于改过迁善的人，八十、九十方知七十九、八十九之非，要立查立改、即知即改，不断自我完善。

二是要在"速改"上著力。儒家认为改过迁善需要速度，在速改上用力，不然过失会成倍增加，积重难返。"程子所谓'知其不善，则速改以从善'，曲折专以'速改'字上著力。若今日不改，是坏了两日事；明日不改，是坏了四日事。今人只是惮难，过了日子。"[2] 这一精神被习近平所弘扬，他说："知其不善，则速改以从善。最要在'速改'上著力。"[3] 大学生改过也要在"速改"上著力。中国文化讲阅历，改过是对经历的审视与反思。大学生只有善于自我反省，改过迁善，才能使阅历不断丰富。不善于反省的人，有历而无阅，即使生活到八十，也不会增长阅历。

---

1 习近平. 在"不忘初心、牢记使命"主题教育总结大会上的讲话 [N]. 人民日报，2020 - 01 - 09.

2 朱熹. 朱子语类（第 3 册）[M]. 黎靖德编. 武汉：崇文书局，2018：381.

3 人民日报海外版"学习小组". 平天下：中国古典治理智慧 [M]. 北京：人民出版社，2015. 47.

六、 积善法

"位不可以无寄，□有德以尊之。"[1] 守位靠德。叔孙豹的"太上立德"是"三不朽"之首，人生要道在于积善。尧舜为天下之共主，其立功，未必是人人能为之事，所以未必人人可学；范宣子、叔孙豹的三不朽的话传到今天是立言的不朽，也未必人人可学。三不朽中立德人人可为，立言、立功未必人人可为。立德在于积善，《易传·文言传·坤文言》："积善之家，必有余庆；积不善之家，必有余殃。"积善者昌，得道多助；积恶者殃，失道寡助。儒家将积善形成的德性作为幸福的一个组成部分。儒家有小德与大德、有德与无德之辨，积善使人由无德走向有德、小德走向大德。

1. 小德川流，大德敦化

积善的根据在于人有弘道的自由。保罗·利科说："面对苏格拉底的格言'没有人自愿成为坏人'时，亚里士多德将它们提高到哲学层面。不，亚里士多德反对说：坏人是自愿成为坏人的。"[2] "自愿"说明选择自由是道德的先决条件。因此，没有选择自由，就没有德性；没有德性，就没有积善成德的修身过程。康德说："一个人是这样的主体，他的行动是能够归罪的。而事物是不能进行任何归罪的。"[3] 因为人有选择自由而物没有选择自由，前者具有自觉性，后者具有自在性。花盆掉落下来，服从万有引力，不能责怪花盆。但可以追究在阳台上放置花盆的人，他可以放置、可以不放置，这种自由使他的行为成为可被追究的。孔子说："见贤思齐焉，见不贤而内自省也。"[4] 贤与不贤由自我判

1　苗神客. 大唐故右虞候副率检校左领军卫将军上柱国乙速孤府君碑铭并序. 周绍良主编. 全唐文新编（第1部第4册），长春：吉林文史出版社，2000：2282.（"□"为缺字）

2　保罗·利科. 承认的过程 [M]. 北京：中国人民大学出版社，2011：73.

3　保罗·利科. 承认的过程 [M]. 北京：中国人民大学出版社，2011：73.

4　论语·里仁 [M].

断，是否思齐与自省由自我选择。朱熹说："习于善则善，习于恶则恶。"[1] 选择自由使善恶行为归属于行为主体，它成为积善成德的前提。

仁具有难与易的辩证法，一方面，做到仁极难。孔子说："回也，其心三月不违仁。其余则日月至焉而已矣。"[2] 在孔子的弟子中，只有颜渊能够做到三月不违仁，其余的弟子只能短期做到不违仁。另一方面，人人都可以做到仁。孔子说："仁远乎哉？我欲仁，斯仁至矣。"[3] 仁离我们远吗？我要行仁，立刻就可以做到。恰如雷锋离我们远吗？我要学习雷锋，立刻可以学习。但是，成为雷锋那样的道德楷模极难。毛泽东说："一个人做点好事并不难，难的是一辈子做好事，不做坏事。"[4] 相传白居易为求无上道法，为访人生真谛，特去拜见隐居的鸟巢禅师。大师告诉他入道要法："诸恶莫作，众善奉行。"大诗人失望地说："三岁小孩都知得。"大师悠然地答道："八十老翁行不得。"[5] 持之以恒地行仁、行善极难。积善成德就是持之以恒地行仁、行善。

积善成德是人的一系列选择行为构成的结果。孟子说："舜之居深山之中，与木石居，与鹿豕游，其所以异于深山之野人者几希；及其闻一善言，见一善行，若决江河，沛然莫之能御也。"[6] 舜居深山之中，与野人差不多。闻一善言，见一善行，从中获得的力量如决口的江河。尽管没有读书识字，积善使舜成为文化人，进而成为文化人中的圣人。在中国文化中，舜的孝行成为具有道德典范性的具体生存模式。圣人不是先知先觉，而是后知后觉，是后天积善的结果。孔子就是博闻于古，择善而从，渐至大成。积善成德基于选择自由，主体具有行善与不行善的能力，行善涉及我们能力所及的事情。按照刘蕺山的说法，积善成德是

1　朱熹撰. 李申译. 四书章句集注今译［M］. 北京：中华书局，2020：416.

2　论语·雍也［M］.

3　论语·述而［M］.

4　中共中央文献研究室. 毛泽东年谱（1893—1949）·中卷［M］. 修订本. 北京：中央文献出版社，2013：161.

5　南怀瑾. 金刚经别讲［M］. 海口：海南出版社，1998：77.

6　孟子·尽心上［M］.

让"此心一于善而不二于恶"。[1] 在积善成德中，行善是说一不二的选择。孔子说："仁远乎哉？我欲仁，斯仁至矣。"[2] 但孔子又说："回也，其心三月不违仁。其余则日月至焉而已矣。"[3] 可见行仁既易又难，难在积善成德的坚持不懈的努力。行远自迩，登高自卑。"如叠砖成塔。七级浮屠，即由一块块砖堆砌而来"。[4]

积小善方能成大德。《中庸》说："小德川流，大德敦化。"德有大小，川流的小德与敦化的大德同此一德：仁爱。在人生修养中，择善而从，积小德成大德，有增无已，孳孳日前，积习既久，习惯成天性，就能从"小德川流"发展到孔子、孟子一般的"大德敦化"，使川流与敦化融合为一。反之，不积善，人生内涵会日浅日窄，川流的小德就会干涸。

孟子与荀子都有积善的修养方法。《孟子·公孙丑上》记载：（公孙丑问曰）"敢问夫子恶乎长？"曰："我知言，我善养吾浩然之气。""敢问何谓浩然之气？"曰："难言也。其为气也，至大至刚，以直养而无害，则塞于天地之间。其为气也，配义与道；无是，馁也。是集义所生者，非义袭而取之也。"[5] 积善分有集义的理念，久而久之成为浩然之气。浩然之气是集义的成果，集义就是积善，产生大中至正的人生道义。按朱熹的解释："集义即集善。""非义袭而取之"意为"非由只行一事，偶合于义，便可掩袭于外而得之也"。[6] 只有不断地积善，才能形成浩然之气。荀子主张"积善"，他认为圣只是善于"积"而已。"积善而不息，则通于神明，参天地矣。故圣人者，人之所积而致也。"[7] 圣人就是由于自己不断地积善而达到的。他说："不积跬步，无以至千里；

1　吴光. 刘宗周全集（第一册）[M]. 杭州：浙江古籍出版社，2007：613.

2　论语·述而 [M].

3　论语·雍也 [M].

4　钱穆. 双溪独语 [M]. 北京：九州出版社，2011：447.

5　孟子·公孙丑上 [M].

6　朱熹撰. 李申译. 四书章句集注今译 [M]. 北京：中华书局，2020：553.

7　荀子·性恶 [M].

不积小流，无以成江海。"[1] 从这种量变到质变的道理，来说明只有不断积善，人生才有成就。

儒家人生修养有渐修与顿悟两个方面，渐修与顿悟有一个从量变到质变的过程，学而时习，积年累月，方有会通合和之知。宋代理学大师二程论人生修养："须是今日格一件，明日又格一件，积习既多。然后脱然自有贯通处。"[2] 朱熹继承了这一思想，他说："今日既格得一物，明日又格得一物，工夫更不住地做。如左脚进得一步，右脚又进一步。右脚进得一步，左脚又进，接续不已，自然贯通。"[3] 这同于登高自卑，行远自迩的道理。孔子教学即"博文"、"约礼"，如鸟之双翼，学之必博，博之反约。朱熹说："今只是要理会道理。若理会得一分，便有一分受用；理会得二分，便有二分受用。理会得一寸，便是一寸；一尺，便是一尺。渐渐理会去，便多。"[4] "今日格一件，明日又格一件"是渐修，"脱然自有贯通处"是顿悟，善知善行是不断积累的结果，所学日进，所造日深，积累到一定程度能够产生新的境界。贯通有小贯通与大贯通，小贯通是由此及彼，大贯通是一以贯之，孔子的"一以贯之"境界就是终极会通境界。

积善与改过、内省、慎独是相互贯通的。积善成德与改过相关，只有修德才能"见善则迁，有过则改"。积善成德与内省相关，内省使自我的过去、现在、未来建立起一致性关系，道德人格在这种时间的同一性中生长，积善成德在这种同一性中累积。积善成德与慎独自律相关，"朱子认为……'慎独'是'遏人欲于将萌'，一为念虑未发时的工夫，一为念虑已发时的工夫。"[5] "遏人欲于将萌"这种行为既能有效地阻止恶行，又能有效地增加善行。

1　荀子·劝学［M］.

2　遗书·十八［M］.

3　朱熹. 朱子语类（第2册）［M］. 黎靖德编. 武汉：崇文书局，2018：294.

4　朱熹. 朱子语类（第1册）［M］. 黎靖德编. 武汉：崇文书局，2018：119.

5　高海波. 慎独与诚意——刘蕺山哲学思想研究［M］. 北京：生活·读书·新知三联书店，2016：296.

儒家学问是"人伦"之学。荀子说："圣也者，尽伦者也。"[1] 意思是圣人是尽人伦之道的人。身不修，家不齐，无以治国、平天下。从尧舜开始都从修身做起。舜父顽母嚚，舜不违反孝道，在"止于孝"中达到至善境界，将人伦之道发挥到了极致，其仁爱从天伦扩展到人伦。儒家认为道德不是从外面施加于个体的规范性理想，人的主体间的道德规范始于"天伦"。"天伦"是以血缘关系为形式的承认与认可关系，是最初的承认关系。在个体没有自我意识和自我承认之前，他已经被"天伦"中的其他人承认和认可了。人的第一个承认是血亲中的承认，个体一出生首次成为承认的对象（例如父母对子女的承认）。个体对他人的首次承认也出现于血亲中（例如子女对父母的承认）。个体的社会化过程开始于儿童与其最初的照料者（通常是父亲与母亲）的情感性交往中，个体道德最初是在家庭领域中得到体现的，是血亲伦理关系的内化，所以孝悌为仁之本。孝与悌都是通过主体间互动的方式而被内化。程子说："君子教人有序，先传以小者近者，而后教以大者远者。非是先传以近小而后不教以远大者。"[2] 修身不能贪骛高远，儒家仁爱是从"天伦"开始，近自家庭，由近及远，推己及人，推而远之，达及天下，这是一个聪明日开，不断积善的过程，反映出人文是从自然中演化出来的过程。儒家从自然之道——天伦演绎出人文之道，由"血统"而成"道统"，将"血统"的小生命蕴含于"道统"的大生命中。

在积善成德中要防止出现一种不良的现象：道德行为成为账目计算行为。道德理解建立在对人的生存方式的理解之上，人有一个先后相继的"生命体验流"，才能回顾以前发生之事，检点自己的行为。针对自己的问题反思有向前警告与向后指责两个维度；针对道德行为有向前筹划与向后肯定的两个维度。反思对已经做和将要做的行为都有一种审视与评价。但却要杜绝商业化的阐释境域：它将反思作为一种计算行为，

1　荀子·解蔽 [M].
2　朱熹. 近思录·卷十一教学之道 [M].

将自己的善行与恶行记载于道德账本上，积善成德行为成为可计算的行为，道德规范成为技术操作指南一样的现成观念。修身者仿佛成为自己"生命体验流"的超然旁观者，他依据现成道德规范来计算"道德行为账目"得失，试图使道德行为账目上的善行不断增加——积善。这样，道德良知是计算行为的一杆秤，生活中的不道德行为像"欠款"一样，有待清还。有德行为像"存款"那样不断增长。这使道德生活成为一种可调节的生意过程。"发一念由天理，以红笔点之；发一念由人欲，以黑笔点之。至十日一数之，以视红黑多寡为工程"。[1] 这种人成为按照道德规范指令办事的机器人，问心无愧与问心有愧是可以计算的，积善成为问心无愧、必有余庆的保障。

2. 修德，既要立意高远，又要立足平实

德育的根基在人的自主性上。孔子说："君子求诸己，小人求诸人。"[2] 这就声明了人有选择自由。马克思指出："我们要考察的是专属于人的劳动。蜘蛛的活动与织工的活动相似，蜜蜂建筑蜂房的本领使人间的许多建筑师感到惭愧。但是，最蹩脚的建筑师从一开始就比最灵巧的蜜蜂高明的地方，是他在用蜂蜡建筑蜂房以前，已经在自己的头脑中把它建成了。劳动过程结束时得到的结果，在这个过程开始时就已经在劳动者的表象中存在着，即已经观念地存在着。他不仅使自然物发生形式变化，同时他还在自然物中实现自己的目的。"[3] 人有选择自由在于人的活动具有目的性。有目的性，就有选择性；有选择性，人就有可塑性。这是人受教育的根基，德育就将教育的根基立于选择自由之上，在此基础上肯定"人皆可以为尧舜"，力争上游，希圣希贤，通过积善成德成长为时代新人。

第一，积善成德要明中行、行中明。朱熹说："徒明不行，则明无

1　黄绾. 明道编 [M]. 北京：中华书局，1959：23.

2　论语·卫灵公 [M].

3　马克思恩格斯选集（第 2 卷）[M]. 北京：人民出版社，1995：178.

所用，空明而已。徒行不明，则行无所向，冥行而已。"[1] 当代德育要让学生知道，徒明与徒行都不是道德上的真正的明与行，两者都没有提升道德的力量。道德修养要明中行、行中明。大学生只有投身于社会实践中，在明行互动中，才能积善成德。积善成德是小我不断融入大我的过程，是融入民族共同体、人类命运共同体的过程，它是止于至善的过程。止于至善的过程就是德性形成的过程。然而，止于至善没有止境，人"永远不能在严格的意义上是其所能是，它事实上只是尚未所是。"[2]在这个意义上大学生的积善成德永远没有终点。

积善成德要养小德成大德。身家修齐为小德，治平大道为大德。不能修身、齐家，焉能治国、平天下？大道会通小道而成，舍一切小道就不能成大道。习近平说："修德，既要立意高远，又要立足平实。要立志报效祖国、服务人民，这是大德，养大德者方可成大业。同时，还得从做好小事、管好小节开始起步，'见善则迁，有过则改'，踏踏实实修好公德、私德，学会劳动、学会勤俭，学会感恩、学会助人，学会谦让、学会宽容，学会自省、学会自律。"[3] 只有修德才能"见善则迁，有过则改"，前者是后者的动力。今天的修德要修大德、公德和私德。私德是修身、齐家，大德、公德是治国、平天下，大学生将小德与大德同修就把伦理道德与政治道德统一起来了。修德要处理好大与小的关系，"小"是实现青春梦、家庭梦，"大"实现中国梦。修德要从做好小事、管好小节开始，积习成性。孟子说："人皆可以为尧舜。"舜之前，没有大孝如舜者。舜之后，孝道益昌，孝德日隆。钱穆说："舜以孝心感格其顽父嚚瞍，而后圣子与顽父终亦得两心相通如一。一人之心，可通于千万人之心。"[4] 若后世人人慕效，人人继起，就能治国平天下。舜的大

1　朱熹. 朱子语类（第 4 册）[M]. 黎靖德编. 武汉：崇文书局，2018：1184.

2　约瑟夫·科克尔曼斯. 海德格尔的《存在与时间》[M]. 北京：商务印书馆，1996：281.

3　习近平. 青年要自觉践行社会主义核心价值观——在北京大学师生座谈会上的讲话 [N].
人民日报，2014－5－5.

4　钱穆. 双溪独语 [M]. 北京：九州出版社，2011：498－499.

孝是私德，其行为影响了民族精神，由私转为公，化为巨大公德。一人之孝影响后世。所谓"孝子不匮，永锡尔类"，[1] 只要尧舜之道存在，就永远有孝子，舜的孝与世永存。古之孝子与今之孝子一统相承。这说明私德与公德彼此相通。私德是公德的基础，"老吾老，以及人之老；幼吾幼，以及人之幼"，[2] 老吾老、幼吾幼为私德，以及人之老、以及人之幼为公德。通过情感迁移，私义转化为公心。没有私义（老吾老、幼吾幼），公心（及人之老、及人之幼）就会落空。

　　积善既在"天伦"之中又在"人伦"之中，它使道德通过情感迁移由"天伦"进到"人伦"。习近平指出："'道虽迩，不行不至；事虽小，不为不成。'这是永恒的道理。做人做事，最怕的就是只说不做，眼高手低。"[3]《论语》讲仁，首先提到"孝悌"（"孝弟也者，其为仁之本与？"）。善事父母为孝，善处兄弟为悌。在人的社会化过程中，"天伦"是至关重要的。学生首先要遵守家庭道德，从修小德、私德开始。周敦颐的《通书·志学》说："圣希天，贤希圣，士希贤。"进德有阶序，士、贤、圣三者历级而上，士人希望成为贤人，贤人希望成为圣人，圣人希望成为知天之人。这是由道德所产生的等级排序，这里的"希"就是向高一级台阶迈进，说明积善有一层层台阶。习近平说："就是要从自己做起、从身边做起、从小事做起，一点一滴积累，养成好思想、好品德。'少壮不努力，老大徒伤悲。'千里之行，始于足下。每个人的生活都是由一件件小事组成的，养小德才能成大德。"[4] 养小德才能成大德，形成浩然之气，产生"上下与天地同流"的大丈夫。"照镜子、正衣冠、洗洗澡、治治病"与"身是菩提树，心如明镜台，时时勤拂拭，莫使惹尘埃"的渐修方法相通，它激励着新时代的人"苟日新，日日新，又日新"，养小德（渐修）才能成大德（顿悟——豁然大通）。

1　诗经·大雅·既醉 [M].

2　孟子·梁惠王上 [M].

3　习近平. 青年要自觉践行社会主义核心价值观——在北京大学师生座谈会上的讲话 [N].
　　人民日报，2014-5-5.

4　习近平. 从小积极培育和践行社会主义核心价值观 [N]. 人民日报，2014-05-31 (002).

在养小德成大德中存在着大与小、巨与细的辩证法，在修德中警惕"千丈之堤，以蝼蚁之穴溃；百尺之室，以突隙之烟焚"这样的恶性转化，[1] 遵循"天下难事，必作于易；天下大事，必作于细"的道理，[2] 促成修德的良性发展。

积善是生命教育的重要方法，它有如几何学的积点（身）成线（家），积线成面（国），积面成体（天下），让生命有长度、宽度和厚度。钱穆说："其一人生命之有长、有宽、有厚，皆于其身外之家、国、天下得来。"[3] 有天下才有国家、有国家才有家庭、有家庭才有自我，就好比"有体乃始有面，有面乃始有线，有线乃始有点"。[4] 线有长、面有宽、体有厚，生命教育让学生在人群中"得体"，就要有长、宽、厚之体。仅仅关注小生命，忘记大生命的存在，生命就变成了一个几何学上的无长、无宽、无厚的点。

第二，让风气、时尚与潮流三者产生良性影响。积善使道德风气诚而厚，不积善会让道德风气伪而薄。风气是传统社会名词，它为儒家文化所重视，它由积善产生。积善就是通过集义养成"浩然之气"，并以一身之气影响一家之气、一国之气、天下之气乃至世代风气，形成仁道大教。孔子"'有朋自远方来'，乃会通师弟子七十余人魂气精神之相通而合成一风，此即孔门之儒风。……此乃'学风'，亦可谓之'德风'，孔子大德乃起此大风，遍流行于全中国，达二千五百年之久，迄今而不辍。"[5] 孔子大德、大风化育中国人，"孔子则成为中国人之缩影"。[6] 风气产生于社会传统，具有内生性，由教化而来，人心所向成为风气。"用一贤人则群贤毕至，见贤思齐就蔚然成风"。[7] 这就是风气——道德

1　韩非子·喻老 [M].

2　道德经·第六十三章 [M].

3　钱穆. 晚学盲言（上）[M]. 北京：九州出版社，2011：579.

4　钱穆. 晚学盲言（上）[M]. 北京：九州出版社，2011：579.

5　钱穆. 晚学盲言（上）[M]. 北京：九州出版社，2011：299.

6　钱穆. 孔子与论语 [M]. 北京：九州出版社，2011：174.

7　习近平谈治国理政（第1卷）[M]. 北京：外文出版社，2014：418.

风俗。风气与教化联系在一起。"雅正"的风气通于古今，既有守正，又有创新，既有"变"，又有"常"（治平大道），通古今以求"常"，可以长存。时尚与潮流是现代社会名词。在市场经济中，广告和大众媒介开启了时尚。流俗的时尚具有外来性，它与时尚消费联系起来时，给个体带来虚幻的荣誉。时尚使人从众以成俗，激发着人的虚荣心，使个体对自身优越地位的展示采取时尚消费的形式。依据时尚，个体通过选择时装、香烟、跑车等等，尽可能地在别人面前表现出另类或杰出。它对社会风气具有一定冲击力，对学生的价值观产生消极影响。时尚使个体难以自我确定自己究竟是谁及谁具有评价自己品质的自主权。"人瘦尚可肥，士俗不可医。"人落入俗情俗态的时尚，一味媚俗，就会变得俗不可耐，彻底丧失自我。"流俗"的时尚限于当世，前无古，后无来。它具有不断自我更新的特征，风行一时，渲染过度，久则生厌。标新立异，花样翻新，以彼俗反此俗，只有"变"，没有"常"。潮流指符合社会发展规律的运动趋势，与历史唯物主义相联系。风气、时尚只有符合社会发展潮流才有生命力。当代德育倡导积善，立于社会发展潮流，继承孔子、孟子的大德所引发的学风、德风，形成"见贤思齐就蔚然成风"的风尚。风尚可以匡时拯俗，矫正时尚流俗而化之于雅正的风气，以确保学生健康成长。

七、躬行法

躬行法体现为言行一致、知行统一。新时代的知行合一体现为知是基础、是前提，行是重点、是关键。

1. 言行一致、知行统一

孔子说，"学而时习之"，习就是行。朱熹说："习，鸟数飞也。学之不已，如鸟数飞也。"[1]钱穆说："如鸟数飞，数数反复。人之为学，

1　朱熹撰. 李申译. 四书章句集注今译 [M]. 北京：中华书局，2020：50.

当日复日、时复时、年复年，反复不已，老而无倦。"[1] 学中就包含着躬行。海德格尔指出："严格说来，我们不能学习某个物，比如一件武器；我们只能学习诸物的使用，因此，学习是一种获取和占有，被据为己有的是使用，那种占有通过使用本身而发生，我们称之为练习。"[2] 这一观点与儒家观点有相通之处。

人生之习，一本于德。这一习指学做人。学即人生，而不是人生的一部分。《论语·公冶长》记载，宰予昼寝，子曰："朽木不可雕也，粪土之墙不可圬也！于予与何诛？"子曰："始吾于人也，听其言而信其行；今吾于人也，听其言而观其行。于予与改是。"孔子看到学生宰我大白天睡觉，很生气，这与孔子"发愤忘食，乐以忘忧，不知老之将至"的躬行形象形成巨大反差，[3] 孔子斥之为朽木、粪土，让人警醒，不过"饱食终日，无所用心"的生活。想必以前宰我向孔子承诺过要勤奋学习。孔子由此得出结论：要听其言而观其行。孔子认为"巧言乱德"。[4] 花言巧语将败坏道德。看一个人不仅要看其说什么还要看其做什么，并且要看其做成了什么。他认为"巧言令色，鲜矣仁"。[5] 花言巧语、专门向外取悦于人的人很少有仁德。君子言不求巧，色不求令。《论语·学而》中记载着有子言孝悌，曾子言忠信。有志于仁道的人需要先学孝悌，后学忠信，而杜绝学习巧言令色。巧言令色的人没有忠信。孔子认为："刚毅木讷，近仁。"[6] 木讷者不会花言巧语。"仁者其言也讱"。[7] 有道德的人说话慎重。"古者言之不出，耻躬之不逮也"。[8] 古人不轻易说话，怕说了以后又做不到。"躬行君子，则吾未之有得"。[9]

1　钱穆. 孔子与论语 [M]. 北京：九州出版社，2011：128.
2　海德格尔. 物的追问 [M]. 上海：上海译文出版社，2016：64.
3　论语·述而 [M].
4　论语·卫灵公 [M].
5　论语·学而 [M].
6　论语·子路 [M].
7　论语·颜渊 [M].
8　论语·里仁 [M].
9　论语·述而 [M].

身体力行地去做一个君子，那我还没有达到。这样，"无言转胜于有言，少言转胜于多言。故孔子有'予欲无言'之叹。又曰：'言之不出，耻躬之不逮。'"[1] 孔子贵无言、少言，不尚多言。孔子主张言行一致、知行统一。荀子说："不闻不若闻之，闻之不若见之，见之不若知之，知之不若行之，学止于行而止矣。"[2] 修身要从不闻进到闻、见、知、行，一个阶梯走向更高一个阶梯，行是由前面各阶段升级而来，处于最高位。《中庸》提出"博学之，审问之，慎思之，明辨之，笃行之"，主张学、问、思、辨、行，并将行作为修养的归宿。程子曰："今人不会读书，如读论语，未读时是此等人，读了后又只是此等人，便是不曾读。"[3] 读《论语》若只知而不行就是不曾读。陆九渊说："言不顾行，行不顾言。诚足病也。"[4] 凡所陈义，都必须躬行实践。朱熹说："知行常相须，如目无足不行，足无目不见。"[5] 在人伦大道上，知与行的关系如目与足的关系，只有协调一致，才能走上人生康庄大道。

2. 知是基础、是前提，行是重点、是关键

人是什么是由它的存在方式决定的，人格是由人的一系列行为构成的。海德格尔说："我们称之为此在的存在者正好在它的'去存在'中具有它的'是什么'之规定，那么这里的意思就会变得清楚起来。这并不是某种特定的、仿佛在它之上还拥有其存在样式的'是什么'，毋宁说，此在之所是的东西，恰好就是它的存在。"[6] 这样，人格就是其一系列去存在的行为构成的。人是什么是由它的去存在来决定的。在这一系列行为之外，没有抽象的人格和关于其"是什么"的定义。人的一系列行为对自己的存在有所作为，将存在向可能性上筹划，形成了人格的存在方式。从这个意义上说，人是由"行"构成的，这是德育重行的根

1　钱穆. 双溪独语 [M]. 北京：九州出版社，2011：463 - 464.

2　荀子·儒效 [M].

3　朱熹撰. 李申译. 四书章句集注今译 [M]. 北京：中华书局，2020：42.

4　陆九渊. 策问 [M].

5　朱熹. 朱子语类（第1册）[M]. 黎靖德编. 武汉：崇文书局，2018：112.

6　海德格尔. 时间概念史导论 [M]. 北京：商务印书馆，2009：329.

据。当代德育要继承儒家躬行法，成德由己不由人，成德之学是为己之学，不为著书立说博取众誉。道德上的为己就是为人，立己不在人群之外立己。立己在人群中成己，因此，道德学问的洞明与练达在为人处事，识事做人。海德格尔认为："我们与存在者最切近的联系不是知觉认识，而是实践活动，是操作、使用的操劳，这种操劳也有它的'知识'，英语叫 know-how。"[1] 道德学问就是基于实践活动的知，洞明与练达是它自己特有的知识。道德学问所学在此，所得也在此。不以个体自己的论文、专著论学、论人。将道德学问视为论文、专著，会滋生"五唯"，败坏道德。成德者才能成人（高尚之人）成物（写出上乘的道德论文、专著等）。

习近平继承了儒家生命教育的躬行思想，2019 年以来，习近平 6 次强调"知行合一"。他说："知是基础、是前提，行是重点、是关键，必须以知促行、以行促知，做到知行合一。"[2] 2014 年 5 月 4 日习近平在考察北京大学时勉励大学生"道不可坐论，德不能空谈。于实处用力，从知行合一上下功夫，核心价值观才能内化为人们的精神追求，外化为人们的自觉行动。"[3] 大学生要以知行合一的精神践行核心价值观。自我修养贵能躬体力行，非博学、审问、慎思、明辨、笃行则不能够获得真知。

胡塞尔说："规范科学的规律一般来说意味着：应当在，尽管它现在也许还不在或者在现有的状况下还不能在。"[4] 德育就是一门规范科学，它追求应当在的东西。儒家为这一追求提供了许多有益的方法。当今的"应当在"即止于至善的境界是时代新人。胡塞尔说："对于一种行为的——例如绘画、唱歌、骑马的——工艺论，我们首先会要求它指明，人们必须做什么，以便使有关的行为能正确地得以进行，例如，在

1　张汝伦.《存在与时间》（上）释义 [M]. 上海：上海人民出版社，2012：229.

2　习近平关于党的群众路线教育实践活动论述摘编 [M]. 北京：中央文献出版社，2014：39.

3　习近平. 青年要自觉践行社会主义核心价值观——在北京大学师生座谈会上的讲话 [N]. 人民日报，2014 - 05 - 05.

4　胡塞尔. 逻辑研究（第 1 卷）[M]. 上海：上海译文出版社，1994：33.

绘画时必须如何握笔和用笔，在唱歌时必须如何用胸腔、嗓和嘴，在骑马时必须如何收缰、放缰和夹腿。"[1] 道德修养如绘画、唱歌、骑马一样也有规范性要求。以上方法就是说明在道德修养上"必须做什么，以便使有关的行为能正确地得以进行"。

1　胡塞尔. 逻辑研究（第 1 卷）[M]. 上海：上海译文出版社，1994：23.

第五章　儒家生命教育的路径与当代德育启示

习近平指出："推动中华优秀传统文化创造性转化、创新性发展，不断提高人民思想觉悟、道德水平、文明素养，不断铸就中华文化新辉煌。"[1] 探索儒家生命教育路径与当代德育启示就是要对儒家文化进行创造性转化，让传统"活"在新时代，由过去式变成现代式。儒家主张为仁由己，儒家生命教育路径从自省自讼开始。内省包括：见贤思齐，见不贤而内自省两个方面。这样，自省自讼与榜样效法联系在一起。学习榜样需要向身边的人学习，这又涉及广交益友。无论是向内的自省自讼还是向外的交友学习，都离不开个体的慎独自律。儒家生命教育路径分为自省自讼、榜样效法、广交益友、慎独自律。"问渠那得清如许？为有源头活水来。"儒家生命教育路径是当下修身的源头活水。

一、自省自讼

在《中庸》看来："唯天下之至诚，为能尽其性。能尽其性，则能尽人之性。能尽人之性，则能尽物之性。能尽物之性，则可以赞天地之化育。可以赞天地之化育，则可以与天下参矣。"只有个人尽其性，达到成己，才能尽人之性、物之性，实现成物（成就社会与自然），进而

1　习近平. 在纪念马克思诞辰 200 周年大会上的讲话 [M]. 人民出版社，2018：20.

赞天地之化育，与天地参，让人得到位育。个人的位育处于优先地位。在个人的位育中，自省自讼又处于优先地位。

马克思说："动物和自己的生命活动是直接同一的。人则使自己的生命活动本身变成自己意志的和意识的对象。"[1] 人与动物的最大不同是具有自我意识，自省自讼将自己生命活动变成自己意志的和意识的对象，它是自我反思的生命活动，是生命教育的重要形式。"生命的价值不仅仅感受当下，不仅仅是由现实的事实组成，而且还有对历史的'感受回忆'以及对未来的'感受期待'；也就是说，生命价值不仅是'一次性'的（物质的刺激、消费及其占有）感受满足，更重要的是要有对当下品味的'再感受'，对记忆回味的'追复感受'，对未来谋划的'在先感受'以及对同类、万物感通的'共同感受'。"[2] 自省自讼具有上述感受特征，它提升生命价值。

1. 反求诸己，知己知心

知物易，知心难；知人易，知己难。儒家生命教育在天人关系上注重于人，在人我关系上注重于自我，在自我问题上注重于内省。"己欲立"，"己欲达"，"为仁由己"，"反求诸己"，"仁以为己任"，行仁的落脚点在己。人生修养需要以第一人称对自己的过去行为进行反思，反己而自得。在道德修养中，内省是自我理解的核心。孔子说："古之学者为己，今之学者为人。"[3] 为己之学只求完成自己，要反求诸己，知己知心。

内省是单数第一人称我的自我反思。记忆通达过去，蘧伯玉有"吾年五十方知四十九之非"的感叹，这说明记忆指向过去。"除了记忆以外，没有其他办法来指涉过去"。[4] 内省与记忆相关。内省的记忆并非是简单地记得某件事，想起一件发生的事。它不是某件事情在记忆中被动

1　马克思恩格斯选集（第一卷）[M]. 北京：人民出版社，2010：56.
2　马克斯·舍勒. 伦理学中的形式主义与质料的价值伦理学 [M]. 北京：生活·读书·新知三联书店，2004：406 - 407.
3　论语·宪问 [M].
4　保罗·利科. 记忆，历史，遗忘 [M]. 上海：华东师范大学出版社，2018：28.

地显现着：一个不在场的过去事件通过回忆图景得以在场显现。在内省中，"记忆正是在反思的范围内获得了思索"。[1] 这种记忆包括"记得什么"（与道德有关的事件）和"记得怎样"（是否能够准确、完整再现过去的事件）。其中，"记得什么"处于主导地位。内省中记忆的再现以道德审视的方式发生，它使过去的过去性染上道德色彩。正如苏格拉底所说："未经省察的生活对于人来说是不值得活的。"[2] 反省使记忆受到思索，使人生具有意义。内省思想是以反思形式呈现的"承认观念"，内省是自我承认的形式。保罗·利科指出："'现在的我与当时的我是同一个自我，采取这个行动的自我与现在反思这个行动的自我是同一个自我。'人格的同一性是时间的同一性。"[3] 记忆属于过去，内省使承认成为回忆行为，"我们在现在中借以重新把握过去的具体行为就是承认"。[4] 在内省中体验到自我与过去具有连续性，没有通过内省获得的同一性，人就不成为人。道德人格在这种时间的同一性中生长。内省能力与记忆能力的丧失会危及人的存在的同一性。

儒家倡导内省始于孔子，他说："见贤思齐焉，见不贤而内自省也。"[5] 看见贤人就向他看齐，看见不贤的人就应该反省一下自己有没有类似的问题。孔子还说："吾未见能见其过而内自讼者也。"[6] 意思是说我没有看到能够发现自己的过错而内心责备自己的。自讼是自己与自己打官司，与自省精神相通。孔子是道德内省、内讼术语的创始人。这样，自我反思被提到了修身主题的高度。通过内省，个体给他自己的生活赋予伦理品质。儒家把人分五类——即庸人、士、君子、贤人、圣人，人的提升有不同的台阶。修身就是修己身以善为人，它不断使人由一个台阶迈向另一个台阶。

1　保罗·利科. 承认的过程 [M]. 北京：中国人民大学出版社，2011：102.
2　柏拉图. 苏格拉底的申辩 [M]. 北京：商务印书馆，2021：61.
3　保罗·利科. 承认的过程 [M]. 北京：中国人民大学出版社，2011：103.
4　保罗·利科. 承认的过程 [M]. 北京：中国人民大学出版社，2011：106.
5　论语·里仁 [M].
6　论语·公冶长 [M].

　　将孔子自省自讼精神发扬光大的是他的学生曾参。曾子在弘道中是承前启后（上承孔子之道，下启思孟学派）的人物。《论语》一书是曾子、有子与他们的学生编辑而成。曾子著《大学》，他的学生子思著《中庸》，子思的学生教育出孟子，孟子有《孟子》一书。"四书"都与曾子有关。念及于此，笔者查找《论语》中曾子的话，发现曾子有弘道之大志、大言。

　　第一段话："吾日三省吾身：为人谋而不忠乎？与朋友交而不信乎？传不习乎？"孔子"学而时习"，曾子"传不习乎？"，后者时习前者所传。曾子受孔子所传主要在忠信上。曾子在忠信方面"学而时习之"，每天从三个方面自我反省，对自己生活历史进行回忆。"吾日三省吾身"是一种持续不断的自我反思。这既涉及个体自我反思又涉及主体间的交往实践（"为人谋而不忠乎？与朋友交而不信乎？"）。主我的自我实现是通过掌握期待规范并对自己的行为进行控制、调节的方式进行的，这需要有一个等待评价的客我的存在。这里具有表象（过去的事情）、判断（是非曲直）和情感（肯定与否定性情感：被认为好或坏）活动。曾子的"学而时习之"不是机械的记忆，这种内省的记忆基于"我所能"（成为修己安人的君子）对"我所是"（过去的作为）进行评判。内省的回忆是努力的回忆不是自发的回忆，这种努力的回忆不是单纯为了对抗遗忘，而是成就自我。它不是简单的智力工作——再现过去的自我；而是复杂的智力工作——创造未来的自我。在内省中，过去、现在与未来不是相互排斥，而是有机统一。

　　第二段话："士不可以不弘毅，任重而道远。仁以为己任，不亦重乎？死而后已，不亦远乎？"从中可以看出曾子有强烈的使命感（弘毅：志向远大、意志坚定）。当时"文武之道"尚无多少文字性的记载，孔子去世时尚无《论语》这样记载孔子思想的文本，孔子的仁爱学说是否"未坠于地"，这取决于弟子们的弘道。因此，曾子有"任重而道远"的当仁不让的责任感。唯其如此，他才会每日三省。

　　第三段话："曾子有疾，召门弟子曰：'启予足！启予手！'诗云：

'战战兢兢，如临深渊，如履薄冰。'而今而后，吾知免夫，小子！"曾子十六岁拜孔子为师，七十一岁去世，在临去世前一年病重，手脚都抬不起了，召唤弟子们来，让弟子们抬起自己手脚看看有无损伤（传统中国人讲身体发肤，受之父母，不敢毁伤）。他引《诗经》十二个字形容自我修养，这与每日三省相呼应。"而今而后，吾知免夫"与"死而后已，不亦远乎？"相呼应。曾子在学生面前无形中扮演了死亡教育的角色，弘道既要有每日三省的自我省察又要有死而后已的毕生奉献。

人的自我理解有两种方式：一是自身领会。自我被理解却没有被主题化，这是非对象的前概念的理解。自我不是认识对象，理解自我不是通过理性认识，而是在操劳的事中理解自己的存在。"近代笛卡尔——康德传统认为，人首先是通过自我反思认识自己或理解自己的，'我思故我在'典型地反映了这种思路。海德格尔不同意这种思路，在他看来，此在首先不是从它自己，而是从它在日常生活中遇到的和它在日常实践中与之打交道的东西中理解自己。"[1] 自我的在世方式是结缘性存在，自我将在世方式展开时领会着自身。"此在理解存在就是先行非概念地（即在生存上而不是认识上）展示存在"。[2] 人关心的是所从事的事、所操劳的物，在这种从事和操劳中有一种对自身的领悟。这种领会不是与周围世界的事物打交道之外的一种行为，它不是将自我作为判断对象，不是以一种分析方式凝神心理状态，将自我与外部世界隔离。自我领会就是审视在世方式本身，从烦忙所及的事物中领会自身。这是人的自我理解最普遍的方式，人始终以对存在的领会方式存在着。它在日常生活中占据主导地位。自身领会不同于内省，是内省的前形式——非专题化的自我反思。

二是内省。它是明确的、专题性的自身领会，是内感知与内观察行为。内省是通过记忆呈现不在场的事物，使当下的我指向记忆中的过

1　张汝伦.《存在与时间》释义（下）[M]. 上海：上海人民出版社，2012：1023.
2　张汝伦.《存在与时间》释义（下）[M]. 上海：上海人民出版社，2012：1127.

去，面向预期中的将来进行自我修养。借用保罗·利科的话"心灵如同时间，自身经过现在从未来走向过去"。[1]　自我在当下的修身活动中（"经过现在"），心怀未来的梦想，审视过去的作为（"从未来走向过去"）。曾子当下的修身借着重温过去而向将来筹划自我。米德说："'主我'在记忆中是作为一秒钟、一分钟，或者一天以前的自我的发言人而存在的。"[2]　这种记忆有三种：一是个体行为的记忆；二是社会规范的记忆；三是历史人物（尧舜）圣人的榜样记忆。主我的行为——替人谋事、与朋友交往、学习老师传授的知识——产生客我，内省是主我作为发言人对客我的反思，运用期待规范使客我成为审视对象，查找忠、信、习方面的问题，使自我在主我与客我、应然之我与实然之我的互动中不断升华。自我反思有两个参照系：一是道德原则；二是圣贤榜样。内省是个体社会化的过程，即不断将社会规范内化的过程。

　　曾子的反求诸己是根据打交道的事物通过仁爱的规范来领会自身，以回忆的方式，通过观察自己的已经发生了的行为——替人谋事、与朋友交往、学习老师传授的知识而认识自我。在这里，"被经历的体验变成了被观看的体验。"[3]　体验域是道德域，这种体验不能以心理学的方式得到说明，不能被回溯到生理过程。内省"强化了对记忆内在性的承认。"[4]　这种反思模式是主体——客体模式，自我成为道德判断的对象。"在反思性的目光转变中，我们把一种此前没有被观看，而只是质朴地、无反思地被体验的体验搞成一种'被观看的'体验。我们观审之。在反思中它站在我们面前，我们指向它，把它搞成一个客体、一般对象。"[5]主我通过审视客我（所作所为）将自身带到自己面前，由此，进入一种商谈式的自我对话之中，形成主我与客我的关系，反思行为出于主我、来到客我（过去的我）又回到主体之中，从而将自我置于修身的可能性

1　保罗·利科. 承认的过程 [M]. 北京：中国人民大学出版社，2011：101.
2　乔治·赫伯特·米德. 心灵、自我和社会 [M]. 北京：北京联合出版公司，2014：193.
3　海德格尔. 论哲学的规定 [M]. 北京：商务印书馆，2015：111.
4　保罗·利科. 承认的过程 [M]. 北京：中国人民大学出版社，2011：101.
5　海德格尔. 论哲学的规定 [M]. 北京：商务印书馆，2015：113.

之中。内省如太极，主我与客我是太极中的两仪，主我代表阳，客我代表阴，太极（内省）守护着主我客我的阴阳运动。

文化是人的存在方式，它决定了人的在世方式，曾子反思是在儒家文化中审视自己的修己安人的在世方式。内省方式是自我承认方式。它通过记忆与承诺将自我的时间性向过去与将来两个方向展开。保罗·利科指出："自我承认的问题通过记忆和承诺同时达到了两个顶点。一个转向过去，一个面向未来。但借助于它们共有的一些性质，它们应该在自我承认的活生生的现在被一起思考。"[1]　内省是过去、现在与未来的统一，三者共同在场。这种三维时间不是物理性的线性时间，后者表现为一条直线，过去、现在与未来不同时在场。曾子在当下时刻向两个方向伸展：转向过去（替人谋事、与朋友交往、学习老师传授的知识）并在面向未来的君子人格塑中用道德规范进行自我反省。内省是过去与未来在当下的交汇点。

"对记忆的承认将等于对自我的承认"。[2]　这种回忆的承认根据反思在时间上的伸展，涉及"最近""以前""很久以前"，涉及回忆什么（过去的修行）、如何回忆（用道德规范审视自我），它不可能全然呈现我之前的所有一切。回忆什么取决于面向未来的道德选择，如选择向君子人格方向前行。对过去的承认有效地促进了对怀着未来理想的当下自我的承认。

反思不是简单地对现成的东西加以指认，"忠""信""习"不是客观摆在那里——相续的现成事物，它们不是作为现成事物与反思者照面的。"自我理解不是一件现成的事情，所以不能一劳永逸地完成。"[3]　人从与其打交道的事物中来统观地理解自己，通过这种反思，"忠""信""习"成为可理解和阐释的东西。反思不仅评价行为的善恶而且唤起自我向着理想人格塑造的希望。反思不仅肯定或否定已经做过的事情，而

1　保罗·利科. 承认的过程［M］. 北京：中国人民大学出版社，2011：93.

2　保罗·利科. 承认的过程［M］. 北京：中国人民大学出版社，2011：94.

3　张汝伦.《存在与时间》释义（下）［M］. 上海：上海人民出版社，2012：792.

且预防或促成自我去做无益或有益的事情。这种反思是主题化的知，把自我作为专门的对象，按照确定的道德生活方式去存在。

这种反思基于人的时间性，在时间性状态的境域中进行。人从生存出发来解释人的存在，生存不是一个现成事物的运动，我的存在不是像一个现成物一样的在场。知性将现在现成存在的东西认作现实的，时间是一个由前后相继的现在组成的"现在系列"："在前后相继的经历中，只有'在每一现在'现成经历才是'现实的'。相反，过去的和即将来临的经历则是不再'现实'或尚未'现实'。"[1] 时间是由无数"现在"组成的系列。"这些现在作为'立刻不再……'和'刚才还未现在'显现'在一切现在中'"。[2] "现在系列"抹平了过去、现在和未来的区别，这里，过去、现在和未来外在于生命，是非生存性时间维度。时间是客体的容器。在这种时间观中，生存有着一定的时间段，例如，曾子生于前505年，死于前435年。

然而，时间段不是外在于人的，人在历史中不是一个事物在容器中一般的存在，不是像水在杯子中，衣服在衣橱中那样存在。人不是在一个个现在的"时间点"上存在着。曾子横跨于两个边界之间，但他并非是处于前505年——前435年这一时间中的现成物。人的时间性不是物理时间均质化的量的延续。人不是简单地存在于过去、现在与未来之中。人是一个持存的自我，它作为面向未来的我，通过现在的我反思过去的我，不断增强着自我阅历，从而达到世事洞明皆学问、人情练达即文章的境界。阅历包含知觉经验，超出知觉经验，成为生命体验。这是人的时间性的存在结构，人受这一存在结构的指引。人生自觉是能够把握这一生存结构。过去的经历不是"过去"了的东西，阅历不是相继来临和消失的经历的总和，而是自我面向未来对过去经历的当下反思。阅历让过去作用于现在，让未来（人格塑造）揭示现在。过去对现在有一

1　张汝伦.《存在与时间》释义（下），上海人民出版社，2012：990.
2　张汝伦.《存在与时间》释义（下），上海人民出版社，2012：1096.

种效应关系和影响关系。

陈嘉映指出："时而有间，指的却不是两点之间的距离，而是一种开放境界。这一开放境界是在过去、将来和当前三维的相互伸达（本源的时间）中开敞的。"[1] 时间的生命历史不是线性的量，过去不是简单地停留在过去。未来不是尚未出现、即将到来的东西。未来（面向未来的时代新人塑造）作用现在（学生的教育），揭示过去（时代新人要复兴传统文化）。在这个意义上，"将来不比作为曾在的过去来得晚；曾在也不比当前来得早。"[2] 修身让自己的将来形象引导着当下的人格塑造，过去的修身经历作为阅历作用于当前，当前的修身筹划向过去与未来伸展（它以过去的修身经历为基础，面向未来不断自我更新），修身让过去、现在与未来同时在场。"真正的在历史中返回，是本真将来性的决定性开端。"[3]

胡塞尔说："那样一种本质上属于体验本身的时间，以及它的现在、在前和在后的、通过它们具有确定样式的同时性和相续性等等的所与性样式，既未被也不应被太阳的任何位置、钟表或任何物理手段所度量。"[4] 生命体验不能用物理时间简单地度量，它的"相互伸达"与线性时间截然不同。人于当下不断地向前（未来）向后（过去）伸展，人就存在于这种伸展中，这种伸展是人的时间性存在结构。

人的存在是一种释义学的存在，即对生命存在意义进行理解和解释的存在。这个意义上的"释义学"不是方法而是生命的存在方式。"历史就是整个生存源始的伸展"。[5] 这一过程本身说明在人身上过去、现在与未来是统一的，它们处于关联整体之中，生存不能分裂为一个个的前后相继的片段，片段与片段之间只有过渡关系。

1　陈嘉映. 海德格尔哲学概论 [M]. 北京：生活·读书·新知三联书店，1995：385.

2　约瑟夫·科克尔曼斯. 海德格尔的《存在与时间》[M]. 北京：商务印书馆，1996：303.

3　海德格尔. 论真理的本质——柏拉图的洞喻和《泰阿泰德》讲疏 [M]. 北京：华夏出版社，2008：10.

4　胡塞尔. 纯粹现象学通论（第1卷）[M]. 北京：商务印书馆，2017：235.

5　张汝伦.《存在与时间》释义（下）[M]. 上海：上海人民出版社，2012：1028.

　　反省要防止成为脱离社会实践的自我静观。这种自我静观将自我闭锁在意识领域、体验领域。反思指向一个抽象的自我——自我意识，它迫使人回到它的内部，与外部事物隔离。这是一种神秘的内心感应。静观方式古已有之，这是一种内在感知。例如，朱熹说："小说中载赵公以黑白豆记善恶念之起，此是古人做工夫处。如此检点，则自见矣。"[1]明代思想家黄绾青年时依朱熹所说的方法修养，"悔恨发愤、闭户书室，以至终夜不寐、终日不食、罚跪自击，无所不至。又以册刻'天理'、'人欲'四字，分两行。发一念由天理，以红笔点之；发一念由人欲，以黑笔点之。至十日一数之，以视红黑多寡为工程。又以绳系手臂；又以木牌，书当戒之言，藏袖中，常检之以自擎。……今不觉白首，历数十年犹未足以纯德明道。"[2] 这种静观过程关注心理念头，它有接踵而来的前后体验和随后跟来的反思。它以分析的方式凝视自己的私密的心理状态，观察表露出来的内在心理中的善与恶的观念。这种"至十日一数之，以视红黑多寡为工程"与"道德行为账目"相同，它有两个道德栏目，表现一种盈亏对照，通过对记录对照的解读，意识到"犹未足以纯德明道"。反省不能纯粹封闭于自身心灵之内，而要投身于社会实践之中。卢梭认为"单个的主体应当只在安静的小房间中形成他的信念，因为与旁人的交流可能让人在他的'真正'意图和目标设置上自欺。"[3] 这样的内省就会脱离社会实践。

2. 灵魂之深处，自掘才可能

第一，要时刻反躬自省

曾子自我反思方式对当代德育的启示在于人的反思的时间结构是过去、现在与未来的统一，内省伴随着时间，让记忆的过去、感知的当下与期待的未来交织在一起。当代德育与曾子有着共同的反思结构、共同的人格塑造价值取向（价值内容不完全相同），乃至曾子反思方式成为

1　朱熹. 朱子语类（第7册）[M]. 黎靖德编. 武汉：崇文书局，2018：2201—2202.

2　黄绾. 明道篇 [M]. 北京：中华书局，1959：23.

3　阿克塞尔·霍耐特. 承认——一部观念历史 [M]. 上海：上海人民出版社，2021：43.

走在我们前面的东西，成为引导自我教育的方式。"吾日三省吾身"不是过去了的东西，而是"行走"在我们前面的东西，它存在于"照镜子、正衣冠、洗洗澡、治治病"的修身方法中，[1] 这是人生修养中起引导作用的东西。刘少奇在《共产党员修养》一书中提出共产党员要像曾子说的那样每日三省。陈毅有诗："中夜常自省，悔愧难自文；还是鼓勇气，改正再前行；灵魂之深处，自掘才可能。"习近平说："党章要放在床头，经常对照检查，看看自己做到了没有？"[2] 这些思想传承了儒家自省自讼精神，并有所不同，对个体生命的审视包含着对历史使命的理解，它们成为当代德育内省方法的宝贵思想资源。当代德育要使大学生健康成长，需要"见贤思齐焉，见不贤而内自省"的精神。教育者要有曾子般的弘道精神，唯其如此，其门下才能出子思、孟子这样出乎其类、拔乎其萃的学生，从而使"文武之道"、马克思主义理想流芳千古。

习近平说："要时刻反躬自省，就像古人讲的'吾日三省吾身'，自重、自省、自警、自励，洁身自好，存正祛邪，注重修身养德，增强防腐拒变的'免疫力'。"[3] 因为只有具有古人修身的风范，才能增强免疫力。习近平教育学生"每天都可以想一想，对祖国热爱吗？对集体热爱吗？学习努力吗？对同学们关心吗？对老师尊敬吗？在家孝敬父母吗？在社会上遵守社会公德吗？对好人好事有敬佩感吗？对坏人坏事有义愤感吗？这样多想一想，就会促使自己多做一做，日积月累，自己身上的好思想、好品德就会越来越多了。"[4] 这由三省发展到多省，使反省具有新时代的内涵。

内省即有内向性——反思记忆中的自我过去的作为，又有外向性——使个体更好地投身于修身、齐家、治国、平天下的社会实践中去。海德格尔说："教化是人的被塑造状态，源自于持之以恒地贯彻着

1 习近平谈治国理政 [M]. 北京：外文出版社，2014：375.
2 习近平. 在"不忘初心、牢记使命"主题教育总结大会上的讲话 [N]. 人民日报，2020 - 01 - 09.
3 习近平. 之江新语：追求"慎独"的高境界 [M]. 杭州：浙江人民出版社，2007：272.
4 习近平. 从小积极培育和践行社会主义核心价值观 [N]. 人民日报，2014 - 05 - 31.

塑造过程，在这个过程中，人在存在者之中通过自由选择，为其自己的存在而接受塑造。"[1] 儒家修身方法就是教化方法，儒家德育基于"人皆可以为尧舜"的选择自由，为自己的存在而进行自我塑造。

其次，要区分两种不同性质的内省

卢梭提出一个问题："我们试图向别人证明我们的优点和有价值的品质，并且一贯都更偏爱从他们的角度出发去观察我们自身。于是就产生了这样一个问题：一种本真的生活如何可能。"[2] 道德内省取决于人的独立的自我判断，即使是依据期待规范进行内省，其前提是能够判断这一期待规范是否真正合道德。否则，生活在别人的意见中，越是内省，越会丧失自我。

自省是当代德育的关键性范畴，没有自省，就没有自我教育。然而，当儒家说出"有不虞之誉，有求全之毁"[3] "不诱于誉，不恐于诽"[4] 等等时，就暗示了人有两种不同性质的内省方式：正面的内省和负面的内省。人需要在投身共同体与保持自身、孤独评判与众人评判之间保持平衡关系。这需要区分正面的内省和负面的内省。正面的内省是自爱的内省，一种正确的自我理解方式；负面的内省是自恋的内省，一种错误的自我理解方式。前者是以自我判断为导向的行为，后者是以他人评价为导向的行为。自省存在于自我评价和异己评价之间，走向前者，获得自我；走向后者，丧失自我。道德行为基于自我的渴望和意愿，自爱的内省是自己当法官、自己当被告，对自己的行为进行审定，形成自律。个体对道德规范具有检验与判断的自主性；自恋的内省是出于对名望和声誉的渴望，迎合他人的期待，从他者的角度进行自我反思，其行为以他人评判为导向。个体在对承认的追求与自我丧失之间建立起联系，为了追求社会承认，将他人作为大法官和大裁决者，将"不

1   海德格尔. 论真理的本质——柏拉图的洞喻和《泰阿泰德》讲疏 [M]. 北京：华夏出版社，2008：111.
2   阿克塞尔·霍耐特. 承认——一部观念历史 [M]. 上海：上海人民出版社，2021：44.
3   孟子·离娄上 [M].
4   荀子·非十二子 [M].

虞之誉，求全之毁"作为一种内化了的异己判断，将自己当被告，依据他人眼光对自己的行为进行审定，形成他律。自爱的内省产生道德人格，自恋的内省产生虚构人格。自恋的内省最终失去判断真实的自我与虚构的自我的能力，使个体成为被动地按照他人意图行动的人，只生活在别人的意见之中。自恋的内省使人失去了自我判断能力，主体不再具有我的视角，不再具有探索我是谁及设计成为什么样的人的能力。

固然，每个人都处于社会共同体之中，都必须学习共同体之中的道德规范并将其内化，如此，才能成为有道德的人。在这个意义上，人不能在道德上自我立法。有道德的人是通权达变的人，他不机械固守道德原则、更不是听命于周围的人的评判。社会性的赞同不等于正当合理的赞同。孔子说："乡愿，德之贼也。"[1] 乡愿是道德败坏的人。"乡愿"是随大流的人，从大众意见的角度评判自己的行为，众人如是，我亦如是，集体的意志控制了个体的行为，被众人所承认变成一个消极结果。这是典型的自恋者，他依赖于他者的承认。这种人在众多意见形成的欺骗性镜像中寻找自我，成为大家都承认、认可的人。如卢梭所说"对承认的瘾症"产生"对自我的误认"。[2] 乡愿的道德品质仅仅是装出来的，这种人有如易卜生笔下的皮尔·盖恩特，他像一个"洋葱头"，剥去一层层的外壳，却找不到自我的内核，无法确定自己是谁。孟子说："'生斯世也，为斯世也，善斯可也。'阉然媚于世也者，是乡原也。"[3] 这种人全然没有个性与自主性。海德格尔说："只消此在是在常人中生成的、是从常人出发而成为其自身，那么公众就从此在那里夺走了他的选择、他的判断的形成和他的价值评价，它取消了属于此在的己任。"[4] "乡愿"近似于从常人出发而成为其自身的人。自爱的内省能够自主地判断道德规范内容是否具有正当性和它的应用场景，并具有道德上的创新能

1　论语·阳货 [M].

2　阿克塞尔·霍耐特. 承认———部观念历史 [M]. 上海：上海人民出版社，2021：47.

3　孟子·尽心下 [M].

4　海德格尔. 时间概念史导论 [M]. 北京：商务印书馆，2009：342.

力——苟日新，日日新，又日新。当代德育提倡自爱的内省，培养健康人格。只有自爱的内省，个体才具有自主性，才能在自我与其他个体之间建立起平等、尊重的主体间关系。

3. 内省的根据在于能够证悟

内省与修道的教育在于能够证悟。在灵山法会，世尊拈花，迦叶破颜微笑。世尊说："吾有正法眼藏，涅槃妙心，实相无相，微妙法门，不立文字，教外别传，付嘱摩诃迦叶。"禅宗的不立文字就从这里开始。

笔者在视频上听一位名师讲座，说到惠能在街上听人讲金刚经中"应无所住，而生其心"时，豁然开朗。于是投奔五祖弘忍。弘忍夜半传法，惠能当下猛醒，见性成佛。这一故事出自《六祖坛经》。这位名师引经据典，娓娓道来，听者听得津津有味。此一故事流传千年。对于这种神秘体悟，谁人知晓？所谓"春日春风有时好，春日春风有时恶。不得春风花不开，花开又被风吹落。"学习的过程极容易成为"得"与"落"的过程，以宁静的、非反思的态度接受知识，"得"即"落"。这个故事的麻烦之处在于：禅宗不立文字。不读《六祖坛经》，我们不知道惠能开悟；读了《六祖坛经》，我们也体验不到惠能开悟。一旦以不知为知，妄自尊大，缺乏自省回望内心的精神，还不如不知。

理学认为端茶童子即是圣人。端茶童子若茶水倒得恰到好处，端茶不泼洒，走路不摇晃，就已经把这件事做到了至善，即便让孔子来做这一件事也只能如此。端茶童子即是圣人这一道理在事上可以证明。王阳明在龙场，其随从病倒，他照顾病者且以歌声慰藉心灵。王阳明说假如孔子在此也当如此，这说明儒家圣人的圣性可以在人性上得到证悟。儒家的学问是极高明（"圣希天，贤希圣，士希贤"。进德有阶序，士、贤、圣三者历级而上，圣最高明）而道中庸，圣可以在普通人（端茶童子）的生活中见出。顾亭林说："舍天下事物、人伦日用，而守《六籍》以言道，则固不足与言道矣。"[1]

---

1   章学诚. 文史通义. 原道（卷二内篇二）[M].

惠能开悟却不能推论人人在人性上证悟，其极高明却不能道中庸。北宗渐教神秀与南宗顿教惠能分别有四句偈，前者为"身是菩提树，心如明镜台，时时勤拂拭，莫使惹尘埃。"后者为"菩提本无树，明镜亦非台，本来无一物，何处惹尘埃。"前者为渐修，后者为顿悟。前者可以证悟，后者无法证悟。为什么大家都认为后者就比前者高明？

惠能真的开悟了？凡夫不知道；若开悟了，会是什么样状态？凡夫不知道。如果在名师讲座中，说者听者都不知道，这一名师讲座不过是人云亦云、鹦鹉学舌。借用金刚经的话："过去心不可得，现在心不可得，将来心不可得。"惠能开悟的故事流传千古，过去的心不可证得，现在的心不可证得，将来的心不可证得。如此不可证得之事，研究不过是纸上加纸，讲座不过是空言相续。一千年前是这样，现在是这样，一千年后仍然会是这样。苏格拉底的名言"自知自己无知"，这可以在人性上证悟，苏格拉底比那些自以为是的聪明人具有智慧，在于他自知自己无知，而那些夸夸其谈的人根本不知道自己在说什么。在这个意义上，苏格拉底的"不经反思的人生是不值得过的人生"格言显得特别有意义。朗西埃指出："我们必须与亚里士多德一样背弃柏拉图的看法，后者认为理性之人不该蒙羞去加入法庭论争，所以苏格拉底不该蒙羞去跟梅雷图斯和阿尼图斯作对，以致输掉了申辩和生命。"[1] 苏格拉底是正确的，他的申辩让后世记住了"自知自己无知"的名言，这是申辩的价值所在。苏格拉底"信了德尔斐的神谕；他认为自己是神选之人，受到神的特殊托付。"[2] 德尔斐的神谕是伟大的，因为他告诉苏格拉底是最聪明的人，他"自知自己无知"。正是神谕启发了苏格拉底，使他坚持了这场申辩。当下人没有这种"自知自己无知"意识，找不到人生的大本大原，无处扎根，就心无所住，所生之心若浮萍随波逐流。这种人是无本之人。子曰："由！诲女知之乎！知之为知之，不知为不知，是知

---

1 雅克·朗西埃. 无知的教师：智力解放五讲 [M]. 西安：西北大学出版社，2020：124.
2 雅克·朗西埃. 无知的教师：智力解放五讲 [M]. 西安：西北大学出版社，2020：127.

也。"[1] 孔子教训子路的话显得特别有道理。

笔者朋友的孩子上初中可以背诵《道德经》，从小背诵古文经典有两个好处：一是可以打下语文基础，二是可以起到文化反刍作用，在成长过程中将背诵的经典与日常生活经验不断融合，像牛反刍一样消化经典。然而，《道德经》说："为学日益，为道日损。"学习使知识日益增加，为道让知识日益减少。这里的减少如胡塞尔的"悬置"、海德格尔的"去蔽"。如果学习的目的在于证明、展示自己的学识，比如，在亲朋好友面前让孩子背上若干段《道德经》，家长与孩子感觉很有面子，这与《道德经》距离甚远。孟子讲求其放心。放心并不是心丢失了，而是心被遮蔽了。阅读《孟子》不能表现为一种如拥有财产一般地拥有关于《孟子》一书的知识，进而以知识兑换分数，以分数兑换学历。以这种心态拥有的知识越多，心被遮蔽得越多。相反，它是一种去拥有化过程，个体在生命历程中通过实践孟子的"富贵不能淫，贫贱不能移，威武不能屈"而产生新的自我。为了某种外在目的，只记住古典文字的拥有式学习只能产生一种拥有《孟子》的幻觉。拥有心态越强，离孟子之道越远。没有《孟子》一书的文字我们不知道"浩然之气"与"大丈夫"人格，仅靠拥有语言符号体系并不能保证建构道德主体意识。

海德格尔说："此在（指人——作者注）在谈起它自己的时候也许总是说：我就是这个存在者；而偏偏它'不'是这个存在者的时候它说得最响。"[2] 禅宗不立文字，将历史的禅师开悟的故事编辑成书，称为《指月录》。这些文字故事竟是指月的手指而不是真实的月亮。还可再推进一步：凭什么说是指月的？难道不可能指错方向吗？这里的关键在于：怎么证悟到个中义理？若不能，就不知道月在何方。中国文化强调体验、体悟即在于此，指月的文字再美妙，如果不按照这样的方法去实践，产生内在的体验、体悟，终归还在门外。内省是一切修身的根本

大法。

二、　榜样效法

个体是在欣赏他人的道德品质中完成社会化的，在这个学习过程中个体获得了与这些品质相符合的行为模式。榜样效法与广交益友的路径相互贯通，你中有我，我中有你，彼此难解难分。

1. 效法人与效法天

《说文解字》说："学，效也。"学是一种效法。效法者与被效法者既有一种先后关系又有一种对应关系。《说文解字》还说："教，上所施下所效也。"这里的"上所施"不仅有人，而且有天。榜样学习不仅效法人而且效法天。儒家的学有效法人与效法天两个方面，使人与人相友，人与物相友。从效法人上说，钱穆说："孔子教人则曰'博文约礼'。博文既博学于人，而约礼则约之己。"[1] 博文必求约礼，外学于人，内立其己。在榜样教育中，人己内外，一以贯之，合和会通，融凝一体。

第一，效法人。一是效法古人。《中庸》说："修道之谓教。"生命教育就是修自己的人生大道，尧、舜、周文王、周武土的道修得好，生命教育就要学习他们的修道方法。马基雅维利说："因为人们几乎常在他人走过的道路上走，并且效法他人的事迹，虽然他们并不能够完完全全地沿着别人的道路或者不能够取得他们所效法的人的功效。然而一个明智的人总是应该追踪伟大人物所走过的道路的，并且效法那些已经成为最卓越的人们。"[2] 孔子就是这样的人，《中庸》说："仲尼祖述尧舜，宪章文武。"孔子以尧、舜、周文王、周武王这些圣人为榜样，将尧舜之道、文武之道作为生命教育的修道榜样，启迪、激励着儒者修道。孔

1　钱穆. 晚学盲言（上）[M]. 北京：九州出版社，2011：245.
2　马基雅维利. 君主论 [M]. 北京：商务印书馆，2017：24.

子说："述而不作，信而好古。"[1]《论语》以"学而"开篇，以"尧曰"为终篇，表明孔子之志在学习古代圣人。学习孔子，就要知道尧、舜、禹、汤、文、武、周公，知道孔子之学的由来。孟子继承了孔子思想，他说："尧舜与我同类者。"[2] 孟子曰："尧舜之道，孝弟而已矣。子服尧之服，诵尧之言，行尧之行，是尧而已矣。"[3] 他还说："舜，何人也？予，何人也？有为者亦若是。"[4] 舜是什么样的人，你就是什么样的人，只要积极作为，就可以达到舜的境界。

效法古人就要言其言，行其行，"在他人走过的道路上走"。儒家言必称尧舜，承前（以古人为榜样）而启后。然而，在圣人中，孔子被称为"至圣"。"夫子贤于尧舜远矣。"[5] 孔子超越了远古圣人。"自生民以来，未有如孔子也。"[6] 在古代圣人中，孔子出类拔萃，成为"至圣先师""大哉孔子"。"孔子与中国民族、中国文化，几乎一而三，三而一。居今而论，中国民族、中国文化，舍孔子则几乎无从说起。"[7] 2500 年以来的中国人共读《论语》，共尊孔子，孔子成为历代人效法的榜样。孔子之后不再称圣人，颜渊、孟子被称为亚圣，也是后人效法的榜样。在历史上，孔子被尊为"素王"，康有为字"长素"；章太炎佩服顾炎武，名"太炎"，"长""太"都是更进一步的意思，他们都有着效法古人并且要超越古人的志向。不论其能否超越，只论其志向，令人敬佩。

二是效法教育者。孔子说："君子之德风，小人之德草，草上之风必偃。"[8] 君子与民众，分风、分草，相互影响。儒家文化重风气，孔子之于学生，一是风，一是草，相互影响，好学上进，蔚然成风。荀子

1　论语·述而 [M].

2　孟子·告子上 [M].

3　孟子·告子上 [M].

4　孟子·滕文公上 [M].

5　孟子·公孙丑上 [M].

6　孟子·公孙丑上 [M].

7　钱穆. 孔子与论语 [M]. 北京：九州出版社，2011：174.

8　论语·颜渊 [M].

说："君师者，治之本。"[1] 这体现了君师在社会治理中的作用。孟子说："以善服人者，未有能服人者也；以善养人，然后能服天下。天下不心服而王者，未之有也。"[2] 单独凭借善行或善的说教不能令人信服，要以善来陶冶人、熏陶人、滋养人，才能令人信服。恰如鬼谷子说："以德养民，犹草木之得时；以仁化人，犹天生草木以雨润泽之。"[3] 以德养民如以雨润泽草木。"君子之德风"就是"随风潜入夜"的陶冶、熏陶、滋养之风。

孔子说："若圣与仁，则吾岂敢？抑为之不厌，诲人不倦，则可谓云尔已矣。"[4] 孔子树立起学与教的榜样。颜渊描述跟孔子学习的状态："仰之弥高，钻之弥坚；瞻之在前，忽焉在后。夫子循循然善诱人，博我以文，约我以礼。欲罢不能，既竭吾才。如有所立卓尔，虽欲从之，末由也已。"[5] "瞻之在前，忽焉在后"与老子"迎之不见其首，随之不见其后"描述相似，孔子的学问对于颜渊有神龙见首不见尾的玄妙，"微妙玄通，深不可测。"[6] 博文、约礼是孔子教学的通则大法。朱熹说："仰弥高，不可及；钻弥坚，不可入。在前在后，恍惚不可为象。此颜渊深知夫子之道无穷尽、无方体，而叹之也。"[7] 这里描述了孔子的"极高明"的高妙学问。

胡氏说："如行者之赴家，食者之求饱，是以欲罢而不能，尽心尽力，不少休废。"[8] 妙在用"行"与"食"这一人人都能体会到的普通生活之事来说明颜渊的"道中庸"的学习状态。吴氏说："所谓卓尔，亦在乎日用行事之间。"[9] "卓尔"在普通生活之中，高明即在中庸中。

1　荀子·礼论 [M].
2　孟子·离娄下 [M].
3　鬼谷子·佚文 [M].
4　论语·述而 [M].
5　论语·子罕 [M].
6　道德经·十五章 [M].
7　朱熹撰. 李申译. 四书章句集注今译 [M]. 北京：中华书局，2020：233.
8　朱熹撰. 李申译. 四书章句集注今译 [M]. 北京：中华书局，2020：234.
9　朱熹撰. 李申译. 四书章句集注今译 [M]. 北京：中华书局，2020：233.

　　李中孚说："谓颜子从夫子学道则可，谓为学夫子之道，非惟不知道，并不知颜子矣。夫道为人人当由之道。若谓学夫子之道，是舍己而学人，乃后世徇迹摹仿者之所为。"[1] "从夫子学道"才有"仰弥高，不可及；钻弥坚，不可入"之叹。若"学夫子之道"，"即一学而成，不高不坚，不前不后，亦与自己心性有何干涉？"[2] 这说明"至善"不是现成存在的完满状态，修身不只是不断地接近一个凝固化的状态。海德格尔为其全集写了一个格言："道路——而非著作。"这同样意味着读者可以"从"海德格尔学道，而不是学海德格尔的道，不把著作中的文字当作死去的解释学对象，当成现成的道。道必须人人行走，即海德格尔所说的让思上路。执着于著作文字而自己不能从海德格尔学道，与其一同踏上思之道路，使思在途中，就如叔本华所说只看到大师在海滩上的足迹，看不到大师眼中的风景。海德格尔说："这部全集应该以不同的方式展示：一个在对多重含义的存在问题的自身变化着的追问之道路场域里的途中。全集应该通过如下方式来引导：接受问题，一同去追问，然后首先，以愈加好问的方式去追问。"[3] 孔子常常以"大哉问"[4] "善哉问"激励学生独立思考，[5] 不断产生问题意识，这就是从夫子学道。

　　儒家讲"风度、风范、风格、风貌、风神"。君子教化旨在形成一家之风、一国之风、天下时代之风，产生齐家、治国、平天下的局面。儒家理想的伦理共同体是家齐、国治、天下平，身修的集体效果是家齐，家齐的集体效果是国治，国治的集体效果是天下平。它们本于德性，成于风气。仁爱是伦理共同体发展的驱动力。共同善（共同体的善）与个体善是统一的，个体善就是共同善。孔子的一己之谋（谋道）即是为天下后世人之谋，其弘道精神为天下后世树立了榜样，影响着天

1　李中孚. 四书反身录 [M].
2　李中孚. 四书反身录 [M].
3　张一兵. 回到海德格尔——本有与构境（第一卷·走向存在之途）[M]. 北京：商务印书馆，2014：58.
4　论语·八佾 [M].
5　论语·颜渊 [M].

下后世无尽的将来。其将小我推至广大悠久、上下古今之人类大我，这是孔子作为教育者的表率作用。孟子说："规矩，方圆之至也；圣人，人伦之至也。"[1] 孔子是人伦的最高标准，其为自世之帅。

三是效法身边的人及尚友千古。孔子说："三人行，必有吾师焉。择其善者而从之，其不善者而改之。"[2] 孔子还说："见贤思齐焉，见不贤而内自省也。"[3] 凡人都有值得我们学习的地方，看到好的就向他看齐，看到不好的若自己有就改正。这话听起来容易（理解上没有困难），做起来困难（能够虚心向一切人学习，不耻下问）。钱穆说："故三人行，此两个之善恶由比较而自见，第三人则于两人中择善去恶，即是人文演进之大道。"[4] 道德的人文演进即在榜样学习中择善去恶。

孟子说："一乡之善士斯友一乡之善士，一国之善士斯友一国之善士，天下之善士斯友天下之善士。以友天下之善士为未足，又尚论古之人。颂其诗，读其书，不知其人，可乎？是以论其世也。是尚友也。"[5] 孟子告诉人们要结交朋友，这种朋友是弘道之士。交友由较近的朋友发展到较远、最远的朋友——天下之士、千古之士。朋友的社会影响有横向（乡、国、天下）和纵向（古代到今天）两个维度。弘道之士交友，从横向的空间上看，有一乡之士、一国之士、天下之士（乐以天下者为天下之士），这是宽广之扩展；从纵向的时间上看，有一世之士、百世之士、万世之士，有悠久之绵延。上友古人，如孔子梦周公、孟子愿学孔子，今天我们愿学孔子、孟子。前后之间虽然不是同时并世关系，但志气相通，性情相投，后者立志寄情于追随慕效前者。这样，从效法人上说，就有横向和纵向两个维度。流芳百世的天下之士为世世代代的楷模。孔子在历史上影响悠久（万世师表），他今天成为中国文化的代表

1　孟子·离娄上 [M].
2　论语·述而 [M].
3　论语·述而 [M].
4　钱穆. 晚学盲言（上）[M]. 北京：九州出版社，2011：679.
5　孟子·万章 [M].

影响全球。孟子说："乃所愿，则学孔子也。"[1] 当今的大学生应该尚友千古，学习孔子。

第二，效法天。从效法天上说，"则天而行"，天地万物都值得我们学习，让生命与自然相"共鸣"。《易·系辞下》曰："古者包牺氏之王天下也，仰则观象于天，俯则观法于地，观鸟兽之文与地之宜，近取诸身，远取诸物，于是始作八卦，以通神明之德，以类万物之情。"人需要取法天地，"顺天、应天、参天、效天"，[2] 与天地之化育融为一体。《论语·阳货》记载，子曰："予欲无言。"子贡曰："子若不言，则小子何述焉？"子曰："天何言哉？四时行焉，百物生焉，天何言哉？"孔子说这话的目的是告诉学生要倾听天的无言之言。《易经》说："天行健，君子以自强不息。"这就是听天的无言之言而获得的体会。这里的天指天地万物，所谓"居无友则友松竹，出无友则友云山"。人与大自然的松竹、云山为友，友其德，即效法其德。

比德使物的自在属性体现理想人格，使美与善呈现内在的一致性。止于至善不仅具体化为道德规范、道德理想、道德实践而且具体化为"判天地之美"的能力。马克思说："从理论领域来说，植物、动物、石头、空气、光等等，一方面作为自然科学的对象，一方面作为艺术的对象，都是人的意识的一部分，是人的精神的无机界，是人必须事先进行加工以便享用和消化的精神食粮。"[3] 在比德中，天地万物成为艺术的对象，审美是让人走向完美的存在。在比德中，道德人格的隐喻有着广阔的类比领域，石灰也是人类的朋友。明代于谦《石灰吟》："千锤万凿出深山，烈火焚烧只等闲。粉身碎骨浑不怕，要留清白在人间。"通过诗的特殊技巧的巧妙言说，以不起眼的石灰隐喻人格，将无生命的东西显现为有生命的东西，给无生命的东西赋予生命。在儒家文化中，人文本于自然，自然演化出人文，人文日进不离自然日远，人文参赞自然。比

1　孟子·公孙丑上 [M].

2　钱穆. 双溪独语 [M]. 北京：九州出版社，2011：369.

3　马克思. 1844 年经济学—哲学手稿 [M]. 北京：人民出版社，2000：56.

德近取诸身，远取诸物，仰观俯察，通德类情，使人生通于万物。进入不分物我、内外、天人的一片天机中。它使人文自然化，自然人文化，人文自然相得益彰，融成一体，使历史人文与大地并存，自然与人生相通合一，人生观与宇宙观相统一，规范性的善与艺术性的美统一，使道德艺术化。

《石灰吟》有着形象化能力、赋予生命能力和指示现实的能力，将人格置于眼前。这里，有着隐喻的辩证法：由于显现的东西与不显现的东西具有相似性，显现的东西表现了不显现的东西。石灰诗句产生"异常归属"于道德人格的功效。它在原始的本义与转义之间找到了相差甚远的东西（君子人格与无机物）的相似性。隐喻这一引申意义给人带来惊异感与愉悦感，从诗性审美中获得启示。以物比德有"理解的快乐，而这种快乐源于惊奇的效果。……将一些相隔遥远的事物突然进行对比从而启发别人乃是隐喻的功能。"[1] 传统文化中的比德式隐喻已经遍及万物，"朋友"也遍及万物。比德融心物、合内外、一天人、同真善，其教育潜移默化，使人"不求信而信立，不务教而教成。"[2] 孔子说："学而时习之，不亦说（悦）乎？"从以物比德的模仿中得到的快乐就是从学习中得到的快乐。

2. 无入而不自得的"位育"

潘光旦指出："要教一个模范人物在今日的社会生活里发生效力，只有两条狭路可走：一是明白了解他的教训，二是效法他的个人生活，……我们一面承认人生的经验随不同的时地影响而变迁，但同时我们也承认在变迁之中，也有比较不变迁者在。一个模范人物之所以能为模范人物，历久而不失他的地位，就是因为他比别人更能代表这种比较不变的经验，也就是因为他的思想与见解能够超越一时代一地域的限制。我们了解的就是这个超越与不受限制的部分。一个模范人物也就是

1　保罗·利科. 活的隐喻 [M]. 上海：上海译文出版社，2004：43.
2　钱穆. 双溪独语 [M]. 北京：九州出版社，2011：128.

一个对人、对己、对天地万物都比较能够有一个交代的人。换言之，就是一个比较能周旋中矩的方法，都能够'位育'，能'无入而不自得'。"[1] 生命教育中的榜样教育就是"位育"，使人"无入而不自得"。

今天的榜样教育，首先，效法古人。当代德育，要让学生学习孔子。若友一国之士、天下之士，都不满足，尚友千古，与孔子交朋友。通过读《论语》达到"颂其诗，读其书"的目的，通过读历史书籍了解孔子的弘道精神和过程，"以论其世"。从而，以孟子的精神"尚友"，"高山仰止，景行行止"，努力攀登，不让人生仅仅止于平地上。交友有一乡、一国、天下、千古的区别，随着学生"友"的范围不断扩大，榜样益高益远，学生日进其德，日新又新。习近平指出："对古代的成功经验，我们要本着择其善者而从之、其不善者而去之的科学态度。"[2] 这里的"择其善者而从之、其不善者而去之"的学习态度就是借鉴孔子的"三人行"典故，向我们说明效法古人的态度。

其次，教育者要成为学生的榜样。孔子所说："其身正，不令而行；其身不正，虽令不从。"[3] 教育者的表率作用对学生具有感召力。习近平指出："教师要成为学生做人的镜子，以身作则、率先垂范，以高尚的人格魅力赢得学生敬仰，以模范的言行举止为学生树立榜样。"[4] 教育者只有信道、明道、弘道才能成为学生"志于道"的榜样。钱穆说："信从心起，必先信己心，乃能信及他心。"[5] 教育者只有自己信道，让学生感觉到教育者的信念，才能以己心感动他人之心，能自信才能信及他人。这种教育影响体现为：自信——互信——共信。教师成为学生的榜样不能诉诸权力，而是诉诸自身内在素质。在这个意义上，教师不能强迫学生以其为榜样，教师能否成为学生的榜样基于学生的自由与自愿的

1　潘乃谷. 潘光旦释"位育"[J]. 西北民族研究，2000（1）.
2　习近平. 习近平在中共中央政治局第十八次集体学习时强调：牢记历史经验历史教训历史警示　为国家治理能力现代化提供有益借鉴 [N]. 人民日报，2014 - 10 - 14（01）.
3　论语·子路 [M].
4　习近平. 首次点评"95"后大学生 [N]. 人民日报，2017 - 01 - 03（2）.
5　钱穆. 晚学盲言（下）[M]. 北京：九州出版社，2011：904.

选择。因此，榜样的力量在于感召力，其人格魅力越高尚，感召力就越强。"桃李不言，下自成蹊"隐喻以自身的道德榜样感召他人。这里贵在"不言"，榜样在人们心中确立起来，个是基于说教和强迫命令，而是基于受教育者对榜样的心悦诚服。

第三，引导学生见贤思齐。习近平指出："推动全社会见贤思齐，崇尚英雄，争做先锋。"[1] 这是新时代的"见贤思齐"。在德育中，学生做到"见贤思齐"，不能以旁观者的角度观察榜样人物，不能仅仅将榜样事迹当成被判断的事件——英雄事迹。否则，在学生的道德生活中引发不了任何变化。榜样与学生的关系不是观察者与被观察者的关系，而是被效法者与效法者、领跑者和追赶者的关系。学生要达到"见贤思齐"，就要由内心引发起一种学习榜样的动力，努力追求达到与榜样同样的思想境界。习近平指出："由于大家还在学习阶段，社会阅历不多，对社会主义核心价值观的涵义不一定能理解得很深，但只要牢记在心，随着自己年龄、知识、阅历不断增长，会明白得更多、更深、更透。"[2] 青少年阅历不深，通过典型人物的学习与借鉴可以增加阅历。从正面说，通过"见贤思齐"增长学生的阅历。"见贤"是经历，"思齐"为反省性的"阅"，"思齐"使"见贤"的经历变成阅历。从反面说，通过"观过，斯知仁矣"增长学生的阅历。[3] 看到他人犯错误是经历，然后自我反省有无这方面的问题，有则改之，无则加勉，这是对经历的"阅"，使经历增长为阅历，知道了什么是仁。典型人物的启发有正有反，"见贤"为正，"观过"为反，这样，"见贤"与"观过"可以使学生在增长阅历中不断丰富自己的人生。德育要让学生"见贤思齐"、"观过知仁"，若"见贤不思齐"、"观过不知仁"，学生没有自我反思，没有学习与借

1　习近平. 高举中国特色社会主义伟大旗帜　为全面建设社会主义现代化国家而团结奋斗——在中国共产党第二十次全国代表大会上的报告 [M]. 北京：人民出版社，2022：16.

2　中共中央文献研究室. 习近平关于青少年和共青团工作论述摘编 [M]. 北京：中央文献出版社，2017：30.

3　论语·里仁 [M].

鉴的动力，那么，学生的经历仅仅是一种外在的经历，不能变成内在的阅历，只能增长"见闻"而不能增长"见识"。榜样教育要克服"有历无阅"的现象。增长阅历，就如盐（见贤，观过）入水（生活）中，变化气质。

习近平说："心有榜样，就是要学习英雄人物、先进人物、美好事物，在学习中养成好的思想品德追求。我国历史上有很多少年英雄的故事，在中国共产党领导人民进行的革命、建设、改革事业中也涌现了大批少年英雄，他们中不少人的名字同学们可能都听说过。过去电影《红孩子》、《小兵张嘎》、《鸡毛信》、《英雄小八路》、《草原英雄小姐妹》等说的就是一些少年英雄的故事。今天，好儿童、好少年就更多了。你们学校也有被评为'最美少年'的。另外，各行各业都有很多值得我们学习的榜样，包括航天英雄、奥运冠军、大科学家、劳动模范、青年志愿者，还有那些助人为乐、见义勇为、诚实守信、敬业奉献、孝老爱亲的好人，等等。榜样的力量是无穷的。大家要把他们立为心中的标杆，向他们看齐，像他们那样追求美好的思想品德。这就是孔子讲的：'见贤思齐焉，见不贤而内省也。'"[1] 历史上的榜样、电影中的榜样、各行各业的榜样为我们提供了"见贤思齐"的学习机会，学习的目的是追求美好的思想品德。

引导学生"见贤思齐"，在教育中要树立榜样。在德育中要与时俱进地不断树立与宣传榜样。习近平指出："道德模范是社会道德建设的重要旗帜，要深入开展学习宣传道德模范活动，弘扬真善美，传播正能量，激励人民群众崇德向善、见贤思齐，鼓励全社会积善成德、明德惟馨。"[2] 只有开展学习宣传道德模范活动，才能达到习近平所说的"用一贤人则群贤毕至，见贤思齐就蔚然成风。"[3] 通过学习榜样再现榜样的

1   中共中央文献研究室. 习近平关于青少年和共青团工作论述摘编［M］. 北京：中央文献出版社，2017：30.

2   为实现中国梦凝聚有力道德支撑（2013 年 9 月 26 日），习近平《论党的宣传思想工作》［M］. 北京：中央文献出版社，2020：19.

3   习近平谈治国理政（第 1 卷）［M］. 北京：外文出版社，2014：418.

素质，通过树立新的榜样创造出新的素质，走上新时代的治平大道。

第四，寄情万物，皆以养德。黑格尔说，美是理念的感性显现。比德是让德育的道理（理念）在感性的事物中（"岁寒三友"）中显现出来，让思想穿上富有色彩的"外衣"，让抽象的道理感性化。董仲舒说："仁之美者在于天。"[1] 仁德这一抽象的道理在"四时行焉，百物生焉"的天道运行中显现出来。孔子说："天何言哉？四时行焉，百物生焉，天何言哉？"[2] 虽然天没有说话，但从天道运行中可以获得仁的启示。如此说来，天能言，其不言之言无时无刻不在述说着"仁"的道理。

儒家生命教育将德育与美育相融合，认为它们合则两美，相得益彰，分则两损。比德"寄情万物，皆以养德"，就是这两者的融合。德育要让大学生在天地大课堂中受到熏陶，使教育在天地的不言之大美中充满灵气与诗意。传承比德这一方法有三个综合：一是"直观中领会的综合"，大学生来到孔林，看到孔子弟子种下的古松柏，感受其傲骨峥嵘；二是"想象中再生的综合"，在联想法则的支配下，将古松柏与孔子人格汇集在一起，想象人物交融的以松比德的孔子，这是一种创造性想象，仿佛使遥远的过去又回来了；三是"概念中认知的综合"，认识到以松比德是化景物为情思，以景喻情，它属于"孔门之教"，是中华民族的诗意德育传统，在人格熏陶上有着巨大力量。"概念中认知的综合"将概念性的"比德""情景交融""诗意德育"有效地运用于直观经验与联想之上，使三种综合实现统一。从 A 综合到 B 综合，再到 C 综合体现为理解水平的逐级提升，使一个对象——青松被直观、被想象、被置于概念之下。诗意德育是感性直观、表象再现与理性认识的有机统一，是直观性、想象性与认知性的结合的产物，它在三者之间来回往复。它培养学生的感知能力、想象能力与思辨能力。通过三种综合达到三个升华：一是语言的升华——德育语言产生模仿性创作；二是情感的

1　苏舆. 春秋繁露义证 [M]. 钟哲，点校. 北京：中华书局，1992：329.
2　论语·阳货 [M].

升华——内心产生由衷的敬佩感；三是行为的升华——以修己安人的方式进行自我修养。

三、广交益友

孔子说："弟子入则孝，出则弟。"[1] 这说明"天伦"和"人伦"两个互动领域相互影响、相互渗透、相互补益。入指在家庭中的存在状态，出指在社会中的存在状态。这说明弟道不限于一家之内。《论语》说："四海之内皆兄弟也。"[2] 这里的兄弟就是朋友。在个体社会化过程中，通过人伦名教熏陶，人文日起，由"天伦"进到"人伦"，"推亲以及疏，推私以及公"，[3] 一种新的相互承认形式——朋友关系——就进入个体生活之中。个体与兄弟相处的道理通行于朋友。朋友处于五伦之末，但它是个体成长不可缺少的条件。在五伦的其他四伦中，A 与 B 的交往是有分别的；在朋友这一伦中，A 与 B 的交往是无分别的。前者在地位有分别的交往中体现自我价值，后者在地位无分别的交往中体现自我价值。在朋友的承认关系中具有相互对称形式，是一种互惠行为，自我与他者作为平等主体相互尊重，彼此平视，在价值上谁都不会更高或更加特别。人的被承认的期待，只有在相互承认中才能获得满足。

1. 益友与损友

在儒家生命教育中，朋友有不同的类型和层次，并有预定的价值标准来衡量。朋友有着"益友"与"损友"的质的区分和"学""适道""立""权"的等级区分。交朋友的前提是主体将他者身上的特征视为他可以认同的东西。

一是朋友分益友与损友。义与利的标准是识别益友与损友的标准，益友与损友可以根据为善还是为利来辨别，它们分享着舜之徒与跖之徒

1　论语·学而 [M].

2　论语·颜渊 [M].

3　钱穆. 晚学盲言（上）[M]. 北京：九州出版社，2011：501.

的特征。真正的朋友具有道德意义，为了区分朋友的不同类型，孔子提出了益友与损友，"益者三友，损者三友。友直、友谅、友多闻，益矣。友便辟、友善柔、友便佞，损矣。"[1] 意思是说，益友、损友各有三种类型，与正直的、诚实可信的、见识广博的人交朋友，便有益；与那些谄媚奉承、当面恭维而背后诋毁、花言巧语的人交朋友，便有害。在益友中，承认和尊重与道德相联；在损友中，承认和尊重与无德相联。损友损及仁道。与损友交，其道狭而不宏、暂而不久。朋友的承认关系有正向的承认关系和负向的承认关系。结交损友就产生了负向的承认关系，这种承认关系诱惑人走上歧途，路短易穷。周武王曾在他洗手的盆上刻了一段铭文："与其溺于人也，宁溺于渊。溺于渊，犹可游也；溺于人也，不可救也。"[2] 如果结交损友就会溺于人，陷入无可救药的地步。孔子说："唯仁者能好人，能恶人。"[3] 交朋友是有原则的，有仁德的人能够分辨是非，对善人肯定，对恶人否定。孔子说："道不同，不相为谋。"[4]

荀子说："得良友而友之，则所见者忠信敬让之行也。身日进于仁义而不自知也者，靡使然也。今与不善人处，则所闻者欺诬、诈伪也，所见者污漫、淫邪、贪利之行。身且加于刑戮而不自知者，靡使然也。"[5] 荀子继承孔子思想，将朋友分为"良友"与"不善人"，前者在仁义上受到熏陶，后者相反，败坏道德。受两者的影响都是潜移默化而不自知。

仁者爱人，但爱不等于仁。孔子说："唯仁者能好人，能恶人。"[6] 交朋友需要清楚：在与人相处中，有应当爱的人、有应当恶的人。孟子曰："五谷者，种之美者也；苟为不熟，不如荑稗。夫仁，亦在乎熟之

1　论语·季氏 [M].

2　盥盘铭 [M].

3　论语·里仁 [M].

4　论语·卫灵公 [M].

5　荀子·性恶 [M].

6　论语·里仁 [M].

而已矣。"[1] 成熟的仁在于能够分辨。由能好人，能恶人才能产生仁心仁道，进而能交益友。在损友中，有一种难分辨的人是"乡愿"，曲学以阿世。《论语·子路》记载，子贡问曰："乡人皆好之，如何？"子曰："未可也。""乡人皆恶之，如何？"子曰："未可也。不如乡人之善者好之，其不善者恶之。"人格好坏不以众人的好恶为标准而以善恶为标准。孔子说："乡愿，德之贼也。"[2] 乡愿是道德败坏的人。"乡愿"就是大家都承认、认可的人。孟子说："非之无举也，刺之无刺也，同乎流俗，合乎污世，居之似忠信，行之似廉洁，众皆悦之，自以为是，而不可与入尧舜之道，故曰德之贼也。"[3] "乡愿"没有道德底线，以好好先生的姿态骗取人们的承认与认可。孔子说："过我门不入我室，我不憾焉者，其惟乡愿乎！"[4] 孔子将乡愿排除在教育之外。钱穆说："故曰乡愿乃'德之贼'，其实市愿、政愿，皆更是'德之贼'。"[5] 这种人不仅存在于乡村中而且存在于今天的商场中、政界中。辨别益友与损友需要依据道德标准做出判断，而不是听从众人所说，要将乡愿排除在朋友之外。主体自主地决定对互动主体的承认，因此，朋友因自我的独立判断而获得承认与认可。

　　交益友要以文会友，以友辅德。曾子说："君子以文会友，以友辅德。"[6] 除了文与德的标准，不认可其他朋友标准。《孟子·万章篇》记载："万章问曰：敢问友。孟子曰：不挟长，不挟贵，不挟兄弟而友。友也者，友其德也，不可以有挟也。"意思是与朋友交往，不可以依仗自己年纪大、地位高和自己兄弟的高贵。德是朋友不可或缺的构成要素。

　　二是朋友有四个层次。这形成了一组有层次的承认关系。在朋友之

1　孟子·告子上［M］.
2　论语·阳货［M］.
3　孟子·尽心下［M］.
4　孟子·尽心下［M］.
5　钱穆. 双溪独语［M］. 北京：九州出版社，2011：483.
6　论语·颜渊［M］.

间有一种相互评价，借用保罗·利科的话是"相互评价的价值论维度：每个人以相同价值和相同目的衡量着他们自身的品质对他人生活的重要性。"[1] 儒家的朋友交往一开始就受到道德规范的引导。孔子说："德不孤，必有邻。"[2] 主体在主体间获得承认（有邻）是由于他具有高尚的德行。主体间相互承认他们的道德人格特征，并拥有共同的道德规范。由德行产生了吸引力，这给有德者提供了社会保护。《学记》说："独学而无友，则孤陋而寡闻。"这里有着对朋友博学而多闻的角色期待。朋友关系联系着他们合作的共同使命，孔子说："可与共学，未可与适道；可与适道，未可与立；可与立，未可与权。"[3] 主体间处于伦理世界之中并经受着道德标准的检验。这里存在着多层次的规定，之间有阶序。朋友之间的承认体现在一系列活动（体现在认"可"上），林林总总的朋友可以分为四层，这四种朋友的承认模式，为分辨朋友交情的深浅提供了依据。从这一系列分辨出发，由于主体是有洞察力的独立个体，他能判断出"可"与"未可"，彼此以非强制的方式肯定交往的需要。他可以自由地决定与另一个主体进入一段积极的关系，只有与某些朋友在某种"可"上取得一致，友谊才能按照承认的程度逐步发展。在平等交友活动中，依据朋友的个人特征和能力，友谊的高低程度会发生变化，推动参与合作的决定性因素是道德能力。层次越高，对道德水平与能力的要求就越高。朋友之间的每一个层级的跨越，都是道德合作水平提高的表现。志同道合的人成为朋友，"二人同心，其利断金"，四个层次的朋友都体现为在某一层级上"同心同德"，这些朋友可以帮助个体成就事业。自己首先有志有道，然后才能求志同道合的朋友。

　　孔子对朋友进行了功能性区分——出现四分法，它指明了合作的分层化。朋友彼此之间都具有独立道德判断能力和承担责任能力，从而自愿达到合作上的一致性（"可"），这种合作依赖于共识。达到"可"，

1　保罗·利科. 承认的过程 [M]. 北京：中国人民大学出版社，2011：170.
2　论语·里仁 [M].
3　论语·子罕 [M].

与对方有共同的道德品质，产生互动伙伴所承认的行动，双方就都受到尊重。借用霍耐特的话"彼此对等重视就意味着根据价值相互评价，这就使他者的能力和特性也对共同的实践有意义。"[1] 这里有着一个承认关系和重视程度的比较关系，"可"是主体间的评价与相互承认，在不同的"可"中，由于"能力和特性"的差异，"共同的实践"层次不同，朋友因某些特性而受到重视程度不同，"学""道""立""权"就是将朋友区分开来的个性特征，"可"的层次越高越是得到重视。由于不同层次的朋友对人格成长的功能不同，朋友要分别对待，在不同的层次上得到相应的承认。朋友之间实现了四个层次的友谊，是理想中的益友。

2. 尽朋友一伦，交有道的朋友

互联网开启了新的互动模式，人以数据身份进入非物质世界，社会交往在虚拟空间进行，在平台上建立联系。有学者指出："肯尼斯·格尔根指出的那样，晚期现代社会的人们在短时间内会有很多的社会接触，这使得人们生活在一个'过度饱和'的社会中。如今，我们在一个月里见到的人可能比古人一辈子见到的人都多，但是我们不会选择和他们中的每一个人建立关系，因为建立关系太花费时间。"[2] 数字人际关系使社会联系大量激增，在"过度饱和"的社会中，数字社交关系的亲近性打破了物理空间的间距性。罗萨说："社会关系的远近与情感上的亲密与否，跟空间距离已经毫无关联，这让我们身边的邻居可能完全是陌生人，但远在世界另一端的某个人却可能是我们最亲密的伴侣。"[3] 数字媒介造就新的时空体验、社会互动方式，产生空间上的错觉：一切距离都同样的远或同样的近，空间距离的远未必就是情感距离的远。在生活中，数字社交时间在延长，线下社交时间在缩短。借助数字社交自我完

1　阿克塞尔·霍耐特. 为承认而斗争——论社会冲突的道德语法 [M]. 上海：上海人民出版社，2021：180.

2　李菡婷、韩振江. "加速"与"异化"——论罗萨的社会加速批判思想 [J]. 中国图书评论，2022（06）.

3　罗萨. 新异化的诞生——社会加速批判理论大纲 [M]. 郑作彧译，上海：上海人民出版社，2018：58.

善，需要区分出益友与损友。

儒家对朋友的类型与层次进行了区分，标画出朋友不同的鲜明的特征，揭示了是什么使朋友受到尊重，在朋友关系中突出了道德尊重，让人们通过益友与损友及益友的层次来判断朋友的价值。尽管当代朋友的类型与层次被社会主义社会赋予新的内容，承认的道德内容发生了变化。儒家的朋友的类型与层次仍然为当代德育提供了评价朋友关系价值优劣（益与损）与等级的参照系统。

第一，区分益友与损友。习近平强调："益者三友，友直、友谅、友多闻。"[1] 当代德育让学生善尽朋友一伦，交有道的朋友——益友，不交"无道"的朋友——损友。孔子说："晏平仲善与人交，久而敬之。"[2]像古人晏平仲那样，以道义相交，其情可深可久。酒肉朋友属于市道之交，今天的损友包括市场经济中的功利观念充塞于胸中的市道之交，为利则聚，获利则散。以利欲相结，不以心交心，其情淡薄，有利则趣味相投，无利则疏远隔绝。与孳孳为利的损友交往，其志日小，其途益穷，其道益窄。德育让大学生交友首先要区分益友与损友，并提倡以文会友，以友辅德，让大学生活德文双修。依照交友的自觉意志，保护和强化益友关系。益友关系促进人格健康发展，在这种关系中，彼此共有一种价值观和人生目标，A 的品质对 B 的生活有意义和贡献，反之亦然。今天依然可以儒家划分的类型与层次判定朋友的轻重，德依然是朋友的构成要素，朋友之间要向"学""适道""立""权"的层次不断提升，由低级承认形式向高级承认形式迈进，使友谊沿着孔子规定的道德维度不断伸展。以益友的四个层次引导学生的交往活动，让学生的承认关系在范畴上不断向广度扩展、在内涵上不断向高度提升。"路遥知马力，日久见人心。"人们在交往实践中渐渐了解了对方的具体特性与品德，进而成为志同道合的朋友。

1　习近平用典（第 2 辑）［M］. 北京：人民日报出版社，2018：61.

2　论语·公冶长［M］.

　　第二，区分"有道"与"无道"。习近平用典："德不孤，必有邻。"[1] 有道德的人会有志同道合的朋友。志同道合是儒家朋友一伦的大传统。孔子说："道不同，不相为谋。"[2] 朋友有"有道"与"无道"之分，"无道"也是"有道"，只是"道不同"。荀子说："取友善人，不可不慎，是德之基也。"[3] 慎择朋友，是成就道德之基础。弘道与交友是联系在一起的。"友也者，友其德也。"[4] 朋友志同道合的关键在于自己有志于道，如此才能找到志相同、道相合的朋友，像马克思与恩格斯那样志同道合，谱写历史新篇章。交友在于立己（志于道）而达人（彼此共达志与道）。当代德育要让大学生善用朋友一伦，交友而能立能达，志同道合的朋友彼此相互促进，会让道越走越宽广、越走越光明。孟子说："得道多助，失道寡助。"[5] 这里多助与寡助会使"君子道长，小人道消"，[6] 大学生广其友道，多交益友，相习成风，会使君子之道扩充流行。新时代，广交益友的能力需要在社会实践中得到提升，在社会主义核心价值观的友爱观指导下，沿着民族复兴的道路，使越来越多的成员成为朋友，使"四海之内皆兄弟也"。理想越宽广，朋友的数量就越多。

　　第三，教师成为学生的师父、师友。师道蕴含着师父、师友。来孔子处求学的学生都自称"门人"，钱穆说："称'门人'。谓得进其家门之内，如家中之子弟。"[7] 孔子如学生家中的父亲、兄长。"孔子之死，其弟子心丧三年，则师犹父，故俗常言'师父'。"孔子称弟子为朋友，所以有"有朋自远方来"一说。宋翔凤《朴学斋札记》："'朋'即指弟子。故《白虎通·辟雍篇》云：'师弟子之道有三：《论语》曰"朋友自远方来"，朋友之道也。'"钱穆说："则弟子亦如朋友。俗又'师友'

1　习近平用典（第2辑）[M]. 北京：人民日报出版社，2018：67.

2　论语·卫灵公 [M].

3　荀子·大略 [M].

4　钱穆. 晚学盲言（上）[M]. 北京：九州出版社，2011：488.

5　孟子·公孙丑 [M].

6　周易·上经·泰 [M].

7　钱穆. 孔子与论语 [M]. 北京：九州出版社，2011：488.

并称，则朋友一伦中，兼师、弟子可知。"[1]

朋友这一伦包含着老师，这赋予教师这一职位兼（师）父、（师）友的历史文化内涵，教师对学生既有长辈情感又有朋友之谊。钱穆说："使无七十门弟子相聚，则孔子决不成他日之孔子。人知弟子之成于师，不知师亦成于弟子，无弟子又何成为师？"[2] 师生互动，教学相长，相与共学，成己成人。学生之成，成于教师；教师之成，成于学生。这一优良传统应当为当代师道所传承。习近平指出："教师在课堂上展现的情怀最能打动人，甚至会影响学生的一生。"[3] 这一情怀就是师父兼师友的情怀。

桃李有春风之吹，然后开花结果。师父、师友之于弟子重在春风化育。弟子即桃李，师道如春风。春风化桃李，并引发桃李的自化——自我教育。孔子说："学而时习之，不亦说（悦）乎？"学习能够自悦，孔子的学而时习引发了学生的内心自学、内心自悦。朱熹《伊洛渊源录》卷四："朱公掞见明道于汝州，逾月而归。语人曰：'光庭在春风中坐了一月。'"教化的最高境界如沐春风，潜移默化。

四、慎独自律

慎独是致中和的方法。《中庸》说："中也者，天下之大本也；和也者，天下之达道也。致中和，天地位焉，万物育焉。"朱熹注曰："自戒惧而约之，以至于至静之中，无少偏倚，而其守不失，则极其中而天地位矣。自谨独而精之，以至于应物之处，无少差谬，而无适不然，则极其和而万物育矣。"这里的"自戒惧而约之"和"自谨独而精之"就是慎独，它的高远目标是"极其中而天地位矣"、"极其和而万物育矣。"

1　钱穆. 晚学盲言（上）[M]. 北京：九州出版社，2011：507.
2　钱穆. 晚学盲言（下）[M]. 北京：九州出版社，2011：962.
3　习近平. 用新时代中国特色社会主义思想铸魂育人　贯彻党的教育方针落实立德树人根本任务 [N]. 人民日报，2019－03－19（001）.

1. 慎独自律，以圣化俗

"奥古斯丁问道：谁能揭开这个疑案？谁能了解真相？答曰：主，我正在探索，在我身内探索：我自身成为我辛勤耕耘的田地。"[1] 慎独使自我的心灵成为道德耕耘的田地，清节自守。

阐弘大道需要有坚定的道德信念，做到慎独。慎独才能立己，立己才能立人。立己是立其德，而不是立其财富和权位。财富和权位都在外，不在内；都在物，不在心。只有德，才在其内，在其心。立德求为君子，恬澹知足，自足自安；仅仅求财富和权位为小人，不足不安。能否慎独是划分君子与小人的标准。慎独使俗我（人欲）走向圣我（天理）、小我走向大我，让小我与大我相融合、相会通。《尚书》说："人心惟危，道心惟微，惟精惟一，允执厥中。"慎独要使道心控制人心，让人心走向道心，使人心与道心合一，专心持守，走中庸之路。慎独产生俗我（人欲）与圣我（天理）的对话张力，以圣化俗，去私立公，由内圣（明明德）而外王（亲民），以我为同心圆，走向家、国、天下，使小我不断融入大我——共同的大生命体。"故身之上有家、国、天下，身是小生命，家、国、天下乃其大生命。"[2]

慎独与内省血脉一贯，它与他律相对立，慎独要求自律。慎独出自《大学》和《中庸》。《大学》在诚意环节提出了慎独："所谓诚其意者，勿自欺也。如恶恶臭，如好好色，此之谓自谦。故君子必慎其独也。小人闲居为不善，无所不至。见君子而后厌然，揜其不善，而著其善。人之视己，如见其肺肝然，则何益矣。此谓诚于中，行于外。故君子必慎其独也。曾子曰：'十目所视，十手所指，其严乎！'富润屋，德润心，心广体胖，故君子必诚其意。"在慎独中形成自律的自我。主体在自律中无法抹去自我性，因此，慎独要使自我的意念真诚，这是慎独的第一标准。

1　　海德格尔. 存在与时间 [M]. 北京：生活·读书·新知三联书店，1987：55.
2　　钱穆. 晚学盲言（上）[M]. 北京：九州出版社，2011：204.

《大学》从四个方面提倡慎独：第一，诚意是要使自己意念真诚，不自我欺骗，培养"如恶恶臭，如好好色"一般的真实的道德情感；第二，不要仿效小人，假装行善，隐恶扬善，用一种并不存在的品德去迷惑他人。只有内心真诚，才有外在的真实表现。恰如《中庸》所说："道也者，不可须臾离也，可离非道也。"弘道之人须臾不可离道；第三，以他律促进自律。《大学》指出：当一个人干坏事的时候，众人的眼睛在看着他，众人的手在指责着他，这是多么严厉啊。这就是他律，他律是自我根据他者对我的行为的评价，知道应当如何对自己的行为进行道德控制。慎独要从他律走向自律。如果仅仅由于惧怕"十目所视，十手所指"而自我约束，尚不能达到真正的自律。然而，他律（心中有敬畏感）对自律有促进作用；第四，修德者有好的福报。德与福是两个不同的价值范畴，它们之间的异质性决定了不能从一个推导出另一个。生活中存在着德与福的二律背反现象，颜回有德而无福。然而，儒家讲德福相报，财富可以装饰房子，道德可以修养自身。这一点与儒家苦乐观相联系——"积善之家必有余庆"，从而身心舒畅。孟子说："君子所性，仁义礼智根于心。其生色也，睟然见于面，盎于背，施于四体，四体不言而喻。"[1] 这与"心广体胖"异曲同工。所以，君子一定要慎独。然而，达到慎独的人其修身源于自我激励，不再需要外在压力（"十目所视，十手所指"）和诱因（积善之家必有余庆），由他力（外在压力）转变为自力（自我用力——内省）。

《中庸》说："君子戒慎乎其所不睹，恐惧其所不闻。莫见乎隐，莫显乎微，故君子慎其独也。"君子对道德要有敬畏之心，在他人看不见、听不着的时候要心存畏惧，坚守道德原则。曾子引《诗经》"战战兢兢，如临深渊，如履薄冰"来形容这种心态。

《大学》与《中庸》在他人的缺场中建立起了慎独空间。然而，朱熹认为慎独不一定是独处状态。"问：'"慎独"，莫只是"十目所视，十

1　孟子·尽心上 [M].

手所指"处，也与那暗室不欺时一般否?'先生是之。又云：'这独也又不是恁地独时，如与众人对坐，自心中发一念，或正或不正，此亦是独处。'"[1] 这里的"独处"是与他人在场时他人看不见的念头。朱熹的贡献是增添了在场环节，使慎独不仅包括他人的不在场而且包括他人的在场，个体在在场与不在场中编织起道德自律。

个体社会化的发展趋势是以修身为圆点，并不断在家、国、天下同心圆中自我提升、自我超越的过程。身、家、国、天下递演递进，形成了儒家伦理规范系统。它呈现承认的四个阶段：自我承认（主我与客我之间的承认）、家庭共同体的主体间承认、国家共同体的主体间承认、天下人的主体间承认。一连串的由近及远的规范理想指引着慎独的前进方向。这是一个从天伦（家庭关系）到人伦（国家、天下）的发展过程，是"从自然存在到有精神性存在、从人类动物到理性主体的转变"。[2] 这是承认关系不断扩大的过程，是个体主体性增长与自我实现的过程。慎独由内省的工夫开显出社会功用，是向里用力（明明德）与向外用力（亲民）的统一，它以社会规范的内化保外化（亲民），以外化促内化。"生命愈收拾向内，其生命乃愈能扩展而向外。"[3] 慎独使明明德与亲民相互渗透，"愈收敛，愈扩展。愈在内，愈向外。"[4] "人皆可以为尧舜"是慎独的动力。

刘宗周说："孔门之学其精者见于《中庸》一书，而'慎独'二字最为居要，即《太极图说》之张本也，乃知圣贤千言万语，说功夫说本体，总不离慎独二字。独即天命之性所藏精处，而慎独即尽性之学。"[5] 生命教育是尽性的教育，这种尽性教育需要慎独。刘宗周说："学以学为人，则必证其所以为人。证其所以为人，证其所以为心而已。自昔孔

1　朱熹. 朱子语类（第4册）[M]. 黎靖德编. 武汉：崇文书局，2018：1129.
2　阿克塞尔·霍耐特. 我们中的我——承认理论研究 [M]. 南京：译林出版社，2021：4.
3　钱穆. 双溪独语 [M]. 北京：九州出版社，2011：441.
4　钱穆. 双溪独语 [M]. 北京：九州出版社，2011：442.
5　刘宗周全集（第2册）[M]. 杭州：浙江古籍出版社，2007：301.

门相传心法，一则曰慎独，再则曰慎独。"[1] 儒家相传的心法是慎独。

慎独来自自我反思，主体的我与社会期待的客体的我的交流。米德说："'主我'是有机体对他人态度的反应；'客我'是有机体自己采取的有组织的一组他人的态度。他人的态度构成了有组织的'客我'，然后有机体作为一个'主我'对之作出反应。"[2] 这一有组织的客我就是社会期待的我——齐家、治国、平天下的我。"《中庸》《大学》中的'慎独'观正是这种内外交融，本体与功夫合一的体现"。[3]

2. 始终不放纵、不越轨、不逾矩

习近平说："《礼记》有云：'莫见乎隐，莫显乎微，故君子慎其独也。'党员干部要'慎独'。……做到台上台下一个样，人前人后一个样，尤其是在私底下、无人时、细微处，更要如履薄冰、如临深渊，始终不放纵、不越轨、不逾矩。"[4] 这是在无人提醒的前提下自我琢磨。这一道理同样适用于大学生修养。

慎独是自立其己。习近平指出："法律是成文的道德，道德是内心的法律，法律和道德都具有规范社会行为、维护社会秩序的作用。"[5] 道德成为内心的法律就是慎独。慎独是弘道的基础。杜甫诗："在山泉水清，出山泉水浊。"在诗意隐喻中，相似性（出场的水清与不出场的廉洁）发挥着作用。在这种作用中，同一性（水清与清廉）与差异性（人道与物理）之间保持着张力，诗意的假设与隐喻的哲理之间保持着张力，张力产生奇特的教育效果。慎独方法通过这种诗性隐喻的构建过程展示了其方法的魅力。它启示当代德育做到慎独要保持一湾在山清泉水，防止违纪违法——出山使水由清变浊。

卢梭指出："唯有道德的自由才使人类真正成为自己的主人；因为

1　刘宗周全集（第2册）[M]．杭州：浙江古籍出版社，2007：5.
2　乔治·赫伯特·米德．心灵、自我和社会 [M]．北京：北京联合出版公司，2014：155.
3　谢清果．中庸的传播思想 [M]．北京：九州出版社，2018：28.
4　习近平．之江新语 [M]．杭州：浙江人民出版社，2007：272.
5　习近平．加快建设社会主义法治国家 [J]．求是，2015：1.

仅只有嗜欲的冲动便是奴隶状态，而唯有服从人们自己为自己所设定的法律，才是自由。"[1] 这里"自己为自己所设定的法律"就是自律，"服从"就实现了慎独。康德说过："有两种伟大的事物，我们越是经常、越是执着地思考它们，我们心中就越是充满永远新鲜、有增无己的赞叹和敬畏：我们头上的灿烂星空，我们心中的道德自律。"[2] 康德对道德自律有一种"戒慎乎其所不睹，恐惧其所不闻"的敬重畏心，其墓志铭："位我上者，灿烂星空；在我心中，道德自律。"反映了康德有极高的道德修为。说明慎独自律是古今中外从事道德修养的人的一种重要方法。

习近平著有《追求"慎独"的高境界》，他说："刘少奇同志在《论共产党员的修养》中就将'慎独'作为党性修养的有效形式和最高境界加以提倡，他说：'即使在他个人独立工作、无人监督、有做各种坏事的可能的时候，他能够"慎独"，不做任何坏事。'党员干部都要努力做到'慎独'。"[3] 刘少奇在《共产党员的修养》中，最早提出共产党员要慎独，新时代仍然需要这一精神。当代德育要让学生培养起慎独精神。

慎独是所有修身方法的共通机制，它在当代道德修养中依然具有形塑力量。刘蕺山说："圣学之要，只在慎独。"[4] 当今的各种道德规范都与慎独联系在一起。慎独是道德修养的关键所在和核心要素。"圣贤千言万语，说本体、说工夫，总不离慎独二字。……总之诸儒之学，行到水穷深处，同归一路，自有不言而契之妙。"[5] 讲修身离不开慎独，《大学》《中庸》，刘少奇、习近平谈修养"同归一路，自有不言而契之妙"。当代德育提倡慎独有如下要求：

一是要从"隐"和"微"两方面入手。慎独以自律的方式将个体修身活动调动起来并加以结构化：有着隐与微两极，这两者又有着结构性关联。马基雅维利说："在患病初期，是治疗容易而诊断困难；但是日

1   卢梭. 社会契约论 [M]. 商务印书馆，1980：26..

2   郑保华. 康德文集 [M]. 北京：改革出版社，1997：313.

3   习近平. 之江新语 [M]. 杭州：浙江人民出版社，2007：272.

4   吴光. 刘宗周全集（第二册）[M]. 杭州：浙江古籍出版社，2007：361.

5   吴光. 刘宗周全集（第二册）[M]. 杭州：浙江古籍出版社，2007：258 - 259.

月荏苒，在初期没有检查出来也没有治疗，这就变成诊断容易而治疗困难了。"[1] 从"隐"和"微"两方面入手是防止小毛病变成难以根治的大毛病。对待隐与微的态度又产生了三种人生状态。

一件坏事，不要以为别人看不见，就去做它；不要以为是一件极小的坏事，就做它。北齐刘昼说："荃荪孤植，不以岩隐而歇其芳；石泉潜流，不以涧幽而不清；人在暗室，岂以隐翳而回操？"[2] 刘昼用诗意的语言形容慎独的人在隐蔽与幽微时的作为。

堤溃蚁穴的隐喻具有彻底性——从微到著，描述了一个事物由好变坏的全过程。据此可以看到有三种人生状态：道德上的洪水溃堤——蚁穴——"金刚不坏"之"堤"；与之相应有三种人生面相：禽兽——凡人——圣贤；与之相对有三种人生境地：无律——他律——自律。大学生道德修养要从无律走上他律，从他律走上自律。只有达到自己在自己面前感到羞耻的程度，才能达到慎独，使人格在恶上"不睹不闻"，在善上"亦睹亦闻"，从而有"金刚不坏"之"堤"，达到自律，争做圣贤。习近平说："正所谓'金无足赤，人无完人'。我们都要'自强不息，止于至善'。"[3] 以这一精神向着圣贤方向前进。

慎独要处理好闲暇时光。马克思指出自由时间是人的全面发展的条件，说明可自由支配的闲暇时光对人的发展具有重要意义。随着生产力的发展，人们闲暇时光越来越多，为人的全面发展创造了条件。钱穆说："闲暇的人生，正如名画之空白处，画中山川人物之灵气，即在此空白处胎息往来。'小人闲居为不善'，皆因其欠缺处闲暇的学问。"[4] 今天"小人闲居为不善"新的表现形式是时尚异化。正所谓"我自怀中解垢衣，无须向人夸精进"，真正有修养的人，不向外自夸，更不"掩其

1　马基雅维利. 君主论［M］. 北京：商务印书馆，2017：12.

2　王叔岷. 刘子集证.［M］. 中央研究院历史语言研究所，1961：22 - 23.

3　习近平. 毫不动摇坚持我国基本经济制度　推动各种所有制经济健康发展［N］. 人民日报，2016 - 03 - 09（002）.

4　钱穆. 历史与文化论丛［M］. 北京：九州出版社，2011：166.

不善，而著其善"[1]。

二是将慎独与他律和自律联系在一起。"十目所视，十手所指"，使个体在他人面前感到羞耻，这是他律；心中发一恶念，自己在自己面前感到羞耻，这是自律。朱熹指出耻感"存之则进于圣贤，失之则入于禽兽"。[2] 耻感使人处于"中间"，更高处为圣人，更低处为禽兽，人处于两极之中，"存之"达到圣贤一极，"失之"堕入禽兽一极。慎独有着自律与他律、外在的批评和内在的检讨、圣贤与禽兽两极。人在这两极中摇摆。习近平说："古人云：'堤溃蚁穴，气泄针芒'，'巴豆虽小坏肠胃，酒杯不深淹死人'。这揭示了由量变到质变的深刻哲理。"[3] 这从辩证法的质量互变规律上阐述了在人格修养上出现了"隐"和"微"，会产生由量变到质变的道理。为防止出现此类状况，就要使价值观教育"在落细、落小、落实上下功夫"。对个体修养来说，他律是自律的前提，自律是他律的结果。即使实现了自律也依然需要他律——接受组织、制度的监督。大学生将他律与自律结合才能实现理想人格。

当代德育的慎独修养存在着他人在场与不在场的互动中，他人在场——十目所视，十手所指，促进个体实现道德自律。道德自律能使个体在他人不在场时独善其身。再进一步，他人在场时，"自心中发一念"，他人不知晓，仿佛不在场，能使心归于正。慎独有着他人在场（十目所视）——不在场（闲居、独处）——在场（与众人对坐）——仿佛不在场（自心中发一念）的交织。在慎独修养中，大学生要经历无数的"闲居"与"一念"的考验。

实现他律与自律的统一要将自我琢磨与相互琢磨相结合。习近平说："正所谓'玉不琢，不成器；人不学，不知义'。少年儿童正在形成世界观、人生观、价值观的过程中，需要得到帮助。不要嫌父母说得多，不要嫌老师管得严，不要嫌同学们管得宽，首先要想想说得管得对

1　礼记大学·第七章 [M].

2　朱熹撰. 李申译. 四书章句集注今译 [M]. 北京：中华书局，2020：847.

3　习近平. 之江新语 [M]. 杭州：浙江人民出版社，2007：38.

不对、是不是为自己好，对了就要听。有些事没有做好，这不要紧，只要自己意识到、愿意改就是进步。自己没有意识到，父母、老师、同学指出来了，使自己意识到、愿意改也是进步。"[1] 这里体现了学生的他律（老师、父母、同学说）与自律（自己意识到、愿意改）的统一，体现了他律与自律的辩证法。这里的重点是在他人提醒下的自我琢磨。

习近平指出："要倡导开展积极的善意的实事求是的批评和自我批评，大家坦诚相待、如切如磋、如琢如磨，总结经验教训，交流思想认识，达到帮助同志、增进团结、做好工作的目的。"[2] 这里的重点是相互琢磨。

慎独要有自强不息的精神。黄宗羲说："慎之工夫，只在主宰上……然主宰亦非有　处停顿，即在此流行之中，故曰'逝者如斯夫，不舍昼夜'！"[3] 慎独与自强不息方法相联系，它有不舍昼夜的精神。习近平指出："'莫见乎隐，莫显乎微，故君子慎其独也。''不虑于微，始贻于大；不防于小，终亏大德。'加强自律关键是在私底下、无人时、细微处能否做到慎独慎微。大家要懂得小事小节中有政治、有方向、有形象、有人格的道理，从小事小节上加强约束、规范自己，常掸心灵灰尘，常清思想垃圾，常掏灵魂旮旯。"[4] 这三个"常"与"不舍昼夜"一脉相通。

1　习近平. 从小积极培育和践行社会主义核心价值观——在北京市海淀区民族小学主持召开座谈会时的讲话 [N]. 光明日报，2014 - 5 - 31.
2　中共中央政治局召开专门会议对照检查中央八项规定落实情况讨论研究深化改进作风举措 [N]. 人民日报，2013 - 6 - 26.
3　黄宗羲. 明儒学案（卷六十二）[M]. 北京：中华书局，2008：1514.
4　王学斌. 莫见乎隐，莫显乎微，故君子慎其独也 [N]. 光明日报，2020 - 1 - 2.

第六章　儒家人文环境中的位育与当代德育启示

海德格尔说："我们自身所是的存在者，此在，就其本身是根本不能以'这是什么?'这个问题来询问的。仅当我们问'它是谁'，才能接近这一存在者。……［对该问题的］回答给出的不是一个事物，而是一个我、你、我们。"[1] 人有自我意识，能够区分我与你，并且能够形成"我们"的共同体。当我们了解"它是谁"时，应该从彼此关系以及结合成的"我们"的共同体入手。儒家学问就是"位育学"，它回答"它是谁"的问题，由此建构家、国、天下和谐的人文环境。孟子说："无恻隐之心，非人也；无羞恶之心，非人也；无辞让之心，非人也；无是非之心，非人也。"[2] 无德则不成其人。儒家以仁爱、我与你的情感互动及家、国、天下的共同体方式回答了"它是谁"的问题，教育人如何安其所、遂其生。兹下，分析我与你的主体间承认关系。主体间承认的互动结构揭示了儒家生命教育如何构建"人和"的位育环境。

人是处于其他众多主体之间的主体，人与人彼此的承认关系对于仁爱关系的建构来说是构成性的。黑格尔说："在承认中，自我不再是独一无二者。"[3] 只有在承认关系中，人才成为社会的人。《说文解字》对仁的定义是："仁，亲也。从人从二。"人与人相偶的交往结构是形

1　海德格尔. 现象学之问题［M］. 上海：上海译文出版社，2008：157.

2　孟子·公孙丑上［M］.

3　转引保罗·利科. 承认的过程［M］. 北京：中国人民大学出版社，2011：155.

成仁爱关系的前提，爱的关系是一种 A 与 B 共同作用所产生的共生关系。

　　社会的伦理凝聚力量在于仁，儒家将仁作为伦理共同体中主体间的实践立场。只有人与人相处，彼此有着仁爱的承认关系，才有人伦大道。古文中仁是"忎"，千心会通合为仁。儒家仁爱具有主体间性内涵，它是根据相互承认的要求来界定的。仁爱是关系性范畴，它不是物品，主体不能像拥有物品那样地拥有仁，而只能在交往实践中获得仁。

　　仁爱的过程是彼此相互承认、认可的过程，儒家相互承认关系的结构内部有规范要求（如父慈子孝），生命教育让个体在特殊的伦理框架内自主决定自己的存在方式。伦理规范将人置于不同立场（父慈子孝），让其理解自己对共同体（家庭共同体、国家共同体）的价值，并相互承认他们自己的特殊性。恰如黑格尔所认为的"伦理关系是教化［个体］服从共同体的运动"。[1] 在传统社会，人与人之间通过五伦关系建立与家、国、天下的社会联系，五伦是伦理关系的内在结构。五伦涉及主要和重要的仁爱承认关系维度，这种五伦伦理关系提供了相互承认的平台。伦理关系是主体间承认的前提，互动模式是主体间承认的实现方式，修身、齐家、治国、平天下是人与人相互承认的不同发展阶段。儒家的自我实现是分类型的，面对不同的他者，个体在道德发展上的特殊潜能的开发不同，其自我实现也有不同的形式。舜作为子开发出孝的潜能，孔融作为弟开发出悌的潜能，他们在主体间伦理承认关系上将孝与悌形式的自我实现提高到极高的水平，激励着后人向更高要求的相互仁爱的承认关系发展。从这个意义上看，道德关系上的全面发展与自我实现都有着不同的特殊类型。儒家生命教育是教育我们民族如何寻找一个位育之道，这个道就是安其所、遂其生之道。

1　阿克塞尔·霍耐特. 为承认而斗争——论社会冲突的道德语法［M］. 上海：上海人民出版社，2021：84.

一、 主体间承认关系——人文环境中的位育前提

保罗·利科指出："人必须被承认并且必然是承认者。"[1] 个体有身份、人格特征、成就和情感被承认和赞赏的愿望，个性的形成依赖于主体间的相互承认。"直到两个个体都看到自己被他人确认为独立个体，他们才能互相把自己理解为独立行动的个体自我。"[2] 人人都有承认与被承认的需要与渴望，人不能走上与共同体自我隔绝的道路，而能够被承认为共同体所接纳的成员，使个体的生存受到社会保护。在传统社会中，承认是对个体道德品质的认可。个体必须在主体间确立的仁爱价值系统中得到承认，人们通过规范伦理彼此相互承认，融合进满足他们权利的共同体——家、国、天下之中。人的自我实现具有主体间的承认前提，我的存在方式需要得到他人和社会的承认。

1. 始于承认的"安所遂生"的"位育"

位育出现于《中庸》的首章末句"致中和，天地位焉，万物育焉"。朱熹指出首章为《中庸》全书的宗旨，其下十一章是对首章的展开。而位育处在首章收尾，显得十分重要。郑玄解释说："位，犹正也。育，生也，长也"。[3] 位育包含天地正位、万物养育之意。潘光旦指出："《中庸》上说，'致中和，天地位焉万物育焉'。有一位学者下注脚说，'位者，致中和，天地位焉，万物育焉。'有一位学者下注脚说'位者，安其所也，育者，遂其生也。'所以，'安所遂生'，不妨叫作'位育'。"[4] 本文的位育取自潘光旦的位育。生命教育始于承认，是"安所遂生"的"位育"。

人是主体间性存在。他既是独立个体，又是共同体成员。个体要满

1　保罗·利科. 承认的过程［M］. 北京：中国人民大学出版社，2011：155 - 156.
2　阿克塞尔·霍耐特. 为承认而斗争——论社会冲突的道德语法［M］. 上海：上海人民出版社，2021：90.
3　郑玄. 礼记正义［M］. 唐孔颖达疏，北京：北京大学出版社，2000：1662 - 1663.
4　潘光旦. 寻求中国人位育之道［M］. 北京：国际文化出版公司，1997：1.

足自我需要，必须参与赋予他满足相应权利的共同体。霍耐特说："人类主体同一性来自主体间承认的经验。"[1] 如果个体被排除于共同体之外，其孤立存在就难以形成正常人格，极端例子是狼孩。人不可能真正成为原子式孤立的存在，无"伦"可言，成为无所凭依的浮萍，即使鲁宾逊身处荒岛，也需要星期五的承认。霍耐特说："人是一种能够结成共同体的存在物。"[2] 每一个体不仅是共同体的成员而且必须通过独特的责任与义务获得肯定与承认。若个体被排除于相互承认的共同体，对个体的生存会产生灾难性后果。人必须承认他者，进而，在共同体中获得承认和尊严。

儒家生命教育关注人与人的仁爱承认关系，生命教育始于承认，在承认关系中培养修己安人的君子人格。孔子说："鸟兽不可与同群，吾非斯人之徒与而谁与?"[3] 人离不开社会，也离不开承认关系。儒家的承认是与仁爱有关的承认。道德的发展过程是仁爱承认意义的增长过程，从家的相互承认共同体进到国的共同体、再进到天下共同体。共同体不是孤立个体的集合，而是以仁爱为纽带结成的伦理共同体。在仁爱中产生"亲亲而仁民，仁民而爱物"的情感，形成亲亲、仁民与爱物三个境界，使个体的道德责任的范围不断扩大。这涉及如何尊重他者与爱护他物，与亲亲共有的是孝慈；与仁民共有的是仁、敬、信等；与爱物共有的是赞天地化育之情怀。民胞物与是最高级的仁爱承认形式，也是位育的最高境界。"道不远人"，位育从孝悌开始，由此推广出"天下一家"的平天下观念。

儒家描绘了主体间共存的处境，人必相偶成人，不能孑然孤立成人，自立为生。并假设了人性中有与"相人偶"相联系的根基，《中庸》说："仁者人也。"人处于社会之中，表现为人在家中，家在国中，国在

1　阿克塞尔·霍耐特. 为承认而斗争——论社会冲突的道德语法 [M]. 上海：上海人民出版社，2021：95.

2　阿克塞尔·霍耐特. 为承认而斗争——论社会冲突的道德语法 [M]. 上海：上海人民出版社，2021：5.

3　论语·微子 [M].

天下之中，个体的人生是由家、国、天下构成了人生。钱穆说："孔子提倡'仁'，郑玄言：'仁者，相人偶。'人与人相处成偶，其道即为仁。"[1] 仁是主体间的社会关系范畴，是人之为人的根据。钱穆指出东汉儒生知道仁字的真解。仁是关系性的存在，相人偶提示了人的共在之维，它不是空间中的并置关系，偶具有搭配含义，儒家文化的"人伦"、"相人偶"，有成双成对之义。仁是人与人相处之道，无对无偶，无以成仁。"'依于仁'以为学，即依于人与人相处之道，即依于相人偶之道以为学也。"[2] 自我在相人偶的世界中认识和发现自我，自我在相人偶中成就自己。相人偶不是空间中的并置关系，不是个体先作为单子存在，然后配置另一个单子。

相人偶具有社会与人文两个层面：从社会上说，相人偶说明了人是社会关系的承担者，只有相人偶，才有人与他人共在。从人文层面上说，"仁者，相人偶"，人只能在相人偶中才能形成儒家仁爱的人文精神。仁爱是中华民族的精神家园。就仁爱的产生来说：社会关系是第一位的，人文世界的建构是第二位的。不同的社会关系有不同的人文世界。在马克思看来："在早期历史中，人只能处在一种'人的依赖'关系中，'个人'根本提不出来，只有到了资本主义现代大工业时期，由于有了一定私有财产的保障，市民社会得以建立，真正的'个人'才有可能产生。"[3] 在五伦社会中就不会出现具有资产阶级意识形态的个人主义人文思想。这说明人文性建立在社会性基础之上。"个人在精神上的现实丰富性完全取决于他的现实关系的丰富性。"[4] 主体道德意识即具有社会性（相人偶）又具有人文性（仁）。应当从社会关系上理解人文世界的建构。

钱穆说："然人之相处，不仅为个人处大群，尤要在于大群中每一

1　钱穆. 晚学盲言（下）[M]. 北京：九州出版社，2011：896.
2　钱穆. 孔子与论语 [M]. 北京：九州出版社，2011：187.
3　赵凯荣. 什么是彻底的意识形态批判——重新理解马克思对施蒂纳的批判 [J]. 山东社会科学，2017：2.
4　马克思恩格斯文集 [M]. 北京：人民出版社，2009：541.

个人各有其配偶搭档，得以相与相处以共成道义。人伦'伦'字，又有匹配义，有相伍为耦义。人贵能各有其配偶搭档以处群。"[1] 这里的"配偶"、"搭档"、"相伍"、"为耦"都是主体间性关系。钱穆说的"相互成双成匹，各为耦伍以处群"，[2] 是中国文化中主体间性关系的独特表述。区别于动物，父子"相伍"，成为一伦，这一伦的双方分别有应尽的义务，需要各尽其责，形成了慈孝关系的相亲之情。钱穆说："人道由群道来，群道由仁道来，仁道由人与人之相会通协、配搭结合来。"[3] 这里有着相人偶——仁——群道——人道的发展线索。

关于人类主体间性的讨论，儒家有着特殊的声音。儒家认为人在社会中生存需要与他人成搭配、相合作，达到相人偶之亲。仁爱的承认是主体间的一种交互行为。孔子提出的仁，是儒家修身文化的思想根基。仁是在五伦社会中，在"相人偶"中由相互承认而彼此确立的一种道德关系。通过主体间的知止的行为互动，一个道德主体在社会化过程中被建构出来。这使人的主体间性关系染上了特有的民族色彩。

霍耐特指出："在黑格尔看来，一切相互承认的关系结构永远都是一样的：一个主体自我认识到主体能力和品质必须为另一个主体所承认。"[4] 儒家的一切主体间性承认关系都处在相人偶之中，人必须在社会中与人相偶才会有仁爱的承认关系，才可能被另一个主体所承认。"相人偶"超越了纯粹认识论意义上主体间性承认关系，它深入到情感领域。儒家文化对主体间关系作出了较为系统的描述。恰如霍耐特指出："一名个体，他想要成为社会成员的愿望只有这样才能得到满足，他能够在道德行为和判断中将他所生活的共同体的规范加以内化。"[5] 在交往实践中对自己的行为进行规范调控。在生命教育中有着情感互动的主线

1　钱穆. 双溪独语 [M]. 北京：九州出版社，2011：186.
2　钱穆. 双溪独语 [M]. 北京：九州出版社，2011：188.
3　钱穆. 双溪独语 [M]. 北京：九州出版社，2011：481.
4　阿克塞尔·霍耐特. 为承认而斗争——论社会冲突的道德语法 [M]. 上海：上海人民出版社，2021：21.
5　阿克塞尔·霍耐特. 承认——一部观念历史 [M]. 上海：上海人民出版社，2021：177.

引导着，"教以人伦"是在交往实践中进行的。人不能无伦，离伦难以成人。在儒家的交往世界中，存在着一个有序的互动方式（礼尚往来、有正有反、上位先行、爱人以德），反映出主体间有两种不同的情感互动方式（正向与负向），主体间的交往一开始就是一个（有好有坏的）伦理事件。由此形成儒家社会承认关系结构。

后汉许武说："礼有分异之义，家有别居之道。"[1] 五伦各有分别，各有对方，各尽其道，互动双方不仅有权利，而且有义务。由于仁爱的方式（父慈或子孝）与对象（父或子）不同，仁爱承认的各种形式被明确地区分开来，形成不同的二元式主体间性承认关系。"爱子，教之以义方"，[2] 孝是最大的义方。爱子就要教之孝、教之悌，如此，形成父慈子孝、兄友弟恭的家庭关系，产生父子有亲的人和局面，双方在尽慈、尽孝中合成相"亲"之情。

主体间承认发生在两个阶段，从"天伦"伦理阶段过渡到"人伦"伦理阶段。天伦的相亲之情是人与人相处的最重要情感，是主体间相互承认的最初形式。移情力使这种情感从家庭推广到国与天下，从"天伦"发展到"人伦"。齐家、治国、平天下只能通过相互承认的主体间实践才能实现。《孝经》说："孝，德之本，教之所由生。"人类教育由孝开始，人类德性由孝建立。孝的教育使自然（父子血缘关系）人文化，孝的人文道统重于自然血统。生命教育由"天伦"发展到"人伦"，产生"老吾老以及人之老，幼吾幼以及人之幼"的天下情怀，使仁爱情感日深日执，日亲日厚。

人道即人伦大道。"人伦"两字，最早出于《孟子》一书，孟子说："圣人，人伦之至也。"[3] 圣人代表人在最崇高状态中的生命样式，他将伦理精神发挥至极致。五伦关系是主体间伦理实践形式，孟子最早说到五伦并揭示出儒家伦理关系的内在结构，他说："人之有道也；饱食、

---

1   后汉书·循吏传·许荆 [M].

2   左传·隐公三年 [M].

3   孟子·离娄上 [M].

暖衣、逸居而无教，则近于禽兽。圣人有忧之，使契为司徒，教以人伦——父子有亲，君臣有义，夫妇有别，长幼有序，朋友有信。"[1] 舜帝封契为司徒，掌管文教，契与大禹一同治过水，是商王朝的祖先。由契开始教以人伦，五伦伦理逐步成型，一种社会整合状态显现出来：父子有亲，君臣有义，夫妇有别，长幼有序，朋友有信，是人的社会化的规范内容。这是儒家伦理中承认的完整形式。孟子说明了教育的开端图景，从"教以人伦"开始，教育使人从自然状态（近于禽兽）向伦理状态过渡（教以人伦）转变，从生物性的人向社会性的人转变，从自然人向伦理上完整的人转变。人文历史发生于教以人伦，其中教育起到至关重要的作用。社会现实结构是人伦关系伦理化的现实过程。荀子指出："人生而有欲，欲而不得，则不能无求；求而无度量分界，则不能不争。争则乱，乱则穷。先王恶其乱也，故制礼义以分之，以养人之欲、给人之求。"[2] 这种"争则乱，乱则穷"像霍布斯的"自然状态"中的社会关系。解决这种冲突必须转向伦理性主体间交往，先王"制礼义以分之"。荀子思想与孟子相似，从自然状态向和谐社会状态过渡需要教化。道德情感反应不是植根于本能而是教化的产物。

《中庸》也说："天下之达道五，君臣、父子、夫妇、昆弟、朋友之交。"其论述的"五伦"的观点与孟子相同。然而，彼此强调的重点不同，孟子将父子置于君臣之前，说明先有父子关系，才有君臣关系。《中庸》将君臣置于父子之前，突出了君臣关系在社会关系中的重要性，它决定着整个国家的秩序。钱穆指出，孟子的"长幼有序"较之《中庸》的"昆弟"更加合理，无兄弟的人可以有长幼秩序，有长幼秩序的人未必有兄弟。

在儒家的话语系统中，道德伦理是对价值的唯一解释。舍此，无价值。天地自然生出人类，夫妇一伦由天地演化而来。中国人有伉俪之

1　孟子·滕文上 [M].
2　荀子·礼论 [M].

求，家室之好。男婚女嫁，举行婚礼，则先拜天地。《周易》以夫妇一伦为人道中最先一伦，它说："有天地，然后有万物；有万物，然后有男女；有男女，然后有夫妇；有夫妇，然后有父子；有父子，然后有君臣；有君臣，然后有上下；有上下，然后有礼仪所错。"这里解释了伦理共同体形成机制的发生过程，自然中蕴含着道德潜能，由天地产生"相人偶"，逾越了自然阶段，由"天伦"产生了"人伦"，其未来更加完善的发展过程是修身、齐家、治国、平天下和赞天地之化育。

这是充满诗意的"返乡"之路，儒家的天地成为生命历程的开端，它们既具有时间性的"先在"又具有空间性的"之间"，从天地展开了儒家文化的时间性（依次出现的"有"）和空间性（作为五伦关系的家庭与社会），展开了五伦之道。在时间性上，人在天地之后；在空间性上，人在天地之间。这是充满仁爱的时空化秩序，人在不同的时间与空间其角色不同。天、地、身、家、国一脉相通，天道与人道相通，"看着虽是个人身，其实都是天体；看着虽是个寻常，其实都是神化。"[1] 人的血脉源于天地，天地是民族的历史家园。人不仅意识到这一秩序而且努力完成这一秩序，以立于天地"之间"，达到"上下与天地同流"的生命境界，产生诗意地历史栖居。《中庸》说："君子之道，造端乎夫妇，及其至也，察乎天地。"[2] 人不仅意识到这一秩序而且努力完成这一秩序。儒家展示了天地进程的伟大过程，人从宇宙进化的长河中涌流出来。自然具有实现道德目标的倾向，所谓"天地之大德曰生"，人是发展秩序的从属部分。儒家在"有……然后"的推论关系中，把秩序引入思想，使人拥有超经验的想象，宇宙的发展保持在不可动摇的秩序之中，使自我感与对宇宙秩序的认同相统一，将自身筹划进天地演化之中。与自我统一就是与自然交融。在宇宙这个大文本中，自由是意义的中心。秩序思想孕育仁爱情感。"有……然后"的表述是人的价值的澄

1   罗汝芳集·近溪子集［M］. 南京：凤凰出版社，2007：134.
2   中庸. 第十二章［M］.

明，它从宇宙由低级向高级的发展过程中理解人，而不是从将人视为一个孤立的单子意义上个体来理解人。这个发展秩序具有道德含义，人的道德上的自我实现并非独立于这一发展秩序，而是发展秩序的一部分。《孟子》说："鸡鸣而起，孳孳为善者，舜之徒也；鸡鸣而起，孳孳为利者，跖之徒也。欲知舜与跖之分，无他，利与善之间也。"[1] 这里，舜之徒是生命的本真表现形式，跖之徒是生命的非本真表现形式。后者的生命表现受到扭曲，并不是他的生命表现——非人也。在这个发展秩序中，人不是随波逐流的存在，自我实现的附加维度是人的自主性。在这个自我相关的维度上产生了儒家道德修养学说，有限主体行为顺应与推动发展过程（赞天地之化育），生命既是自我本质的实现，也是宇宙本质的实现。人的自我实现不是完全事先决定的，这取决于人的选择；也不是完全自我决定的，这取决于天地发展秩序所提供给人的发展条件。人既要通过宇宙发展秩序规定自身，又要通过自己的所做所为规定自身；人既是宇宙的自我实现，又是人自身的自我实现。它虽然被统一于全体，但没有丧失自我。理想的生活在于：契合发展秩序而自主地修身。宇宙是一个充满意义的实体，这种意义的联系并不是主观的，意义（价值）与存在融合为一，它打破了价值与存在的二分法，存在的秩序就是理想的秩序，人类生命活动既是事实又是意义表现。

　　叶澜教授认为："'天地人事'是教育的内容，'生命自觉'则是教育的目的，教育实际上是由教'天地人事'到育'生命自觉'的过程。"[2] 这是教育的中国化表达，"用现代话语来讲，'天地'涉及自然科学领域，'人事'关系到社会科学领域。"[3] 尽己之性、尽人之性、尽物之性就是"天地人事"的教育，在这种教育中实现"生命自觉"，这是《中庸》的思想。它说："唯天下至诚，为能尽其性。能尽其性，则能尽

1　孟子・尽心上 [M].
2　叶澜、罗雯瑶、庞庆举. 中国文化传统与教育学中国话语体系的建设——叶澜教授专访 [J]. 苏州大学学报・教育科学版，2019 (3).
3　叶澜、罗雯瑶、庞庆举. 中国文化传统与教育学中国话语体系的建设——叶澜教授专访 [J]. 苏州大学学报・教育科学版，2019 (3).

人之性。能尽人之性，则能尽物之性。能尽物之性，则可以赞天地之化育。可以赞天地之化育，则可以与天地参矣。"此话完美地表达了人的自我实现，自然在人那里获得了"它的"丰功伟绩。自然与人文相通合一，自然与道德合二为一。人不仅是一个个体生命存在，而且是宇宙生命存在的一部分。生命活动既是个体意图的实现又是宇宙意义的澄明，在这个意义上，人是澄明之所。"与天地参"达到了天地发展的最高点。在人自我实现之前，它必须理解自我的潜在的可能性，宇宙的发展秩序。中国人的理想人格是"与天地合其德，与日月合其明，与四时合其序，与鬼神合其吉凶"的"大人"，这使个体的生命运动与宇宙的阴阳互动相呼应。宇宙被视为生命之流，人并非屈从宇宙洪流而放弃自身自主性。纵浪大化中，人介入这股洪流，使个体小生命和宇宙大生命交汇。宇宙是大生命，人的小生命是宇宙大生命的流出物。宇宙不是异在的对象化世界，宗白华说："我已从哲学中觉得宇宙的真相最好是用艺术表现，不是纯粹的名言所能写出的，所以我认将来最真确的哲学就是一首'宇宙诗'，我将来的事业也就是尽力加入做这首诗的一部分罢了。"[1] 在宗白华看来，宇宙大生命是一件艺术作品，人的小生命应该是艺术作品的一部分。

人在宇宙发展秩序中逐步呈现（有男女、有夫妇、有父子、有君臣），它作为主体是在与宇宙发展秩序的关系中得到规定的。宇宙的真相是一个自然和谐的秩序，宇宙发展秩序规定了人是谁（夫妇、父子、君臣等等社会角色）和人能做什么（礼仪有所错），规定了它的完美（圣人，人伦之至也）和缺失（逸居而无教，则近于禽兽）。天地是意义的所在地，人通过它来规定自身（赞天地之化育），仁爱具有与天地融为一体的渴望，自然不是对象化的异在。这种宇宙观将世界看做一个意义场所，从总体性上把握人的生活处境。离开了宇宙秩序，人无法自我规定。这个宇宙观对儒家文化有决定性影响，荀子说："水火有气而无

1　宗白华. 宗白华全集（第1卷）[M]. 合肥：安徽教育出版社，1994：147 - 148.

生；草木有生而无知；禽兽有知而无义；人有气有生有知亦且有义，故最为天下贵也。"[1] 这里表明了相同的宇宙秩序。地球上产生人类，不是地球的自然史的完成，而是自然演化的继续，人类进化是自然演化的部分，自然史与人类史是统一的，人在"礼仪有所错"中达到圆满的价值实现，成为宇宙发展的最高级样式。儒家文化依此进化而化。天地、万物是自然世界，男女、夫妇、父子、君臣是意义世界。从天地到礼仪是一个进化系统，从实存（天地）进化到"应当"与"必须"。"应当"是柔性关系状态、"必须"是刚性关系状态（刚性法则与制度），前者为伦理，后者为政治。儒家将伦理与政治打成一片，社会治理由道德规范层面上升到政治制度层面，所谓"孝者，所以事君也"，父子关系提供了维系君臣关系的情感基础。政治理想——治国、平天下通过伦理规范来体现，所谓"上老老而民兴孝"。马克思指出："一切对象对他来说也就成为他自身的对象化，成为确证和实现他的个性的对象，成为他的对象，而这就是说，对象成了他自身。"[2] 天地、万物成为儒家文化自身的对象化（对象化成礼仪的源头），成为确证儒家文化合理性的对象，"天地之性人为贵"。[3] 所谓"天地之大德曰生"，天地成为自身的本质力量，人效法天，应当自强不息、居仁由义。马克思主义哲学揭示了宇宙发展的新秩序：由无机自然发展到有机自然再发展到人类社会，人类社会又从低级向高级不断发展，从而确立起人与宇宙秩序的新关系。个体隶属于这个宏大的、不可逆转的发展过程，人生意义的解释是依据发展规律作出的。自由人的联合体是所有可能的世界中最好的世界，它代表着人类美好理想，是今天社会为之努力的方向。这一人类生命活动理解的新模式与传统文化有契合之处。

依据时间顺序，价值是从天地运动中进化出来的，天地是一切价值关系的基础和一切价值现象的根据，天地与礼仪具有同构性。伦理的

1　荀子·王制 [M].

2　马克思恩格斯全集（第 42 卷）[M]. 北京：人民出版社，1979：125.

3　孝经·圣治章第九 [M].

"应当"与政治的"必须"是建立在进化关系基础之上的。世界必先存在，然后才有价值。它描述了从自然大道中演化出人伦关系的过程，世界是按照一定秩序和内部联系组成的整体，它是连续的、有层次的，展示出人与自然的原始联系，揭示出由自然进化到人文的顺序。儒家在天地运行中追问价值，在天地演化中实现对价值关系的把握，实现对价值的丰富化理解。《中庸》说："君子之道，造端乎夫妇。及其至也，察乎天地。"《中庸》赞同"夫妇"一伦是五伦中最先一伦。夫妇为人伦之始，天作之合，没有这一伦，就没有天伦。五伦中的核心关系是家庭关系，即父子、夫妇与兄弟。家庭的情感承认关系"使血统的垂直联系与婚姻的水平关系交织起来"。[1] 五伦关系是仁爱伦理的载体，它是家庭化的，父子、夫妇、昆弟限于家。三伦立，推己及人于社会，有君臣、朋友。君臣限于国，朋友通行于天下，所谓"四海之内，皆兄弟也"。这里的兄弟即是朋友。在五伦关系中，君臣是父子关系的延伸，为政之道以修己为本，朋友是兄弟关系的延伸，这是血亲方面的相互承认向两个不同方面的延伸。"夫妇、父子、兄弟三伦皆主亲亲，君臣、朋友两伦主尊贤。"[2] 由此，产生了《大学》所说"贤其贤而亲其亲"的上下一体的人和社会，形成五千年亲亲尊尊的文化大传统。

人不是孤立单一个体，共同体不是孤立主体的组合，共同体的组织结构不是从外面加到个体身上去的。儒家的共同体是伦理共同体，在其中，人"根据出生的事实而确定世系中的固定位置"。[3] 根据固定位置"为人子""为人父"的词语所确定的身份被赋予个体，各自尽其道。在生命教育中，儒家建立起各种特殊的社会关系的伦理规定，使个体在固定位置中处理各种关系，形成伦理意识。例如，在家庭关系中，"每个人从出生就位于兄弟姐妹中；最后，兄弟姐妹间的次序是不可超越

1　保罗·利科. 承认的过程［M］. 北京：中国人民大学出版社，2011：163.

2　钱穆. 晚学盲言（上）［M］. 北京：九州出版社，2011：568.

3　保罗·利科. 承认的过程［M］. 北京：中国人民大学出版社，2011：163.

的。"[1] "长幼有序"就是对这种不可超越的次序的伦理规定。有子说："孝弟也者，其为仁之本与。"[2] 这说明在家庭中被承认是承认关系的根本要素。自我在直系亲属中处于两条线的交汇点上：父子垂直关系和兄弟姐妹的水平关系，这两条线的双重化的承认关系为根本关系。

2. 儒家承认关系的基本道德规范是仁

霍耐特指出："只有当社会一体化从社会成员那里得到文化习惯的支持，而文化习惯又与他们互相交往的方式紧密相关，政治共同体的社会一体化才能取得成功。"[3] 传统社会一体化受到儒家文化的支持，这一文化与五伦的主体间活动方式紧密相关。这是治国、平天下的政治共同体的社会一体化的前提条件。

人与人在五伦关系中相遇，五伦关系决定了仁爱互动的主体间性结构。儒家把交往关系维持在五伦伦理之中。五伦关系是被特殊性原则支配的，在共同体中没有一个普遍标准通行于所有成员，五伦关系是特殊性的相互承认形式。儒家凭借特殊的道德规范可以衡量出个体对共同体的特殊贡献，如子的孝、臣的忠（有舜与文天祥的道德榜样）。《大学》认为仁爱的首要特征是"知止"，它告诉人处于不同的位置，人应当如何作出相应的行为。知止是义务，主体间义务的存在是人的社会化的前提条件。《大学》将自我道德人格的建构建立在主体间性基础之上，它说："为人君，止于仁；为人臣，止于敬；为人子，止于孝；为人父，止于慈；与国人交，止于信。"通过主体间性，个体道德品质被构建起来，社会成员作为五伦关系中的不同类型的主体内化了上述品质而被承认。个体在共同体中是权利与义务的承担者，作为子享有父辈的慈爱，并有尽孝的义务。仁、敬、孝、慈、信生成于主体间性关系之中，形成伦理生活的有序关系，A 与 B 相偶，是仁德实现的主体间性条件，个体

1　保罗·利科. 承认的过程 [M]. 北京：中国人民大学出版社，2011：163.

2　论语·学而 [M].

3　阿克塞尔·霍耐特. 为承认而斗争——论社会冲突的道德语法 [M]. 上海：上海人民出版社，2021：80.

道德自我同一性在这些互动关系中被建构。

互动主体能够意识到彼此承担的道德义务。这些规范不是作为抽象观念的"应当"，借用霍耐特的话说"从理论上明确德行的伦理秩序，使个体的实践（也就是个体的教育）能够得到充分的展开"。[1] 它们对交往关系中人的言行举止起规范作用。有"位"方有"育"。知止是主体间交往中德行的展开过程，是伦理关系不断地建构、维持、提升的过程，它体现为个体道德的自觉，由自在存在转变为自为存在。伦理关系是主体间交往的实践形式，主体活动在伦理规范的框架之中，领会和实现自身的存在意义，才有社会生活的有序关系。伦理关系的基础在于仁爱承认活动。

人处于制度性给定的承认关系和规范性结构行动领域之中，个体在社会中是作为道德主体而被认可和承认的，他处于规范性的社会地位之中，处于不同的承认关系（父子、君臣等等）的网络之中，需要对自己的行为进行规范性地自我调节，对不同主体给予不同对待。仁、敬、孝、慈、信的道德规范与占主导地位的社会秩序相协调，人当知止于此而不迁。为人子、为人父分别以孝、慈为至善，止于孝、慈的至善，绝无迁移。在五伦社会中，宗亲乡党，聚族而居。在相互依存的宗法关系体系中，个体进入了历史性给定的各种承认关系之中，并且能够识别每一种特殊关系。个体必须接受为他们提供的社会角色，遵循一定的道德原则，能够承担义务，才能成长为人。这里有着角色性期待（父、子）、道德义务（守慈道与孝道）和互动实践（父慈子孝）。个体发展需要诸多社会承认形式，每一种关系都是不可替代的，对人格成长都有独特作用。

不同的主体间性对人格影响的作用不同。这里的人际互动具有空间性，"所恶于上，毋以使下；所恶于下，毋以事上；所恶于前，毋以先

1　阿克塞尔·霍耐特. 为承认而斗争——论社会冲突的道德语法 [M]. 上海：上海人民出版社，2021：6.

后；所恶于后，毋以从前；所恶于右，毋以交于左；所恶于左，毋以交于右。"这种空间性并非物理空间性而是社会空间性，并非物理性空间的上下、前后、左右，而是伦理秩序上的上下、前后、左右。《大学》说："知止而后有定，定而后能静，静而后能安，安而后能虑，虑而后能得。"这里的递进关系具有时间性。知止具有时空相融性，有纵向深入（从"知止"到"能得"）和横向拓展（上下左右前后）两个维度。承认具有双重性：承认规范（就特殊的规范达成一致，其规范的实质性内容是历史给定的）和承认他人。在互动关系中，个体将规范内化，承认了与其互动的他人。这样，在伦理规范的共同性和个体行为的特殊性上都得到了确认。道德不是根据一套给定的规范分配给人而生成的，而是在主体间互动中生成的，同时，也是历史地生成的。"知止"是对规范的承认，"止于"是对他人的承认。如为人父，止于慈，就是父亲对慈的道德规范的承认和对儿子的承认。"相对和合，谓之'伦理'"。[1]中国的伦理关系就是彼此仁爱承认关系。

　　海德格尔说："此在作为共在就是这一相互共存。"[2]《大学》在"相互共存"中、在"知止"中展开了各种承认活动，它使仁爱具体化为不同情感方式，使仁具有不同的面相，形成承认的伦理规范系统。个体通过关注"固定位置"，使自我成为知觉主体、行动主体、责任主体与权利主体。个体处于五伦社会结构之中，各自的位置通过"知止"而被接受。"每一伦皆双方对立，结为一体。由此伦理，以造成此社会。"[3]这里有着普遍意志（仁）与特殊意志（孝、慈、信、爱等等）的关系，这是制度化的承认关系，承认蕴藏着对社会地位的依附因素。它使承认的行为在血统秩序上具有差异性，人人都需要遵循承认的专有形式（父亲应当慈爱）。不同的个体意识到不同的社会处境，意识到自己面对的不同的他者有不同的伦理行为。人从非对称性中得到交互性承认。人的完

1　钱穆. 晚学盲言（上）[M]. 北京：九州出版社，2011：495.

2　海德格尔. 时间概念史导论 [M]. 北京：商务印书馆，2009：339.

3　钱穆. 晚学盲言（上）[M]. 北京：九州出版社，2011：495.

整性取决于在这种五伦关系中的全面承认。

"知止"的社会规范使人们进入已经确立起来的行为预期体系之中，塑造着交往实践中的承认情感，由此产生了承认关系的分辨。例如，适应于对待君的行为，不适应对待臣。在交往实践中，儒家统一的价值信念——仁爱具体化为仁、敬、孝、慈、信诸种爱的承认形式，这些形式指向社会成员的交往关系。主体获得承认，其人格得以发展。大学之道即人伦之道，仁、敬、孝、慈、信是一种规范的情感期待，它们表明人们愿意通过这些规范接受他人的承认。在交往中，存在规范期待，如臣就应该尽忠。这些规范将主体间的各种互动形式明确区分开来，使互动交往意愿与个性得到社会确认。主体处于不同的关系中，伦理原则不同，这使 A（父亲）意识到 B（儿子）会在他的行为计划中给予 A 确定的（孝）积极的情感，B 以 A 所期待的方式作出反应。父亲慈爱的方式亦然。孝与慈的规范明确了彼此之间承担的义务，赋予他们履行道德责任的动力。主体通过置身于规范性的互动关系之中，被共同体所承认。主体承担起互动的道德关系，道德品格在承认中滋生。人们彼此相互承认，通过规范伦理融合进共同体。

儒家交往实践属于伦理的主体间性领域。霍耐特指出："母亲对维持新生婴儿的生命给予的关怀，不是像某个第二性的东西附加在孩子的行为之上，而是以某种方式与孩子融为一体，以至于我们可以有效地推想，每一个人的生命都开始于一个未分化的主体间性阶段，即共生阶段。"[1] 霍耐特指出了人类最初情感结构是母子的依恋形式，子女出生之后就与母亲开始了一体关系，"婴儿在融合性的绝对依赖母亲的保护性承认状态中尚无独立性，婴儿认为他们自己的冲动和驱力是如此完全地与由他们的照料者表现出来的满足他们需要的回应融合在一起。"[2] 这是一个"原始整体"，在这种共生一体状态中存在着教化的萌芽。

1　阿克塞尔·霍耐特. 为承认而斗争——论社会冲突的道德语法 [M]. 上海：上海人民出版社，2021：135.

2　阿克塞尔·霍耐特. 我们中的我——承认理论研究 [M]. 南京：译林出版社，2021：226.

伦理教化出现在"天伦"和"人伦"的主体间伦理承认关系的两个阶段上。当个体从未分化的一体化状态中分离出来，摆脱绝对依赖状态，成为独立的个人时，开始了人文教化。保罗·利科指出："这种情感上代价高贵的分离好处是独立能力的取得，这种能力的增长是与同伴们对无形联系的持久性的信任成正比的。"[1] 儿童独立能力的增长使其从"天伦"进到"人伦"，与他者保持一种信任关系。从共生阶段走上主体间性阶段，使主体间的依存性与独立性共在。他们既彼此认同又彼此区分。在这个过程中，个体既有独立存在的经验又有融入他人的经验，是自我相关性与共生状态的两极平衡，避免自我中心状态和对他者的依附状态。保罗·利科指出："在激情的融合与在孤独的自我肯定这两个极端之间，依赖的关系在相爱的人们分享的历史进程中被建立起来。"[2] 然而，倒向任何一极（激情的融合与孤独的自我）产生交往失调，都会对个性成长产生不良影响。

"天伦"和"人伦"两个互动领域相互影响、相互渗透、相互补益。父子、兄弟两伦为天伦，以孝悌为主；夫妇、君臣、朋友三伦为人伦，以忠信为主。霍耐特说："'父母和子女'的关系代表了'人类普遍的互惠行为和成长教育'，在这种关系中，主体作为有生命力的、情感上有需要的存在而彼此承认。"[3] 在家庭中，"个体依赖于生死攸关的关怀和善。"[4] 主体间承认的第一阶段是"天伦"的主体间情感互动，他们彼此依赖同时相互承认，子女主孝，父母主慈，有地位分别。然而，家的立场相同，慈孝相辅相成，父母与子女"齐"，此谓齐家。若上不顾孝，下不顾慈，则无法齐家。这是个体所受生命教育的特殊经验阶段，主体意识到自己是具有道德义务与责任的人，并且交往彼此都作为拥有权利

1　保罗·利科. 承认的过程 [M]. 北京：中国人民大学出版社，2011：161.
2　保罗·利科. 承认的过程 [M]. 北京：中国人民大学出版社，2011：161.
3　阿克塞尔·霍耐特. 为承认而斗争——论社会冲突的道德语法 [M]. 上海：上海人民出版社，2021：21-22.
4　阿克塞尔·霍耐特. 为承认而斗争——论社会冲突的道德语法 [M]. 上海：上海人民出版社，2021：24.

和义务的主体被纳入承认关系之中，产生了父慈子孝等等承认关系。有子说："君子务本，本立而道生。孝弟也者，其为仁之本与？"[1] 孝悌是仁爱之本，生命教育要务本，从家庭教育开始。

然而，仁爱不可能封闭在原始关系的狭隘血缘界限之内，个体的社会化过程就是伦理规范的内在化过程，这是围绕不同的承认关系展开互动的过程。互动不断拓宽着承认关系，形成了"君君、臣臣、父父、子子"的制度化承认形式——互动交往关系规则，使个体成为共同体所接受的成员。在每一种承认关系中，都有一种特殊的自我实现维度。这些形式又在交往中形成个体化承认形式，让个体独特个性在主体间得到展现，个体在不同的生存环境中对仁爱产生创造性的发展，使个体获得了独特性，如舜与周公的孝各有其特点。舜通过与父、母、弟的交往达到自我实现。周公继承了父亲周文王的志向，辅佐武王打天下、成王治天下，其个体化自我实现的形式不同于舜。敬宗恤族是孝道，孝的规范是成为圣贤（"人皆可以为尧舜"）的特殊可能性条件。在传统社会，孝具有独特的历史意义，激发起人在道德上的自我实现（当孝子）的动机。同时反映出只有在共同体内、在共有价值境域内，个体才能成为一个与众不同、出类拔萃的个人。他们的自我实现的特殊方式被民族共同体所承认，变成了生命教育的财富。

儒家用仁爱来规定主体间性关系，《说文解字》解释仁为"亲也，从人从二"。仁只有在主体间互动中才能合理实现，它是伦理的相互承认关系。在仁爱中主体间彼此承认需要具体内容，仁爱情感才能"融化"到特殊的承认形式之中，以父子关系、君臣关系、夫妇关系、兄弟关系、朋友关系的承认方式构筑和谐人文环境。主体间承认关系以相互依存的方式作出反应，它既是互惠关系又是义务关系。随着承认关系的扩展，个体进入了一个五伦的伦理规范系统，步入齐家、治国、平天下的社会实践，把自我置于与其他主体共在的世界当中。这使个体的社会

---

1   论语·学而［M］.

化程度不断提高。当个体进到国与天下层次，承认关系就从"天伦"伦理阶段过渡到"人伦"伦理阶段，于是就有君臣与朋友。《大学》说："故君子不出家，而成教于国。孝者，所以事君也。弟者，所以事长也。慈者，所以使众也。"天伦教育是根本与出发点，天伦与人伦的和谐是归宿，如：通过家庭中道德相互性的经验，习得了家庭道德规范，进行情感迁移，移孝作忠，把孝的规范迁移进君臣互动关系的忠的规范之中，对国的共同体采取家庭态度，由家齐实现国治。

　　人类历史发展离不开承认关系不断扩展。齐家是承认关系的开端图景，由齐家到治国是一个学习发展过程，其中有着结构上的关联（"孝者，所以事君也"）。承认关系表现为个体将自己视为共同体的成员（个体对共同体的承认）、共同体接纳个体并对成员的资格进行确认（共同体对个体的承认）。儒家生命教育的模式：修身、齐家、治国、平天下之道，一以贯之，这是一个承认的运动过程，体现为与日益扩大的互动圈子接触。它蕴含着"天伦"和"人伦"主体间情感互动和彼此过渡关系。

　　儒家相互承认关系有两个发展方向：一是身——家——国——天下，不断扩大主体间性关系，使个体由近及远地扩充相互承认关系，呈现出主体间关系一系列发展阶段，形成家、国、天下的伦理共同体结构，开创出具有儒家特色的民族互动形式，产生以修身为原点的交往场域。修身、齐家、治国、平天下引导着个体主体性增长的方向。这里涉及三重关系：修身的个体主体的自我关系、父慈子孝等等的主体间的二元性的承认关系，家、国、天下的共同体的多元主体间的承认关系。乍一看，齐家、治国、平天下只能通过相互承认的主体间实践才能实现；相互承认的主体间实践又只能通过个体主体的修身活动才能实现。其实，它们是相互作用，不可分割的。它们体现了儒家个体主体精神发展过程的三个环节：主体性、主体间性、多元主体间性。这使道德生活分为家、国、天下三个互动领域，使修身具有三种自我拓展模式——齐家、治国、平天下，使和谐社会具有三种建设方案——家齐、国治、天下平。这是一个范围不断扩大意义上的量上的扩充，是向外用力；二是仁爱情感在质上的不断提升。孟子提出"人皆可以为尧舜"，为平常人立言。明代理学家提出端茶童子亦即为一圣，就是激励人们将仁爱情感提升到尧舜水平。这说明人的可能性（为尧舜）高于现实性（正在修身的人）。从这个意义上说："人一直大于它的实际存在。"[1] 修身就是使人大于、高于以前的、现在的自我存在。让"主体始终希望自己是一种比他的整个人格的实际情况'更好'或'更多'的东西。"[2] 这是向里用力，提升自己的道德情感水平。向外用力与向里用力相互渗透，《大学》说："古之欲明明德于天下者，先治其国；欲治其国者，先齐其家；欲齐其家者，先修其身；欲修其身者，先正其心；欲正其心者，先诚其意；欲诚其意者，先致其知，致知在格物。物格而后知至，知至而后意诚，意诚而后心正，心正而后身修，身修而后家齐，家齐而后国治，国治而后天下平。自天子以至于庶人壹是皆以修身为本。"人通过修身、齐家、治国、平天下而格物、致知、诚意、正心；在格物、致知、诚意、正心中修身、齐家、治国、平天下，体现了向外用力与向里用力的统一。父慈子孝，论其向外，是将仁爱奉献于对方；论其向里，是自己内在德性的提升，奉献自我即是提升自我，向里向外融为一体，大学之道是"合内外"之道。沿此方向可以无穷发展，产生"人皆可以为尧舜"的境界。

二、 主体间承认的互动结构——人文环境中的位育建构

人是结成共同体的存在物，它依存于共同体的社会构架，通过伦理规范被包容于社会之中。在五伦关系中，人有被他者、共同体承认的要求，个体的社会化（由天伦到人伦）与承认相互依存。霍耐特指出：

1　迈克尔·英伍德. 海德格尔 [M]. 南京：凤凰出版传媒股份有限公司、译林出版社，2013：47.

2　阿克塞尔·霍耐特. 承认：一部欧洲观念史 [M]. 上海：上海人民出版社，2021：20.

"承认本身就必须具有情感认可和情感鼓励的性质。"[1] 在承认中有情感互动，这种互动有着相互性期待。儒家的伦理结构内在于仁爱之中，仁爱通过承认的情感互动方式来实现。传统社会的五伦关系为情感互动提供交往平台。

1. 礼尚往来——位育的前提

钱穆说："相互成伦，而始融成此群体，此之谓'人伦'。"[2] 人伦处于主体间性领域，相互成伦，成员之间在相互承认基础上相互扶持。这是位育的前提。自我实现只有在与他者的相互承认的互动中才能变成现实。在互动中，有主动状态——我承认和被动状态——我被承认。这种相互承认受文化习惯的支持。《礼记》说："礼尚往来，往而不来，非礼也；来而不往，亦非礼也。"[3] 承认关系具有依存性（彼此相互扶持）与独立性（具有独立人格）之间的平衡，前者不能压迫后者，后者不能脱离前者。主体间有往而无来，有施而无报，难以形成良性互动。

米德说："姿态是该动作中造成它对其他个体影响的那个方面。"[4] 正是 A 与 B 的一次次互动的"姿态"维持着礼尚往来，开启了爱的辩证法，彼此不断地从主动倒转为被动、从承认倒转为被承认。礼尚往来思想可以追溯到《诗经·大雅·抑》的"投我以桃，报之以李"。在中国文化中这是对承认关系的最早表述，可视为承认观念的历史起源，第一次为主体间交往立言。在儒家看来，人要懂得感恩，知恩图报。礼尚往来是主体相互承认的过程。

霍耐特指出："社会化的本质过程也包含着行为规范的内在化。"[5] 在交往实践中，个体必须发展出将行为导向规范的能力，个体在规范性

1　阿克塞尔·霍耐特. 为承认而斗争——论社会冲突的道德语法［M］. 上海：上海人民出版社，2021：131.

2　钱穆. 晚学盲言（上）［M］. 北京：九州出版社，2011：437.

3　礼记·曲礼上［M］.

4　乔治·赫伯特·米德. 心灵、自我和社会［M］. 北京：北京联合出版公司，2014：191.

5　阿克塞尔·霍耐特. 为承认而斗争——论社会冲突的道德语法［M］. 上海：上海人民出版社，2021：106.

行为期待中成长，个性的形成机制在于规范性承认关系的互动实践。个人的自我形象在修身、齐家、治国、平天下中扩展开来，从狭隘的共同体通达为广阔的共同体，形成充天塞地的浩然之气。

主体间相互承认是"特殊性"承认，由于对象（父亲——一种特殊的承认条件）不同，表现方式（孝）就不同，义务与责任也不同，对于不同的承认形式进行伦理区分是十分必要的。借助于区分，个体从父慈、子孝、兄良、弟悌等等获得其认同。主体的被承认以特殊的权利与义务为基础，只有承担规范义务（尽孝），才能享有（父慈）权利，具有被承认的价值。任何一种特殊承认形式都有与之相适应的伦理关系。仁爱的社会互动沿着不同的维度展开。在不同的维度上 A 与 B 建立情感关系，并将自我视为独立主体。这里的"特殊"是相对于普遍而言的，家庭关系是一对一的，一条原则如"孝"只对应父母，不能通行于兄弟。现代社会不同于传统的五伦社会，公共生活领域奉行普遍原则，一条原则通行于所有人。儒家承认的关系形式（父子关系）与规范（父慈、子孝）使人进入规范性情感期待的情境之中。五伦社会通过仁爱的相互承认的主体实践获得再生产。

2. 居上先施——位育的情感影响路线

主体间情感互动有两个维度：横向的人与人在具体场所中的互动，纵向的从过去、现在到未来的时间中的互动。在横向的空间中有上下、前后、左右关系，在纵向的时间中有回忆与期待。主体间情感互动实现的契机在时间交汇点上，个体带有过去回忆与未来期待不断进入互动场域。孟子对上行下效的主体间行为进行了审视。居上先施是位育的影响路线，居上者的行为直接影响着居下者的情感路线，居上先施特指先施以仁爱。

君臣一伦，专属于政治，与其他四伦有别。职位有尊卑，君临高位，臣居下位。上行下效反映了第一主体（上）与第二主体（下）在主体间相遇时产生的状况，第二主体依据第一主体的行为调整自己的反应。在互动中，双方关系可能发生变化。君臣之间尽管有着不对等的依存关系，但依然有一种仁爱承认关系，在这种关系中，儒家倡导上位先施。孔子说："君使臣以礼，臣事君以忠。"[1] "礼""忠"是君臣一伦的大义，这一互动方式是君臣理想性互动模式。马基雅维利有相似观点，他说："一位君主怎样能够识别一位大臣，这里有一条历试不爽的方法：如果你察觉该大臣想着自己甚于想及你，并且在他的一切行动中追求他自己的利益，那么这样一个人就绝不是一个好的大臣，你绝不能信赖他；因为国家操在他的手中，他就不应该想着他自己，而应该只想着君主，并且绝不想及同君主无关的事情。另一方面，为了使大臣保持忠贞不渝，君主必须常常想着大臣，尊敬他，使他富贵，使他感恩戴德，让他分享荣誉，分担职责；使得他知道如果没有自己，他就站不住，而且他已有许多荣誉使他更无所求，他已有许多财富使他不想更有所得，而且他已负重任使他害怕更迭。因此，当大臣们以及君主和大臣们的关系是处于这样一种情况的时候，他们彼此之间就能够诚信相孚；如果不如此，其结果对此对彼都总是有损的。"[2] 这就要求"君使臣以礼，臣事君以忠。"这里，"礼"与"忠"的情感互动是相互的，并且是居于上位者先施行正向的情感互动。上者有礼以亲其下，下者有忠以敬其上。

孟子进一步发展了孔子的情感互动思想，虽然君巍巍在上，臣并非一味顺从。他的这一思想对君臣一伦发挥着制衡作用。他说："君之视臣如手足，则臣视君为腹心；君之视臣如犬马，则臣视君如国人；君之视臣如土芥，则臣视君如寇雠。"[3] 处于政治生态顶端的人物的行为对下属具有决定性影响，这种人际交往的阐述与孔子的论述具有相同的特征——上行下效。孟子将隐含在君臣日常交往行为中的分化的、复杂的互动方式以正反两种简洁的行为模式触目地表达出来，让人们对社会互动类型有一个明确概览。主体间日常交往为这种互动模式的类型决定。

上行下效在正向与负向的行为模式中得以进行，在行动中，彼此是

1　论语·八佾 [M].
2　马基雅维利. 君主论 [M]. 北京：商务印书馆，2017：112.
3　孟子·离类下 [M].

自由的和自愿的。行动者自由地决定将采取哪种行动方案来解决特定的行动问题。A 对 B 施加影响，并对 B 的行为产生回应。交往双方在情感互动中可能重复某种态度，可能从一种状态转化到另一种状态，产生新的态度。第一阶段为顺向关系，君"礼"与臣"忠"由彼此的理解产生持续的仁爱互动行为，参与者在道德行动中达到共识，行动的协调通过"礼"、"忠"这些规范而进行。第二、三阶段关系是蔑视的基本形式，仁爱的主体间性关系中断，承认形式被破坏，君仁、臣敬的关系被逆转了，使君臣不成伦，主体的整个认同都受到威胁，这种冲突成为社会冲突的重要形式。在君臣的社会交往领域，或者是出现了规范性行为的逆转：从第一阶段到第二、三阶段，或者是从一开始就没有规范性仁爱互动行为。第二、第三阶段关系显示了君臣彼此蔑视的特殊形式，蕴含着君臣冲突的道德逻辑：臣受到了君的羞辱，尊重的丧失产生情感挫折，引发了臣的道德反击，激起"如国人"、"如寇雠"的情绪，使君产生被排斥感。君臣交往出现了承认的否定，双方在相敌视中持续对立。消极情感是承认的否定的动力。孟子将"戒之，戒之！出乎尔者，反乎尔者也"的情感互动模式引申到了君臣关系之上，就产生了"君之视臣如犬马，则臣视君如国人；君之视臣如土芥，则臣视君如寇雠"的状态，产生反弹性报复型互动。冲突一开始是一个伦理事件，涉及主体间相互承认的道德维度，后来这种实践冲突常常发展为捍卫肉体存在的冲突，使互动崩溃。

孟子解释了承认关系如何产生、如何破裂。在相互承认中具有相互不承认的危险，这在儒家生命教育中得到第一次清楚的陈述。孟子说："贼仁者谓之贼，贼义者谓之残，残贼之人，谓之一夫。闻诛一夫纣矣，未闻弑君也。"[1] 武王、周公伐纣，是臣对君的反击，由于君不仁不义，就变成可诛的一夫，"武王一怒而安天下之民。"[2] 这将第三阶段的负向

1　孟子·梁惠王下 [M].
2　孟子·梁惠王下 [M].

情感互动发展到了极端，使统治结构崩溃。在日常交往中，君臣之间尊卑关系倒置，同样引发恶性情感互动，产生导致统治结构崩溃的危险。这里有着"自上而下"（君为上、臣为下，上行下效）和"从前向后"（前因——"君之视臣如犬马"，后果——"则臣视君如国人"）的两种不同的解释路线。

仁爱行为有着不同的实践态度和多元的互动模式，反映出社会互动的复杂性。仁爱行为要么存在于道德层面，要么存在于非道德层面，彼此具有排他性，人面临两种选择。仁爱行为有三种状态：一是出于主体间的道德共识，共识调节着主体间行为，主体间在共享的道德信念内互动，交往情境是由规范性共识所呈现出来的，这是主体间互动的和谐状态；二出于 A 方的功利计算、B 方（没有认清 A 方的动机）的道德回应；三是出于双方的功利计算。在二与三的主体间互动中，表面上达到了道德规范上的相互同意，但实质上没有道德共识。这是主体间互动的伪和谐状态。儒家将道德的社会整合功能置于首要地位，以德治国，它将政治秩序建立在道德要求之上，本质上积极和肯定的仁爱行为可能会转变成为支配和顺从的消极现象，这让仁爱行为具有意识形态功能，鼓励个体适应现存的支配秩序。"为人君，止于仁；为人臣，止于敬；为人子，止于孝；为人父，止于慈；与国人交，止于信"与占主导地位的社会秩序相协调。

"仁"并非存在于表面语义之中，如"仁者，亲也，从人从二"。这里，仁显然被赋予积极的社会价值。然而，给出这种"定义"没有让问题更加清晰，这种语义学分析不能让我们对仁爱行为进行识别。理解仁爱要分清三个层次：一是表现在语义中，二是表现在主体间的互动行为中，三是表现在互动行为产生的正作用与副作用之中。由此可以判断出仁爱是目的还是手段，作为手段的仁爱行为不是仁爱。

荀子说："水可载舟，亦可覆舟。"[1] 这话激发起居上者的恐惧情感

1　荀子·王制 [M].

和理性计算行为，使仁爱行为不是出于道德考虑、而仅仅是出于统治技术考虑的互动手段，为天下之公以保君王之私，产生无需暴力压迫便可实现的统治效果。仁爱互动隐含着统治者的一种合道德行为的可能性：为了防止统治结构解体，基于恐惧情感和理性计算行为，对社会关系进行道德安排，形成"投我以桃，报之以李"的互动策略，成为仁爱互动的巩固意识形态统治模式。

马基雅维利说："人们爱戴君主，是基于他们自己的意志，而感到畏惧则是基于君主的意志，因此一位明智的君主应当立足在自己的意志之上，而不是立足在他人的意志上。"[1] 历史上的君主都是恩威并重，并"立足在自己的意志之上"施加威严。《小雅·节南山》："节彼南山，维石岩岩；赫赫尹师，民具尔瞻。"这首诗中将尹师的显赫威严借南山的积石来表现，南山积石高峻难以攀登，以此隐喻尹师的威严显赫而民不敢接近，说的就是这种情况。但是，君主一定让民众感到自己的仁爱，他实行仁爱是为了保证其政治秩序，这种仁爱起着防御作用。"苏格拉底早就把这一点教给阿尔西比德和卡利克勒斯：要做人民的主人，就必须做他们的仆从。"[2] 这样，对特定品质（忠与孝）的赞扬就演变为政治宣传，通过宣传特定品质向个体提出号召和要求，产生与之相应的行为模式，培养其顺从品质，让个体产生与社会期待相一致的自我形象——"好"的形象，目的是将个体纳入支配性的社会结构之中。当仁爱具有了支配特征，特定品质就失去了其积极内涵，成为贬义的范畴，忠与孝具有巩固社会支配的功能，成为提升个体自我价值感的条件，它们没有让个体产生独立人格而是受制于支配。仁爱行为有助于支配关系的再生产，美德让人成为顺从的仆人、有德性的奴隶，道德品质成为压制性、约束性因循守旧的意识形态，追寻美德成为自愿服从的动力。儒家倡导以德治国的方略很难避免这一指控，这是儒家仁爱学说受到批判的原

1　马基雅维利. 君主论 [M]. 北京：商务印书馆，2017：82.

2　雅克·朗西埃. 无知的教师：智力解放五讲 [M]. 西安：西北大学出版社，2020：114.

因。然而，上述现象恰恰是由于缺乏真正的仁爱造成的，仁爱是与支配和顺从截然不同的品质。支配和顺从隐藏着不尊重与羞辱成份，只是隐藏在行为动机里，不容易被察觉。在仁爱互动中存在着谊道德行为与合道德行为、真诚的仁爱关系和支配术的仁爱关系的区别。如果仁爱含义是单义的或对其理解是一维的，不能区分道德与非道德，就会造成理解上的混乱，产生模糊的态度，含糊地使用仁爱。儒家追求的是道德行为层次，仁爱不是支配的一种方式。

在第二、第三阶段中，第一主体针对第二主体的否定行动，引发第二主体对第一主体的否定的回击活动。在互动中，人是被固定在差异性之中的存在者，它们存在着一种（有上下关系）不对称中的互动关系，然而，君并不是互动原则的缔造者和价值源，不能任凭自己的意志决定互动的方向（后来的三纲打破了这种结构，固定化了互动方式，淡化了仁爱色彩），互动双方都能够自由地控制他们所作出的决定。这里有着承认——承认、否认——否认的相互性行为，彼此行为具有回应性而不是单向性，进一步的行动取决于彼此采取的行为。

君居上以临下，影响着上下情感互动的方向。情感互动出于"道"而不本于"权"。荀子说："君者仪也，民者景也，仪正而景（影）正。君者槃也，民者水也，槃园而水园。"[1] 这形象地说明了上行下效的互动行为。孟子的论证线索是将君臣互动关系定位于这种"上行下效"，此"效"意指激发出或好或坏的情感。这样，"道德角色是在承认关系的展开过程中赋予它们的"。[2] 你不承认我，我就不承认你，在彼此否定中，道德角色名存实亡，伦也失去意义。《颜氏家训》将这种情感互动说得更加明白："父不慈则子不孝，兄不友则弟不恭，夫不义则妇不顺矣。"[3] 这加重了居上位者的情感互动责任。儒家认为若"不慈孝于父母，不长

1　荀子·君道 [M].

2　阿克塞尔·霍耐特. 为承认而斗争——论社会冲突的道德语法 [M]. 上海：上海人民出版社，2021：233.

3　颜之推. 颜氏家训 [M]. 北京：中国华侨出版社，2014：36.

悌于乡里",社会秩序就会混乱。《大学》说:"所谓平天下在治其国者,上老老而民兴孝,上长长而民兴悌,上恤孤而民不倍,是以君子有絜矩之道。"只有在相互承认的关系中,个体的地位才能得以确认,道德情感才能激发出来。这是儒家由仁爱所引起的相互尊重的模式。交往关系要维持在正向的情感互动层面上,必须爱人以德。

3. 争取得当的位育,避免失当的位育

"有不能安其位不能遂其生的,这种现象以前叫做'顺应失当',如今我们叫做'位育失当'"。[1] 为了防止不能安其位、不能遂其生,在人际交往中需要争取正向情感互动,避免负向情感互动。得位"万物相育而不相害,道并行而不相悖。"负向情感互动是"顺应失当",究其原因是"位育失当"。

位育有两种情况:失当与得当。主体间的交往不会作出无意图、无目的的反应。在交往中,主体间既意识到自己的情感与行为,又解释着对方的情感与行为,互动行为中有道德情感、道德评价及行为反馈。交往形式存在着承认形式和非承认形式两种,这两种方式具有非此即彼的排他性。双方都有机会和手段去实现自己的选择目的。孟子说:"爱人者,人恒爱之;敬人者,人恒敬之。"[2] 出于爱的动机与行为引发对方对自己赞赏和尊重的行为,使两个相遇的主体产生正向情感互动,使仁爱价值得以维持。主体的被承认在与另一个主体的相遇中获得满足。这是仁爱的互惠行为原型,它使主体间在互动中获得了自尊和自重。它渗透进民族交往心理,滋养了民众"默而识知"的交往态度与互惠意识。人们在这种认同模式中彼此承认和被承认。此为"位育得当"。孟子说:"戒之,戒之! 出乎尔者,反乎尔者也。"[3] 意为:你以不义的行为对待他人,他人也会用不义的行为对待你,这使相互承认得到否定的结果,双方处于相互为敌的状态。分庭抗礼的两个主体卷入负向情感互动,由

---

1   潘乃谷、潘乃和选编. 潘光旦选集(第四集)[M]. 北京:光明日报出版社,1999:425.

2   孟子·离娄下 [M].

3   孟子·梁惠王下 [M].

于积极的情感期待落空，反弹性报复会引发一系列的主体间矛盾与斗争，冲突双方彼此敌对，摧毁承认关系。负向情感互动源于相互承认的规则被侵犯。主体间怀着被承认的期待而走到一起，由于期待破灭而彼此分离，此为"位育失当"。生命教育要争取得当的位育，避免失当的位育。

交往双方有着共同的情感经验和共同的知觉能力，都同时存在着能动者与受动者之间的相互作用。如果情感互动的方向不变，彼此对后面的情感互动方式产生相同的预期，会进一步加重正向或负向情感互动，形成情感的递增运动。有德者会产生正向情感互动，无德者会产生负向情感互动。主体的伦理立场由互动的状态决定，双方都将对方作为交往的"对手"，都在情感互动中相互依存。

个体的同一性（道德人格）的发展来自于五伦关系中其他主体的承认。霍耐特说："蔑视形式也就是拒绝承认的形式。"[1] 在负向情感互动中产生被蔑视经验，在这种交往中蔑视经验会在负向情感互动中一而再、再而三地重现。"蔑视的经验就使个体面临着一种伤害的危险，可能会把整个人的同一性带向崩溃的边缘。"[2] 消极情感反应激发负向情感互动，摆脱这一困境就要调整自己的态度。米德指出："一个人对天气情况的反应对天气本身无影响，对他的成功行为具有决定作用的是，他意识到的不是他自己的态度，不是他的反应习惯，而是下雨的征兆或好天气的征兆。成功的社会行为使人进入到这样一个领域：他对自己态度的意识有助于控制其他者的行为。"[3] 人与社会的关系不同于人与自然的关系，人对自己态度的意识有助于调节人与人的关系。孟子说："爱人不亲，反其仁；治人不治，反其智；礼人不答，反其敬。行有不得者皆

1　阿克塞尔·霍耐特. 为承认而斗争——论社会冲突的道德语法 [M]. 上海：上海人民出版社，2021：182.

2　阿克塞尔·霍耐特. 为承认而斗争——论社会冲突的道德语法 [M]. 上海：上海人民出版社，2021：183.

3　阿克塞尔·霍耐特. 为承认而斗争——论社会冲突的道德语法 [M]. 上海：上海人民出版社，2021：98.

反求诸己。"[1] 在交往中，承认关系由于误解而走向不承认。帕斯卡说："误解的本质在于没有认识误解。"[2] 主体要通过自我反思清除误解，调整人与人的关系，改善承认的条件，通过"反其仁""反其智""反其敬"来实现伦理承认关系，使冲突结构转型。"反"的根本是"诚"。道在迩而求之远，不知反求己心，在人际交往中，就不能化解冲突与矛盾。刘蕺山说："曾子言诚意也，其修身为本之极则乎！故子思子曰'诚身'，孟子亦曰'诚身'又曰'反身而诚'。万古宗传，其在斯乎！"[3] "反其仁"、"反其智"、"反其敬"都要达到"反身而诚"，让修身做到极致——止于至善。身不修则家不齐，家不齐则国不治，国不治则天下不平，如此，则人道不立。追根溯源，则修身为本。诚意则又为修身之本。

主体同一性的形成与主体间相互承认的经验有着必然联系。马克思说："如果你的爱没有引起对方的反应，也就是说，如果你的爱没有引起对方对你的爱，如果你作为爱者用自己的生命表现没有使自己成为被爱者，那么你的爱就是无力的，而这种爱就是不幸。"[4] 这样，很难形成健康的主体同一性人格，改变这种不幸需要以己度人、推己及人地设身处地为他人着想。道德规范的约束力的终极源头在于以己度人、感同身受、推己及人的移情力。

4. 爱人以德——位育的保障

仁爱活动是实现承认关系的动力，是位育的情感条件。仁爱动机激发起儒家人际交往。若无仁爱情感，主体间的承认就会失去存在的根据。只有在正向情感互动的相互承认的交往维度上，个体的需要才能得到令其满意的承认。争取正向情感互动，避免恶性情感互动要爱人以德。在情感互动中，独特的个性在主体间相互作用中得以表现。历史

1　孟子·离娄上［M］.

2　保罗·利科. 承认的过程［M］. 北京：中国人民大学出版社，2011：219.

3　吴光. 刘宗周全集（第二册）［M］. 杭州：浙江古籍出版社，2007：150.

4　马克思. 1844 年经济学—哲学手稿.［M］. 北京：人民出版社，2014：109.

上，最富有个性的互动情感当属孔子与其弟子。孔子说："为政以德，譬如北辰，居其所而众星共之。"[1] 这是孔子教育者形象的真实写照。有德者、教育者（如孔子）像北极星，处于道德方位，受教育者（如孔子弟子）如众星环绕他。形成如此互动，受教育者被爱的经验是爱师、敬师的前提。

孟子说："以力服人者，非心服也，力不赡也；以德服人者，中心悦而诚服也，如七十子之服孔子也。"[2] 爱人以德既产生正向情感互动，又加强了彼此德性的增长。教育的凝聚力就在爱人以德之中。生命教育以德服人才能出现如孔子与其弟子那样的"北辰"效应，教帅成为指路人、引路人。

儒家仁爱承认关系体现了如下特征：一是从"天伦"到"人伦"。《中庸》说："仁者，人也！亲亲为大。"儒家通过仁爱回答了"人是谁"，并将这种爱从"天伦"发展到"人伦"；二是承认关系与自我反思相联系；三是整个主体间承认与被承认过程有着肯定极和否定极两个方面，仁爱互动应该从否定极转向肯定极，从非道德性共在走向道德性共在。修身使主体间肯定极持续地互动，并由家到国再到天下不断拓展。承认的连续性互动维系着伦理与政治关系；四是仁爱承认关系体现于各个特定领域，它获得了多样化的形式，等级化造成承认方式的多样化。

三、 儒家人文环境中的位育的借鉴意义

马克思指出："生产关系总和起来就构成所谓社会关系，构成为所谓社会，并且是构成为一个处于一定历史发展阶段上的社会，具有独特特征的社会。"[3] 生产关系决定着其他社会关系，生产关系的变化，使其

1　论语·为政 [M].

2　孟子·公孙丑上 [M].

3　马克思恩格斯选集（第 1 卷）[M]. 北京：人民出版社，1995：345.

他社会关系也随之发生变化。孟子说："天时不如地利，地利不如人和。"[1] 人和是儒家生命教育的一大要义，它对建设和谐社会有积极意义。然而，生产关系变化与特定行动领域的规范性道德变化相联系，传统社会从属于封建生产关系，它处于人的依赖阶段，社会身份依附于血缘宗法关系。人际交往具有依附交互性，所谓"为人君，止于仁；为人臣，止于敬；为人子，止于孝；为人父，止于慈；与国人交，止于信"。这是五伦社会中的伦理行为预期，使个体行为与社会结构相顺应。在不对称的关系结构中，互动具有双重过程性：君仁过程和臣敬过程。每一互动领域都有内在逻辑。君臣之间的政治伦理与父子之间的家庭伦理相通，这些主体交往实践中的不同伦理形式就是主体相互承认的内容，这使人处于给定的承认关系之中。这一交往的历史结构来自集权性的社会空间，人与人的基本区分表现为统治者/被统治者、上/下，价值观念以等级制的方式组织起来。儒家承认关系具有不对称性关系结构，运作方式表现为居上先施、有正有反。

　　儒家承认关系处于五伦社会之中，这是区别于其他民族的社会特征。儒家承认的价值观以等级制的方式呈现出来，社会结构有着金字塔式的分层，依据这一分层，个体只能获得与他的地位相符合的承认。当个体行为符合与他的社会地位相联系的社会期待时，他就获得承认。因此，"个人社会评价所指向的人格特征，就不是生命历史个性化的主体特征，而是文化分类的地位群体的特征。"[2] 现代德育处于平等尊重的相互承认关系之中，当代德育明大义，通事变。不同的承认关系会为个体同一性发展创造不同的可能性，儒家的承认关系提供君子的可能性，今天的承认关系提供时代新人的可能性。儒家生命教育的论证语境是五伦大道，它的承认关系是熟人圈的社会关系，其承认内容有封建糟粕。今天人的身份认同无法从旧的承认关系中实现。文化复兴不是复古，"伦

1　孟子·公孙丑下 [M].

2　阿克塞尔·霍耐特. 为承认而斗争——论社会冲突的道德语法 [M]. 上海：上海人民出版社，2021：172.

常"之中有变，传统的人伦旧统需要变革。社会主义社会建立起新的相互承认结构——所有主体都得到平等的承认，克服了主体间关系的非对称性，形成了对称的承认关系。与之相伴的是传统的家的内部结构发生了由大家族生活到小家庭生活的变迁。同时，法律上的承认具有普遍性，这种以抽象的方式加以规定的承认，扩大了在时间上与空间上的承认范围，它超出了情感的亲近关系，它使"邻人早在被认识之前就已被承认"。[1] 它使道德与司法责任联系起来。这是变易所在，时不同，道也不同。有承（取其精华）有变（去其糟粕），才使古今文明，自成一统，共成一体，与日俱进，不断创新，"通其变而不失其宗"。[2]

虽然今天的伦理前提发生了变化，儒家古老的承认关系对当代德育仍然具有启示意义。霍耐特指出："只有在个体的特性、特征同时也得到他的互动伙伴的认可和支持的程度上，个体才能实现自我同一。"[3] 正向的情感互动有助于个体发展。人的个性发展与主体间的承认有着必然联系，"自我意识需要其他自我的承认"[4]。人在与他人的承认关系中确立自我，负向情感互动使人的个性得不到承认，正向情感互动促使个体由片面的人向完整的人方向发展。个性发展需要一系列相互承认的形式，今天个体修身的身——家——国——天下的扩充过程，就是主体自我认同的形成过程。

当代德育依然需要倡导《大学》的"德者，本也"的思想。习近平指出："要修德，加强道德修养，注重道德实践。'德者，本也。'"[5] 今天学生仍然要通过学习社会行为规范而成为家、国共同体所接受的合格成员，从而理解自我是社会合作中的成员。

1　保罗·利科. 承认的过程 [M]. 北京：中国人民大学出版社，2011：171.

2　钱穆. 晚学盲言（上）[M]. 北京：九州出版社，2011：478.

3　阿克塞尔·霍耐特. 为承认而斗争——论社会冲突的道德语法 [M]. 上海：上海人民出版社，2021：21 - 22.

4　阿克塞尔·霍耐特. 我们中的我——承认理论研究 [M]. 南京：译林出版社，2021.

5　习近平. 青年要自觉践行社会主义核心价值观（2014 年 5 月 4 日），十八大以来重要文献选编（中）[M]. 北京：中央文献出版社，2016：7.

1. 教人得到位育

在规范伦理上，儒家的"天伦"和"人伦"主体间情感互动思想在今天依然具有生命力，它们成为印刻在民族心理上的交往互动模式。老百姓所说"你敬我一尺，我敬你一丈"、"你对我不仁，我对你不义"的交往经验与孟子的"爱人者，人恒爱之；敬人者，人恒敬之"和"戒之，戒之！出乎尔者，反乎尔者也"的交往模式产生共鸣。正负方向的情感互动是交互性的两种基本形态，儒家将交互性纳入良性循环和恶性循环之中，它们对当代德育有着启示意义。

潘光旦在《忘本的教育》中说："一切生命的目的在于求位育"。[1]只办学，不教育，不能让人"安所遂生"，就是位育失当。当代德育要教人得到位育，避免陷入人际交往的报复性恶性循环。人际冲突是主体间承认关系的断裂，在德育中，维系承认关系要遵循马克思所说"只能用爱来交换爱，只能用信任来交换信任"，[2]按照孟子所说的"爱人者，人恒爱之；敬人者，人恒敬之"方式与教育对象形成正向情感互动，打开通向积极交互性的道路。孟子所说的"戒之，戒之！出乎尔者，反乎尔者也"，这在今天仍然有效，德育要防止交往中情感维系的失调，彼此陷入不信任状态。霍耐特说："假如我不承认我的互动伙伴也是具体的个人，那么他相应的反应也就是让我感觉到我自己也没有被当作具体的个人来承认。"[3]主体间的正向情感互动有互惠要求，教育需要发展爱的承认关系，爱是一种社会整合力量。当代德育对学生的教育爱传承了爱人以德。通过爱人以德产生正向的情感互动，在这种互动中双方有着共同的目标——追求自由全面发展。在相互承认关系中，个体既在价值共同性上（社会主义核心价值观）又在特殊的个性上得到确认。

潘光旦指出："情理因事物而反应，因语言、姿态、声音、符号而

1　潘乃谷. 潘光旦释"位育"[J]. 西北民族研究，2000（1）.

2　马克思. 1844年经济学—哲学手稿[M]. 北京：人民出版社，2014：142.

3　阿克塞尔·霍耐特. 为承认而斗争——论社会冲突的道德语法 [M]. 上海：上海人民出版社，2021：50.

表白，表白而有效，即我人对外铄的事物得以了解，得以体验，而内在的情绪得以抒展，理义得以传达，其总结果为生活得到进一步的安放、进一步的发育，这就呼应到……位育之论了。"[1] 教师通过语言、姿态、声音、符号的表白传达着仁爱，让"情绪得以抒展，理义得以传达"，产生位育。

正向情感互动对共同体有凝聚作用，负向情感互动对共同体有破坏作用。习近平指出："聚民心，就是要牢牢把握正确舆论导向，唱响主旋律，壮大正能量，做大做强主流思想舆论，把全党全国人民士气鼓舞起来、精神振奋起来，朝着党中央确定的宏伟目标团结一心向前进。"[2] 当代德育的聚民心需要避免主体间分裂的严峻形式，分裂与主体间承认规范（社会主义核心价值观）互不相容。当代德育要争取正向的情感互动。习近平说："什么是同心圆？就是在党的领导下，动员全国各族人民，调动各方面积极性，共同为实现中华民族伟大复兴的中国梦而奋斗。"[3] 当代德育要不断扩大这种同心圆，使学生对共同体幸福生活有共同观念，"找到最大公约数，画出最大同心圆"。当代德育通过社会主义核心价值观找到最大公约数，将越来越多的主体整合进民族复兴的共同体之中，画出最大同心圆。

只有仁爱才能扩大和丰富共同体，仁爱只有在承认关系中才能获得彻底实现。承认关系有着主体间情感互惠要求。帅生交往是 A 与 B 的互动，彼此处于师生关系的共生一体状态。这里的"共生"，特指没有教师，就没有学生，反之亦然。师生关系是在教师与学生共同作用下产生的"共生纽带"。主体间交往有着直接知觉（眼神、语气的肯定）、直接回忆（以往的正向交往）和未来期望。皮格马利翁效应就是教育中的积极期待效应，它说明正向的情感互动——教育者的高期待是推动学生积极进取的精神力量。习近平说："历史和现实都告诉我们，青年一代有

1　潘乃谷. 潘光旦释"位育"[J]. 西北民族研究，2000（1）.
2　习近平谈治国理政（第3卷）[M]. 北京：外文出版社，2020：312.
3　习近平谈治国理政（第2卷）[M]. 北京：外文出版社，2017：335.

理想、有担当，国家就有前途，民族就有希望。"[1] 这是对青年人的最高期待。基于这样的高期待，他提出了"培养担当民族复兴大任的时代新人"。[2] 德育教师应该对学生具有高期待，这种高期待需要在面部表情、手势和言语中一以贯之地体现出来。

承认是彼此间的相互肯定，它是正向情感互动模式，使师生关系的共生状态充满活力。对人的承认与对物的承认不同，对物的承认是承认某种 A 与 B 是同一种东西，它们是等同的东西。这只有认同，没有区分。人的承认关系是"在两个人之间形成一种确立界限和消融界限的积极平衡关系"。[3] 这种承认在共生依赖与独立自主之间建立起平衡，具有依存性（彼此相互扶持、激励）与独立性（具有独立人格）两个方面，人与人既独立又会通，具有共生状态和自我肯定、和合性与分别性之间的平衡，前者不能压迫后者，后者不能脱离前者。人都渴望着被区别（有被承认的不同于他人的独特性）和被认同（有被接受的与他人的共同性）。同与异相得益彰，这两极在承认的辩证法中交织在一起。

在这个过程中，个体既有独立存在的经验又有融入他人的经验，是自我相关性与共生状态的两极平衡。倒向任何一极产生交往失调，都会对个性成长产生不良影响。交往双方都必须从自我中心状态和共生依附状态中走出来，平衡状态的失衡导致不平等交往关系。德育中"我说你听"、"我打你通"的说教就是工具性的单面关系，教育者以自我为中心，将教育对象当作被机械灌输的容器——单纯的客体。教育爱是一种承认，这种承认具有双重特征：在师生交往中维系着仁爱情感并承认对方的独立性，在共生依赖与独立自主、融入经验与分离意识之间建立起平衡。

卢梭说："一旦他人承认某个人是一个有感觉、有思想并与他相似

1　习近平同各界优秀青年代表座谈时的讲话 [N]. 人民日报，2013-05-05（01）.

2　习近平. 决胜全面建成小康社会夺取新时代中国特色社会主义伟大胜利——在中国共产党第十九次全国代表大会上的报告 [M]. 北京：人民出版社，2017：70.

3　阿克塞尔·霍耐特. 为承认而斗争——论社会冲突的道德语法 [M]. 上海：上海人民出版社，2021：145.

的存在者，那种与他交流情感和思想的欲望和需要就会使他寻找种种交流途径。"[1] 这说明人人都有承认他人的需要，并有着通过寻找种种交流途径被他人承认的需要。其中，彼此地位、性格、爱好等等相似更容易激发起承认的需要。"爱必须被理解为'在他者中的自我存在'"。[2] 雅斯贝尔斯说："作为一个人，就要成为一个人。"前者是自然人，后者是社会人。只有在承认关系中，自然人才成长为社会人。进而，片面的人才能向全面的人发展，小写的人才能成为大写的人。霍耐特指出："人类存在的不可侵犯性和完整性同他人的认可之间具有一种难解难分的联系。"[3] 完整的人需要在不同的承认关系中（例如学生在家庭关系、学校关系中）获得认可。

师生交往中在人格上是平等的，但在获取知识与分析问题的自主性上并非具有同等能力和条件。教育中的自主性不是主体性问题而是主体间问题，自主性是主体间的自主性。教学相长有一个 U 字型曲线，一开始教师处于优势地位，占据左边的高点。随着学生学习能力的不断提升，渐渐与教师在自主性上持平，最后学生处于优势地位，占据右边的高点。只有学生超越教师，社会才能不断进步。教学相长的理想状态是学生超越教师。孔子说"后生可畏"，[4] 韩愈说"弟子不必不如师，师不必贤于弟子"，都有着学生超越教师的期待。

2. 身家国天下的安所遂生

个性成长发生在"天伦"和"人伦"两个阶段的相互承认之上。承认的原始主体间性关系是"天伦"关系，这是主体间承认的初始阶段，它优先于相互承认的其他形式。这里有着角色性期待（父、子）、道德义务（慈、孝）和互动实践（父慈子孝），它们出于自然情感，而不是

1　保罗·利科. 承认的过程 [M]. 北京：中国人民大学出版社，2011：129.
2　阿克塞尔·霍耐特. 为承认而斗争——论社会冲突的道德语法 [M]. 上海：上海人民出版社，2021：131.
3　阿克塞尔·霍耐特. 为承认而斗争——论社会冲突的道德语法 [M]. 上海：上海人民出版社，2021：182.
4　论语·子罕 [M].

基于某种预设的规则。例如，一位父亲不能用市场原则将家庭关系重组。家庭是文化启蒙的第一场所，"见父自然知孝，见兄自然知弟"，这是一种自然情感和前规范性判断。"哀哀父母，生我劬劳"[1]"父兮生我，母兮鞠我。抚我畜我，长我育我，顾我复我，出入腹我。欲报之德。昊天罔极！"[2] 这种自然情感通过道德教育转化为家庭伦理规范，这是第一阶段的主体间性关系。习近平说："家庭是人生的第一个课堂，父母是孩子的第一任老师。孩子们从牙牙学语起就开始接受家教，有什么样的家教，就有什么样的人。家庭教育涉及很多方面，但最重要的是品德教育，是如何做人的教育。也就是古人说的'爱子，教之以义方'，'爱之不以道，适所以害之也'。"[3] 少成若天性，习惯如自然，从小养成良好习惯，形成良好家风，对个体成长有积极的影响。反之，家风不正，影响个体成长与国家安定。习近平说："我还要强调一下家风问题。从近年来查处的腐败案件看，家风败坏往往是领导干部走向严重违纪违法的重要原因。不少领导干部不仅在前台大搞权钱交易，还纵容家属在幕后收钱敛财，子女等也利用父母影响经商谋利、大发不义之财。有的将自己从政多年积累的'人脉'和'面子'，用在为子女非法牟利上，其危害不可低估。古人说：'将教天下，必定其家，必正其身。'"[4] 虽然儒家论证语境与新时代的论证语境不同，但是家国相通的道理古今相同。"将教天下，必定其家，必正其身"，天下的教化始于家庭的教化，家庭的教化始于个体的教化。

在儒家文化中，"位"是"安其所"，"育"是"遂其生"，当代德育追求身家国天下的安所遂生，将个体教育（身）、家庭教育（家）、社会教育（天下）结合起来，并由身到家、由家到天下步步推进，层层深入，将意识形态建设渗透进灵魂深处。能父传子、子传孙，能历代传家

1　诗经·小雅·蓼莪 [M].

2　诗经·小雅·蓼莪 [M].

3　习近平. 在会见第一届全国文明家庭代表时的讲话 [N]. 人民日报，2016 - 12 - 16 (2).

4　中共中央党史和文献研究院. 习近平关于注重家庭家教家风建设论述摘编 [M]. 北京：中央文献出版社，2021：55.

传世的东西就是良好家风。

儒家文化确定了血亲与民族认同的关系，在儒家文化中，血亲谱系意识与民族文化认同感精妙交织。国成于家，家族与外戚扩大成就国。伦理教化从血统的承认关系扩充到民族的承认关系，体现了由内向外、由近及远、推己及人的忠恕之道。忠于国家蕴含着保护血亲谱系不受威胁与摧毁。这是孝者所以事君、在家知孝、在国知忠的深层次意义。没有人伦，则人不成其人；没有爱国情怀，就有悖于人伦。民族文化的认同基于个体将自我与父母置于世代系列的生命延续的实践活动之中，在血亲方面获得承认。炎黄是华夏儿女的血脉，所以说我们都是炎黄子孙。炎黄子孙同一血统，同一人文，上有承，下有传。若修家谱，一脉绵延，都可以追溯到炎黄始祖，家史与民族史息息相通，融成一体，此谓大生命。今天，民族认同、文化认同有血亲谱系的情感作用。

承认的发展伴随社会化进程，随着个体的社会化，个体冲破了第一阶段情感家庭纽带的限制，产生了亲情之外的第二阶段的非亲情的主体间性关系，如，学校中的师生关系、同学关系。现代社会需要发展个体与公众的社会关系，这是公共性关系。习近平指出："我们要认识到，千家万户都好，国家才能好，民族才能好。国家富强，民族复兴，人民幸福，最终要体现在千千万万个家庭都幸福美满上，体现在亿万人民生活不断改善上。我们还要认识到，国家好，民族好，家庭才能好。只有实现中华民族伟大复兴的中国梦，家庭梦才能梦想成真。"[1] 家国紧密相联，"天伦"和"人伦"的道理相通，千千万万个家庭单元实现了齐家就同时产生着治国的巨大动力，千千万万个共在的家庭推动着祖国的发展。反之，国治也推动着家齐。习近平说："在家尽孝，为国尽忠是中华民族的优良传统。"[2] 这一优秀传统仍然需要发扬。公共性关系仍然需要"天伦"与"人伦"的主体间关系的正向情感互动。

1　习近平谈治国理政（第 2 卷）［M］. 北京：外文出版社，2017：354.

2　习近平关于注重家庭家教家风建设论述摘编［M］. 北京：中央文献出版社，2021：71.

随着个体的不断社会化（从家庭到学校到社会的成长过程），承认的社会关系依次呈现出"天伦"主体间关系、"人伦"主体间关系和公共性关系。这三个阶段的发展过程是个体个性的形成过程。个体是这三种关系的交汇点。习近平指出："要在家庭中培育和践行社会主义核心价值观，引导家庭成员特别是下一代热爱党、热爱祖国、热爱人民、热爱中华民族。"[1] 当代德育的家庭教育，就有着"天伦"主体间关系、"人伦"主体间关系和公共性关系的互动。

个体发展有来自这三个维度（"天伦"、"人伦"、公共性社会）相互承认，它们成为个体同一性持续发展的必要前提。"如果个体不承认互动伙伴也是一个个人，那么他也就不能完全地、无限制地把自己明确为一个个人。"[2] 这种人与人交往心理适用于教育。当代德育的目的是成己（教育者将自我塑造成大写的人）与成人（将学生塑造成时代新人），没有承认既不能成己又不能成人。

3. 自我反省

孟子说："爱人不亲，反其仁；治人不治，反其智；礼人不答，反其敬。行有不得者皆反求诸己。"[3] 爱人不亲的问题可以在自我反省的方法中得到解决。钱穆说："'物'字古义，乃射者所立之位。射有不得，则反求诸己，此之谓'格物'。"[4] 儒家格物就有自我反省之义，儒家文化是内省文化。继承这一传统，在当代德育中，若教育者在与学生交往中产生了负向情感互动，其仁爱行为受到阻碍而不能以正常方式实施时，不能因此撤回他的爱。成功的情感维系需要反思自我的交往方式、原则，爱人行为需要在反思意识中被不断调整与强化。主体要通过"对自己态度的意识"反思调整人与人的关系，实现伦理承认关系。

道德规范的约束力的终极源头在于以己度人、推己及人的移情力，

1　习近平. 在会见第一届全国文明家庭代表时的讲话 [N]. 人民日报，2016‐12‐16 (2).
2　阿克塞尔·霍耐特. 为承认而斗争——论社会冲突的道德语法 [M]. 上海：上海人民出版社，2021：50.
3　孟子·离娄上 [M].
4　钱穆. 晚学盲言（上）[M]. 北京：九州出版社，2011：531.

我们能够认识他人行为背后的意识体验。实现伦理承认关系需要以己度人、推己及人地设身处地为他人着想。"仅当一个主体能够在自己身上产生与他在他者身上刺激起来的表达行为相同的反应时，他才具有关于其行为的主体间意义的知识：只有通过在我自己身上产生对他者行为的反应，我才能意识到我的姿态对他者的意义。"[1] 这是推己及人的情感迁移。孔子提倡忠恕之道，朱熹说："尽己之谓忠，推己之谓恕。"[2] 其实，忠道蕴藏着恕道，恕是如心的会意词，意思是将心比心，以心换心。忠恕之道建立在主体间性相人偶所产生的同情能力基础之上，它产生人与人之间的类比性理解，这种理解就是情感迁移，他人成为我的类似者。通过恕道在主体间互动中，自我与他者进入一种共情关系，"你共情我"与"我共情你"，由己心及他心，浑然形成为一心，自我的经验与他人的经验相会通。恕的具体内容是"己所不欲，勿施于人"。这是达到道德自律的条件。皮亚杰说："自律只与互惠有关，当相互尊重的情感强到足以使个体从内心感到要像自己希望受到别人对待自己那样去对待别人时，才会出现自律。"[3] 达到自律需要有以己度人、推己及人的能力，通过互惠实现自律。费尔巴哈称孔子的"己所不欲，勿施于人"是最好、最善良的道德训诫，马克思恩格斯主张"德育只限于这样一条原则：己所不欲，勿施于人，也就是只实行完全平等和兄弟友爱"。[4] 忠恕之道在当代德育中需要大力提倡。

只有爱人以德，做到仁、智、敬，才能实现师生正向情感互动。当代德育首要前提是发展承认关系。学生只有在这三个维度的社会关系上和谐发展，才能成长为时代新人。三个维度的和谐发展推动社会向未来共同体的主体间性——自由人的联合体发展。自由人的联合体是主体间承认关系的充分完全实现。

1　阿克塞尔·霍耐特. 为承认而斗争——论社会冲突的道德语法［M］. 上海：上海人民出版社，2021：99.

2　朱熹撰. 李申译. 四书章句集注今译［M］. 北京：中华书局，2020：124.

3　皮亚杰. 儿童的道德判断［M］. 济南：山东教育出版社，1984：233.

4　马克思恩格斯全集（第42卷）［M］. 北京：人民出版社，2017：235.

4. 区分仁爱互动实践与经济领域互动实践

霍耐特指出："黑格尔在交换中看到了法人之间互惠行为的原型。他认为交换价值代表了主体之间的共识精神。"[1] 这可能符合西方社会主体间性发展的历史实情。然而，儒家仁爱交往不是从交换的互惠中发展而来的，它不是工具性的经济行为。

今天，建构人和环境需要区分仁爱互动实践与经济领域互动实践。《礼记》说："礼尚往来，往而不来，非礼也；来而不往，亦非礼也。"[2] 这里有着互换赠品的赠与和回馈的互动，A 既是给予者又是接受者，B 既是接受者又是回赠者，这里有着给予——接受——回馈三个互动环节。"在人们给予的东西中存在着什么样的力量使得受赠人回赠礼物"，[3] 这基于仁爱，不在市场交换框架内。正如马基雅维利所说："施恩正如受恩一样都使人产生义务感，这是人之常情。"[4] 儒家在人与人的交往中主张礼尚往来，以仪式交互的赠予模式获得互相承认，使得彼此交互性不断进行下去。这出于人之常情，不属于具有商业交换性质的赠与行为。赠送礼物不应产生迫使人回报的压迫感。"如果给予礼物的第一个举动是慷慨，那么被迫进行回馈的第二个举动就取消了第一个举动的无偿性。"[5] 一旦产生压迫感，捐赠人与受赠人的平等地位就不存在了，礼尚往来就变质了。它给交往关系施加了过重的负担。"礼物的持有人可能变成一个被回赠的强制性压倒的感恩人。"[6] 这造成了双重束缚（在礼尚往来的回馈中，彼此都有责任），靠责任将其捆绑在一起，形成给予——接受和接受——回赠的应答式互动。礼尚往来不是仪式性的互赠礼物，不是通过礼物来维持和继续彼此之间的交换，让双方束缚于无尽

1　阿克塞尔·霍耐特. 为承认而斗争——论社会冲突的道德语法 [M]. 上海：上海人民出版社，2021：70.

2　礼记·曲礼上 [M].

3　保罗·利科. 承认的过程 [M]. 北京：中国人民大学出版社，2011：188.

4　马基雅维利. 君主论 [M]. 北京：商务印书馆，2017：51.

5　保罗·利科. 承认的过程 [M]. 北京：中国人民大学出版社，2011：191.

6　保罗·利科. 承认的过程 [M]. 北京：中国人民大学出版社，2011：200.

的关系之中。

礼尚往来，没有给予的责任与回馈的责任，给予与回馈不遵循商业交换的平等原则，更不是施预期着报、报大于施的商业投资行为。它是相互承认行为，"进行回赠，通过交互性的相应举动而承认首位捐赠人的慷慨，就是承认这样一种关系：先前的礼物只是这种关系的一种载体。"[1] 这里，礼物只是承认关系的载体，重点不在礼物而在彼此承认，在于彼此的相互扶持、帮助。当人们具有仁爱情感时，礼尚往来的实质是"爱人者，人恒爱之；敬人者，人恒敬之"的赠与和回馈，它具有互惠性情感。使人回馈和报答的力量是仁爱。孔子说："礼云礼云，玉帛云乎哉？"[2] 礼尚往来不是玉帛这类东西，主要是仁爱互动，这种互动是无价的。

德育要区分礼尚往来与商业交换的意义，区分基于仁爱基础上的以心换心的交互性与财富流通或价值流通的交互性。赠与和交易都具有交互性，但是彼此有着质的不同。"仪式性的互赠礼物既不是商品交换的雏形，又不是商品交换的对手，也不是商品交换的替代者；它处于另一平面上，但恰恰处在无价的平面上。"[3] 礼尚往来不是商业交换的雏形、对手和替代者，它将仁爱情感建立在互惠的基础之上。"赠与的慷慨引起的不是一种归还，而有点像对一种奉献的回应。"[4] 礼尚往来建立在仁爱的基础之上，这是区分赠与和交易、甚至是区分好的交互性与坏的交互性的标准。

交易是一种商业计算行为，它通过金钱计算来衡量人与人的平等关系。如《共产党宣言》中说的"资产阶级撕下了罩在家庭关系上的温情脉脉的面纱，把这种关系变成了纯粹的金钱关系。"[5] 商业交易是一种图利行为，人与人的关系体现为金钱关系。一度流行于德育中的"感情投

1　保罗·利科. 承认的过程 [M]. 北京：中国人民大学出版社，2011：191.
2　论语·阳货 [M].
3　保罗·利科. 承认的过程 [M]. 北京：中国人民大学出版社，2011：191.
4　保罗·利科. 承认的过程 [M]. 北京：中国人民大学出版社，2011：201.
5　马克思恩格斯文集（第 2 卷）[M]. 北京：人民出版社，2009：34.

资"就是商业化语言在教育中渗透的表现。它对师生交互性实践造成负面影响，若教育者与受教育者的关系类似于投资关系，人与人的交往行为成为"投资"行为——回报大于投资，这就使师生交往彻底商业化。"感情投资"的施恩布惠的方式使赠与方式受到歪曲，"腐败出自糟糕的礼物循环而进入了'恶意的礼物'循环。"[1] 官场上的送礼之风，是滋生腐败的温室。

朱熹《鹅湖寺和陆子寿》诗曰："旧学商量加邃密，新知涵养转深沉。"只有古今知识会通，当代德育作为新知其涵养才深沉。儒家讲通识，"'通识'，知于古，又当知于今。"[2] 通识要上通古代人伦之道，下通当代为人之道。中国特色社会主义之道贯通古今。当代德育不仅要重视"专业"而且要重视"通业"，后者为通识教育。通识教育即修齐治平大道教育。修齐治平大道是所有专业学生的共同大通处——做人之学。在中国人的知识中，最珍贵的知识是做人的知识。"小知不及大知"，[3] 知分大小，专业为小知识，通识为大知识，不能将"小知识"误认为"大知识"。通识归于一——趋同，专业达于多——趋异。专业学习所求日精，所知日细，贵专而精；通识教育由川流的小德向敦化的大德发展，追求大而通。只有通才能使涓滴归于大海。通识教育以"大道之行"为终极目标，让人人怀有身、家、国、天下，让人道相通。专业重分门别类，贵在相异，尚专不尚通，最终做一专家；通识重会通和合，贵在相同，尚通不尚专，最终做一通人。只尚专不尚通使"道术将为天下裂"。[4] 既重视"专业"又重视"通业"才能扬弃"道术之裂"。

习近平指出："坚持办学正确政治方向。《礼记·大学》说：'大学之道，在明明德，在亲民，在止于至善。'古今中外，关于教育和办学，

1　保罗·利科. 承认的过程 [M]. 北京：中国人民大学出版社，2011：200.

2　钱穆. 晚学盲言（下）[M]. 北京：九州出版社，2011：1098.

3　庄子·逍遥游 [M].

4　庄子·天下篇 [M].

思想流派繁多，理论观点各异，但在教育必须培养社会发展所需要的人这一点上是有共识的。"[1] 当代德育与儒家生命教育的亲缘性在于这种"共识"，达到这种"共识"使古今教育通而为一。大学生在新的修齐治平大道的通则下运用专业知识，使青春梦、家庭梦、中国梦一以贯之，联成一体，方能实现民族复兴的重任。

通识教育的求知在人之内，孔子说："学而时习之，不亦说（悦）乎?"[2] 学习能够自悦，这是一种向内寻求。当孔子说出此话时即在传道。然而，"道可传而不可受。"[3] 孔子传道必须引发学生的发自内心的向学、自悦与自得。所谓"山中何所有，岭上多白云。只可自怡悦，不堪持赠君。""悦"如同白云，不能赠与他人。所以，此道只可传而不可受。人师志在传道，而等待着学生自得。儒家称教育为教化，化为自化，修身即自化。韩愈说："足乎己无待于外之谓德。"[4] "德"即自得。专业学习求知在人之外。

只有专业教育，没有通识教育，则有学校，无师道，道隐退，技凸显，培养的学生只是"器"而非"君子"，由此产生"'道'流而为技，由智慧之思走向技术性的知识"现象。[5] 孔子说："君子不器。"《礼记·学记》说："大道不器。施于一物。"朱熹注曰："器者，各适其用而不能相通。成德之士，体无不具，故用无不周，非特为一才一艺而已。"[6] 修齐治平为共通之道，儒家的成人贵在"通"不在"专"。时代新人既要成为专才，又要成为走上治平大道的通才。仅专不通就会使教育变成重智育轻德育的工具理性教育，使教育无师道可传，学生成器不成才。仅仅进行专业教育的教师为经师，进行通识教育的教师方为人师。

1　习近平. 青年要自觉践行社会主义核心价值观——在北京大学师生座谈会上的讲话［N］. 人民日报，2014 - 5 - 5.

2　论语·学而［M］.

3　庄子·大宗师［M］.

4　韩愈. 韩昌黎文集校注［M］. 上海：上海古籍出版社，1986：13.

5　杨国荣. 伦理与存在——道德哲学研究［M］. 北京：北京大学出版社，2011：1.

6　朱熹撰. 李申译. 四书章句集注今译［M］. 北京：中华书局，2020：80.

庄子说："天下多得一察焉以自好。譬如耳目鼻口，皆有所明，不能相通。犹百家众技也，皆有所长，时有所用。虽然，不该不遍，一曲之士也。判天地之美，析万物之理，察古人之全，寡能备于天地之美，称神明之容。"[1] 历史上早就存在着只精通一种技术的"一曲之士"，这是片面化、单一化的人。教育要超越"一曲之士"，培养"判天地之美，析万物之理，察古人之全"的人。这需要大学之道的求通品格。

"经师易得，人师难求。"专治经业为经师，通识教育为人师。人师在学问外尚有人格，其人格能为人师。孟子、韩愈不仅学孔子之学，而且学孔子之人。韩愈"所愿则在孟子"。儒家生命教育注重生命体验，主张从生命内部求知识，不向生命之外求知识。张载的《正蒙》被二程称为"苦思力索所得"。上乘的学问应当是生命体验的流淌，直抒其心坎所得，不失生命之自然。《孟子》一书就是孟子的性命所在，不是"苦思力索所得"，读此书能感受到孟子的浩然之气，映出孟子的性命，作家与作品融化合一。《孟子》不是外在于孟子性命的一种"著书"行为的产物。《孟子》一书成就在生命上，不在文字上。

道德与宗教不同，前者只可信，不可学；后者必须由可学（孟子的为人）发展到可信（孟子的言说）。生命教育的传统在人不在学。学其为学之人，才使孔子为中国社会的百世师，使儒家生命教育延续至今。

维系人道在于师道，教师不以仅仅传授专门知识为己任。儒家生命教育"火传而不息"。孔子如发光发热的一薪，薪火相传，光大悠久。孔子传之曾子，曾子传之子思，子思传之孟子，累代相传，燃烧自己，点亮他薪，这即《大学》的"明明德"。庄子说："指穷于为薪，火传也，不知其尽也。"[2] 今天的时代新人也是薪火，为民族复兴发光发热。薪火相传、前后相继，不知其尽。

1　庄子·天下 [M].

2　庄子·养生主 [M].

图书在版编目（CIP）数据

儒家生命教育与当代德育传承/孙迎光，姚海静著. —上海：
上海三联书店，2024.8
ISBN 978 - 7 - 5426 - 8495 - 0

Ⅰ．①儒…　Ⅱ．①孙…②姚…　Ⅲ．①儒学—生命哲学—研
究②高等学校—德育工作—研究—中国　Ⅳ．①B222.05②G641

中国国家版本馆 CIP 数据核字（2024）第 087306 号

儒家生命教育与当代德育传承

著　　者 / 孙迎光　姚海静

责任编辑 / 张大伟
装帧设计 / 徐　徐
监　　制 / 姚　军
责任校对 / 朱　强

出版发行 / 上海三联书店
　　　　　（200041）中国上海市静安区威海路 755 号 30 楼
邮　　箱 / sdxsanlian@oina.com
联系电话 / 编辑部：021 - 22895517
　　　　　　发行部：021 - 22895559
印　　刷 / 上海惠敦印务科技有限公司

版　　次 / 2024 年 8 月第 1 版
印　　次 / 2024 年 8 月第 1 次印刷
开　　本 / 655 mm×960 mm　1/16
字　　数 / 270 千字
印　　张 / 17.5
书　　号 / ISBN 978 - 7 - 5426 - 8495 - 0/B · 901
定　　价 / 78.00 元

敬启读者，如发现本书有印装质量问题，请与印刷厂联系 021 - 63779028